构建两岸交往机制的
法律问题研究

周叶中 段 磊 等 著

图书在版编目（CIP）数据

构建两岸交往机制的法律问题研究／周叶中等著. --2 版. --北京：九州出版社，2023.8
（国家统一理论论丛／周叶中总主编）
ISBN 978－7－5225－2173－2

Ⅰ.①构… Ⅱ.①周… Ⅲ.①海峡两岸-法律-研究 Ⅳ.①D920.4

中国国家版本馆 CIP 数据核字（2023）第 180256 号

构建两岸交往机制的法律问题研究

作　　者	周叶中　段　磊　等著
责任编辑	王　宇
出版发行	九州出版社
地　　址	北京市西城区阜外大街甲 35 号（100037）
发行电话	（010）68992190/3/5/6
网　　址	www.jiuzhoupress.com
印　　刷	北京捷迅佳彩印刷有限公司
开　　本	720 毫米×1020 毫米　　16 开
印　　张	17.25
字　　数	230 千字
版　　次	2023 年 11 月第 2 版
印　　次	2023 年 11 月第 1 次印刷
书　　号	ISBN 978－7－5225－2173－2
定　　价	86.00 元

★ 版权所有　侵权必究 ★

本书受以下课题资助：

1. 2011年度国家社科基金项目"构建两岸交往机制的法律问题研究"（11BFX082）。

2. 武汉大学人文社科青年团队"两岸及港澳法制的理论与实践研究团队"。

3. 2016年度中国法学会部级涉台专项项目CLS（2016）STZX05。

"国家统一理论论丛"总序

党的二十大报告指出："解决台湾问题、实现祖国完全统一，是党矢志不渝的历史任务，是全体中华儿女的共同愿望，是实现中华民族伟大复兴的必然要求。"这充分体现出解决台湾问题对党、对中华民族、对全体中华儿女的重大意义，更为广大从事国家统一理论研究的专家学者提供了根本遵循。

自20世纪90年代以来，武汉大学国家统一研究团队，长期围绕国家统一的基本理论问题深入研究，取得一系列代表性成果，创建湖北省人文社科重点研究基地——武汉大学两岸及港澳法制研究中心。长期以来，研究团队围绕国家统一基本理论、反制"法理台独"分裂活动、构建两岸关系和平发展框架、构建两岸交往机制、两岸政治关系定位、海峡两岸和平协议、维护特别行政区国家安全法律机制、国家统一后治理等议题，先后出版一系列学术专著，发表数百篇学术论文，主持多项国家级重大攻关课题和一大批省部级以上科研项目。其中，《构建两岸关系和平发展框架的法律机制研究》与《构建两岸交往机制的法律问题研究》两部专著连续两届获得教育部高等学校科学研究优秀成果奖（人文社会科学）一等奖，后者还被译为外文在海外出版，产生一定国际影响。研究团队还围绕国家重大战略需求，形成一大批服务对台工作实践的战略研究报告，先后数十次获得中央领导同志批示，一大批报告被有关部门采纳，为中央有关决策制定和调整提供了充分的智力支持。

  在长期从事国家统一理论研究的过程中，我们形成一系列基本认识和基本理念，取得一大批关键性成果，完成了前瞻性理论建构布局。我们先后完成对包括国家统一性质论、国家统一过程论、国家统一治理论在内的国家统一基本理论框架的基础性探索；以问题为导向，逐一攻关反"独"促统、两岸关系和平发展和特别行政区治理过程中面临的一系列关键性命题，并取得重要理论成果；面向国家统一后这一特殊时间段的区域治理问题，提出涵盖理论体系、制度体系、机构体系、政策体系等四大体系的先导性理论设计架构。

  在过去的近三十年时间里，武汉大学国家统一研究团队的专家学者，形成了大量服务于国家重大战略需求的研究成果。然而，由于种种原因，这些成果未能以体系化、规模化的方式展现出来，这不得不说是一种遗憾。为弥补这一遗憾，我提议，可将我们过去出版过的一些较能体现研究水准、对国家统一事业具有较强参考价值的著作整合后予以再版，出版一套"国家统一理论论丛"，再将一些与这一主题密切相关的后续著作纳入这一论丛，争取以较好的方式形成研究成果集群的体系化整合。提出这一设想后，在九州出版社的大力支持下，论丛首批著作得以顺利出版。在此，我谨代表团队全体成员，向广大长期关心、支持和帮助我们的朋友们表示最衷心的感谢！同时，我们真诚地期待广大读者的批评和建议。我们坚信：没有大家的批评，我们就很难正确认识自己，也就不可能真正战胜自己，更不可能超越自己！

周叶中
2023年夏于武昌珞珈山

目 录

第一章 两岸"大交往机制"的提出与论证 ……………………… (1)
 第一节 两岸"大交往机制":概念提出与意涵廓清 …………… (1)
 第二节 "两岸内"交往机制:两岸民众的交往机制 …………… (15)
 第三节 "两岸间"交往机制:两岸公权力机关的交往机制 …… (26)
 第四节 "两岸外"交往机制:两岸在国际社会的交往机制 …… (38)

第二章 两岸交往与两岸关系和平发展的正当性危机及其消解 …… (49)
 第一节 两岸关系和平发展的正当性:概念阐释与理论要素 …… (50)
 第二节 两岸关系和平发展正当性的危机:认同危机与民意
    认受性 ……………………………………………………… (56)
 第三节 两岸关系和平发展正当性的基础:从民族主义到
    民众参与 …………………………………………………… (63)
 第四节 两岸关系和平发展正当性的强化:参与民主下的
    机制建构 …………………………………………………… (76)

第三章 两岸公权力机关的交往机制 ………………………………… (84)
 第一节 两岸公权力机关交往机制的核心地位 ………………… (84)
 第二节 两岸公权力机关交往机制的组织模式构建 …………… (95)
 第三节 两岸公权力机关交往机制的程序设计 ………………… (107)
 第四节 两岸公权力机关交往机制下两岸政治性合作的前景 …… (118)

第四章　两岸法制的形成机制与实施机制 ………………………(131)
　第一节　两岸法制的概念和渊源 ………………………………(131)
　第二节　两岸涉对方事务立法的完善与实施 …………………(147)
　第三节　两岸协议体系的完善与实施 …………………………(159)

第五章　法治型两岸关系发展模式与两岸交往制度依赖的形成 ……(181)
　第一节　两岸涉对方事务政策之脉络叙述与评析 ……………(181)
　第二节　两岸关系和平发展的政策依赖及其弊病 ……………(198)
　第三节　两岸交往机制与两岸关系和平发展的制度依赖
　　　　　及其形成 ……………………………………………(207)
　第四节　两岸交往机制与两岸关系和平发展的阶段性转变 ……(224)

第六章　两岸交往综合性框架协议与两岸交往机制的规范化 ………(240)
　第一节　两岸交往综合性框架协议的总体思路 ………………(241)
　第二节　《海峡两岸交往综合性框架协议》（建议稿）
　　　　　逐条释义 ……………………………………………(245)

后记 ……………………………………………………………………(267)

第一章 两岸"大交往机制"的提出与论证

海峡两岸之间的交往,既是为满足两岸民众日常生活所需,又构成两岸关系和平发展的重要组成部分。现阶段,两岸之间从零散、简单、单向的交往,向着多元、复杂、双向的交往转变。两岸交往日趋升温,业已成为增进两岸民众情感和强化两岸联结的重要方式。因此,推动两岸交往机制的建构,秉持一个中国的原则从而实现两岸交往的常态化与制度化,破除两岸交往的政治障碍与法律障碍,对于两岸在深化交往中积累全方位互信具有十分重要的意义,并且能够为两岸形成和平发展的制度框架提供有益借鉴。

第一节 两岸"大交往机制":概念提出与意涵廓清

两岸交往的场域可以划分为三个部分,即存在于两岸各自有效管辖领域内的场域——"两岸内",存在于两岸公权力机关管辖范围之间的场域——"两岸间",以及存在于两岸领域之外的国际社会之中的场域——"两岸外"。分别存在于三个场域的两岸交往机制的各个层次之间的相互关联在于,保障两岸民众交往秩序的"两岸内"交往机制是两岸"大交往机制"建构的直接目的;规制两岸公权力机关交往秩序的"两岸间"交往机制是两岸"大交往机制"的核心;规范两岸在国际社会进行交往的"两岸外"交往机制是"两岸间"交往的一种外扩式延伸。在"大交往机制"的三个层面中，两岸公权力机关的交往机制在两岸"大交往机制"中处于核心地位，它为两岸民众交往提供规制依据，也间接影响到两岸在国际社会的交往。因此，构建好两岸公权力机关交往机制意义重大，影响深远。

一、聚焦"小交往机制"："两岸交往"问题的研究回顾

目前，两岸理论界对于"两岸交往"的讨论很多，也形成了很多研究成果，但是这些成果的研究范围多局限于对两岸"小交往机制"的研究，而较少注意对"大交往机制"综合性研究。所谓的"小交往机制"的研究，即在研究过程中将"两岸交往"这一概念的涵盖场域进行限缩，一般而言，这种限缩存在着两种研究倾向：一是将两岸交往狭义地理解为两岸民间交往，即认为两岸交往就是两岸间经贸往来、人员往来等，因此，两岸交往机制也被理解为两岸民间往来的调节机制；二是两岸交往机制等同于以"两会机制"为代表的两岸公权力机关交往的调节机制，认为两岸交往机制的主要内容就是两会协商的机制化与常态化，与此相关的也包括将两岸交往阐释为两岸政治交往，即两岸交往是两岸政治关系的变化过程。

（一）以两岸民间交往为主要研究对象的"小交往机制"的研究回顾

以两岸民间交往为主要研究对象的"小交往机制"研究，构成了学界研究两岸交往问题的第一种理论倾向。在这一种理论倾向之下，法学界的主要研究重点在于两岸投资法律问题研究、两岸经贸调节与仲裁制度研究、两岸互涉性法律和区际冲突法研究等方面，在这些方面的研究中，经济法学、国际经济法学、国际私法学等学科的学者们形成了大量的研究成果。

20世纪80年代末到90年代末的十年间,是两岸关系从绝对隔绝到逐步解冻的十年,也是两岸关系经历波折的十年,在这十年间,大陆的法学学者开始结合两岸刚刚开始的人员、经贸往来,着手研究与之相关的法律问题。这一阶段的代表性著作包括陈安教授主编的《海峡两岸交往中的法律问题研究》(厦门大学出版社1990年版)、黄进教授的《区际冲突法研究》(学林出版社1991年版)、曾宪义教授与郭平坦先生主编的《海峡两岸交往中的法律问题》(河南人民出版社1992年版)、李非教授的《海峡两岸经贸关系》(对外贸易教育出版社1994年版)、黄进教授主编的《区际司法协助的理论与实务》(武汉大学出版社1994年版)等;早期的代表性论文包括韩德培教授的《论我国的区际法律冲突问题——我国国际私法研究中的一个新课题》(发表于《中国法学》1988年第6期)、韩德培教授和黄进教授的《中国区际法律冲突问题研究》(发表于《中国社会科学》1990年第1期)、彭莉教授的《两岸反不正当竞争法律制度之比较》(发表于《台湾研究集刊》1994年第4期)、陈安教授的《台商大陆投资保险可行途径初探》(发表于《中国法学》1995年第1期)、李非教授的《海峡两岸贸易关系发展的现状、问题与对策》(发表于《台湾研究》1995年第2期)等。这些成果多成文于两岸关系刚刚解冻和大陆社会主义市场经济制度刚刚确立的时代,带有很重的时代印记,但是这些成果又是大陆研究两岸经贸交往、人员往来方面问题的奠基之作,其历史意义不容忽视。

2000年以后,两岸关系,特别是经贸关系和人员往来进一步密切,大陆的社会主义市场经济体制也已基本形成,与此同时,大陆开始研究两岸经贸关系和人员往来方面法律问题的学者也随之增多,相关的代表性作品也层出不穷。这一阶段具有代表性的著作主要有:李非教授的《海峡两岸经济合作问题研究》(九州出版社2000年版)、邓丽娟主编的《21世纪以来的台湾经济:困境与转折》(九州出版社2004年版)、庄宗明等著的《两岸经贸合作研究》（人民出版社 2007 年版）、邓利娟、石正方主编的《海峡西岸经济区发展研究》（九州出版社 2008 年版）、唐永红的《两岸经济制度性合作与一体化发展研究》（九州出版社 2010 年版）、王勇的《海峡经济区竞争性区域体系构建研究》（九州出版社 2010 年版）、石正方主编的《两岸经济合作与海西建设》（九州出版社 2011 年版）、彭莉教授的《台湾地区对大陆经贸事务立法研究》（厦门大学出版社 2012 年版）、祝捷教授编著的《台湾地区权利保障司法案例选编》（九州出版社 2013 年版）、周志怀主编的《两岸经济关系与政治关系的互动路径》（九州出版社 2014 年版）、张万明主编的《陆资入台法律指南》（九州出版社 2015 年版）等。

  在这一阶段，亦有部分以两岸关系和两岸交往为主题的博士学位论文诞生，充实了相关研究的后备力量，其中具有代表性的成果有：黄绍臻的《建设海峡经济区的战略构想》（福建师范大学 2005 年博士学位论文）、于飞的《海峡两岸民商事法律冲突问题研究》（厦门大学 2005 年博士学位论文）、张玉冰的《中国大陆沿海与台湾地区经济竞争力比较与整合效应研究》（厦门大学 2006 年博士学位论文）、刘澈元的《两岸经济一体化取向下台湾与大陆西部经济合作研究》（厦门大学 2009 年博士学位论文）、庄荣良的《海峡两岸产业分工合作的动因、模式与经济效应研究》（厦门大学 2009 年博士学位论文）、吴智的《全球化背景下两岸直接投资的法律制度研究》（武汉大学 2010 年博士学位论文）、盛九元的《从 ECFA 到制度性一体化——两岸经济合作的性质、特征及走向》（上海社会科学院 2011 年博士学位论文）、张恒的《两岸金融合作与交流深化的制度创新研究——ECFA 的论述》（南开大学 2012 年博士学位论文）、何柳的《中国台湾主要外贸市场从美国转移到祖国大陆的原因探析（1979—2008 年）》（武汉大学 2012 年博士学位论文）、朱航的《海峡两岸金融一体化研究》（南开大学 2013 年博士学位论文）等。

（二）以两岸公权力机关交往为主要研究对象的"小交往机制"的研究回顾

以两岸公权力机关交往为主要研究对象的"小交往机制"研究，构成了学界研究两岸交往问题的第二种理论倾向。在这一种理论倾向之下，学界的主要研究重点在于对两岸政治关系定位、两岸谈判研究、两会商谈机制研究等方面，其中既有以政策言说为主要研究方法的研究成果，也有以理论建构为主要研究方法的研究成果。

目前，两岸学者对两岸关系的研究方法上以政策言说为主者甚众，其研究成果多集中于对两岸政治关系定位、两岸谈判机制等问题的政策面阐释。大陆方面以这种研究方法对两岸关系和两岸交往问题做出的研究较多，其中具有代表性的研究成果主要有：余克礼主编的《海峡两岸关系概论》（武汉出版社1998年版）、黄嘉树和刘杰的《两岸谈判研究》（九州出版社2003年版）、钮汉章的《台湾地区政治发展与对外政策》（世界知识出版社2007年版）、徐博东主编的《大国格局变动中的两岸关系》（九州出版社2009年版）、张文生主编的《两岸政治互信研究》（九州出版社2011年版）、严安林的《两岸关系和平发展制度化理论研究》（九州出版社2013年版）、周叶中和祝捷主编的《构建两岸关系和平发展框架的法律机制研究》（九州出版社2013年版）、祝捷的《两岸关系定位与国际空间：台湾地区参与国际活动问题研究》（九州出版社2013年版）、武汉大学两岸及港澳法制研究中心编制的《海峡两岸协议蓝皮书（2008—2014）》（九州出版社2014年版）、周叶中和祝捷的《两岸关系的法学思考（增订版）》（九州出版社2014年版）、周叶中和段磊的《两岸协议实施机制研究》（九州出版社2015年版）、杜力夫的《法治视野下的两岸关系》（九州出版社2015年版）、祝捷的《海峡两岸和平协议研究（修订版）》（九州出版社2016年版）、王英津的《两岸政治关系定位研究》（九州出版社2016年版）等。这些著作以维护一个中国框架为其基本立场，分别对两岸谈判问题、两岸对外政策、两岸政治关系等问题做出论述。台湾方面亦有部分学者以政策言说的方法对两岸关系做出研究，其中以邵宗海的《两岸关系》（五南图书出版股份有限公司2006年版）一书最为典型。该书以两岸领导人和相关事务负责人的讲话和两岸重要政策性文件为依据，对两岸关系的历史、现实和未来进行了全景式论述，具有重要参考意义。

理论建构的研究方法，是近年来在台湾流行的两岸关系研究方法论。这种研究方法所应用的理论，大多来源于政治学、国际关系学、法学和经济学等学科。台湾方面以这种研究方法对两岸关系和两岸交往问题做出的研究较多，其中以台湾学者张亚中的"两岸关系思想体系"和包宗和、吴玉山主编的《争辩中的两岸关系理论》最具代表。张亚中教授的"两岸关系思想体系"系列丛书，包括《两岸主权论》《两岸统合论》和《全球化与两岸统合》三本专著，提出了"整个中国""一中三席""一中三宪"等概念，尝试以"统合论"为立论基础解决两岸关系问题。包宗和、吴玉山主编的《争辩中的两岸关系理论》，尝试运用国际关系理论、整合理论、分裂国家理论、大小政治实体模式理论、选票极大化理论、国家与社会理论、心理学和博弈论等各种理论从不同角度对两岸关系中的各类问题进行论证。近年来，部分大陆学者也尝试通过理论建构的方法对两岸关系和两岸交往问题提出自己的观点，其中具有代表性的成果包括：王建源法官的《在事实与规范之间——论国家统一前的两岸交往秩序》（发表于《台湾研究集刊》2001年第2期）、黄嘉树教授和王英津博士的《主权构成研究及其在台湾问题上的应用》（发表于《台湾研究集刊》2002年第2期）、陈动教授的《也谈主权理论及在台湾问题上的应用——兼与黄嘉树、王英津商榷》（发表于《台湾研究集刊》2003年第1期）、朱松岭教授的《国家统一宪法学问题研究》（香港社会科学出版社2011年版）、李晓兵教授的《"一国两制"下两岸宪政秩序的和谐建构》

(澳门理工学院"一国两制研究中心"2011年版)、陈明添主编的《两岸关系法学理论与实务》(九州出版社2015年版)、童立群的《中国共产党国家统一理论研究》(九州出版社2015年版)、范宏云的《国家统一国际法学问题研究》(九州出版社2015年版)、孙东方的《海峡两岸关系和平发展的国际环境研究》(九州出版社2015年版),以及本书相关研究人员的研究成果:周叶中教授和祝捷教授的《两岸治理:一个形成中的结构》(发表于《法学评论》2010年第6期)、周叶中教授和段磊博士的《论两岸协议的法理定位》(发表于《江汉论坛》2014年第8期)、周叶中的《"一国两制"法理内涵新释》(发表于《中国评论月刊》2014年第12期)、祝捷的《论"宪制-治理"框架下的两岸政治关系合情合理安排》(发表于《台湾研究集刊》2015年第2期)、周叶中和段磊的《论维护两岸关系和平发展制度框架的法理内涵与构建方向》[发表于《"一国两制"研究》(澳门)2016年第3期]、祝捷的《"一个中国"原则的法治思维析论》[发表于《武汉大学学报(哲学社会科学版)》2016年第2期]、段磊的《"两岸间":一种特殊交往形态下的两岸共同决策模式》(发表于《台湾研究》2016年第3期)等。这些成果分别从主权理论、民法学理论、宪法学理论、治理理论等各个层面对两岸关系和两岸交往问题进行了研究,其研究成果对于相关问题的解决提供了有益的借鉴。

(三)传统"小交往机制"的特点与本书的研究意义

上述这些研究成果对促进两岸民间交往和公权力机关交往(以两会交往为主要形式)有着重要参考意义,其价值不容忽视。可以说,这些成果是本书的研究基础和突破口。然而,这些研究成果仍存在着一定程度上的不足,具体来说,这些研究成果体现出以下几个方面的特点:

第一,研究范围多重对"小交往机制"的研究,较少注意对"大交往机制"综合性研究。在两岸交往机制的研究中,有着两种倾向:一是将两岸交往理解为两岸民间交往,认为两岸交往就是两岸间的人员往来,因此，两岸交往机制也被理解为两岸人员的往来机制；二是两岸交往机制等同于"两会机制"及其他类似机制，认为两岸交往机制的主要内容就是两会协商的机制化与常态化。这两种观点都是从较小的范围理解两岸交往，虽有其现实意义，但仍显偏狭。两岸交往是一个综合性的概念，包括两岸公权力机关的交往（当前透过"两会框架"）、两岸民众之间的交往、两岸在国际社会（尤其是在共同参加的国际组织中）的交往等。因此，上述学者所关注的两岸交往机制仅是"小交往机制"，而在交往机制的范围、主体、层次上的认识有所不足。

第二，研究视角多从"权力"面向思考两岸交往机制问题，较少关注两岸交往机制中的"权利"面向。多数学者将两岸交往机制的问题，镶嵌在两岸政治角力的背景下，从"权力"的角度思考该问题，因而忽视两岸交往机制的"权利"面向，没有关注两岸民众在两岸交往机制中的利益诉求、参与机制和主体地位。

第三，研究内容重点关注两岸交往及其成果在两岸关系和平发展中的意义与作用，而忽视对两岸交往的制度框架、组织形态、运行机制和实施方法等问题的规范性研究。多数学者对两岸交往机制的研究仍处于宏大叙事阶段，局限于对领导人讲话的阐释与解读，造成了学术话语与政治话语的重叠。尽管有学者以"两岸经济合作委员会"为样本，从制度分析的角度，探讨了两岸交往机制的特点，但对于其组织形态、运行机制和实施方法仍缺乏足够的关注。

第四，研究方法以政治学和经济学为主，较少运用法学方法和法律思维分析两岸交往机制问题。两岸交往机制被认为主要属于政治学的研究论域，而两岸经贸交往又被认为属于经济学的研究领域，现有成果所借助的学术资源，如新功能主义、协商民主、交往理性、共同市场等理论都来自政治学、经济学乃至于国际关系学。自《反分裂国家法》通过后，台湾问题的法律属性逐渐被公认，而两岸交往机制的构建，不仅需要两岸领导人的政治智慧与勇气，也需要从法律上加以精细设计和安排。从此意义而言，法学不应也不能缺位于两岸交往机制的研究。

本书在充分借鉴上述研究成果的基础上，尝试以更广阔的视野，以"大交往机制"的概念将现有的研究范围予以整合和拓展，以期达到更加全面的研究效果。本书的研究意义主要有：第一，构建两岸交往机制是推动两岸关系和平发展常态化、制度化的重要方法，而两岸交往机制的设计、论证和实施，不仅本身具有法律属性，也会涉及诸多法学问题，本书的研究对于推动两岸交往机制的形成与完善，以及建构两岸关系和平发展框架具有重大的理论意义；第二，当前两岸关系和平发展对两岸领导人（尤其是台湾地区领导人）的两岸政策和统"独"态度有着较大的依赖，因而是不稳定的、易动摇的，甚至是"偶然"的，构建两岸交往机制，将推动两岸关系和平发展从政策依赖向制度依赖的转变，从而形成"两岸治理"的全新结构；第三，两岸已经有包括"两会框架"在内的各种交往机制，但这些交往机制的象征性大于规范性、政治性大于法律性，本书的研究，将推动现有两岸交往机制的整合和改革，使其从一个政治仪式向具有规范意义和参与意义的法过程转变；第四，通过研究，设计并论证"两岸法制"的形成机制和实施机制，贯彻落实两岸交往机制的成果（如两岸事务性协议），推动两岸交往的法治化，实现两岸关系和平发展的有序化和规范化；第五，构建两岸交往机制，推动两岸关系和平发展的法治化，必然要求充分的理论论证和体系构建，因而对于丰富和完善法学、政治学、台湾问题研究等理论体系均有正向意义。

二、两岸三层次交往场域的提出与廓清

两岸交往的场域划分，应当首先树立一项立基于两岸政治现实的划分标准。在两岸仍然因"承认争议"产生歧见的情况下，"议题化""阶段化"和"共识化"等定位要素的运用，为当前两岸关系定位提供了最具

可能性的选项。就现阶段而言,尽管透过"两会框架"的两岸事务性交流仍是两岸关系的主流,但随着两岸事务性交流的深入,两岸政治性交流不可避免地被提上日程。由于两岸政治性交流需要大陆和台湾以合适的名义参加,因而需要大陆和台湾形成初步的政治关系定位,为两岸政治性交流创造有利的环境。考虑到两岸关系的历史和现实,我们认为作为地理概念的"两岸"可以作为现阶段大陆和台湾政治关系定位的模式。

随着两岸关系的深入发展,"两岸"一词逐渐从一个地理概念,向政治概念和法律概念转变。从形成上而言,"两岸"是一个地理概念,用于描述分处台湾海峡两边的大陆和台湾。但是,人们在使用"两岸"时,往往又不是将其作为地理概念使用,而是多用于指涉一种政治现实,其意不仅仅表明地理上的两岸,而且也表明暂时尚未统一、但同属于"一个中国"的"大陆"和"台湾"。这时,"两岸"转变为一个政治概念。作为政治概念的"两岸"通常有两种用法:其一,人们将"两岸"作为政治概念使用时,并不是严格地指称地理上的"台湾海峡两岸",因为台湾地区并非仅包括台湾海峡一侧的台湾岛,还包括澎湖、金门和马祖三个岛屿,而这三个岛屿虽在地理上属于大陆一侧,但在政治上是属于台湾一侧的;其二,人们使用"两岸"的场合,往往是那些不便表达"一国"的场合,地理上的"两岸"俨然是政治上的"一国"的替代品。

"两岸"亦被载入有关法律,成为一个法律概念。当然,作为法律概念的"两岸"显然只能按照政治概念的"两岸"来理解。但是,作为法律概念的"两岸"又与作为政治概念的"两岸"有所不同。法律虽然是政策的规范表述,但法律本身具有相对稳定性,因而作为法律概念的"两岸"在含义上通常落后于作为政治概念的"两岸"。根据大陆和台湾都认可的法治原则,只有法律上对"两岸"的规定,才是两岸公权力机关对"两岸"正式认可的含义。因此,作为法律概念的"两岸"对于大陆和台湾的政治关系定位更加具有参考意义。根据有关法律规定,"两岸"是指两个依据不同规定所产生的公权力机关进行有效管辖的区域。

由此可见,"两岸"在台湾问题的论域内,已逐渐成为一个具有特殊意涵的概念:作为一个地理概念,"两岸"承载着人们对两岸关系过去的认知;作为一个政治概念和法律概念,"两岸"体现了人们对两岸关系现状的无奈和对未来的期许。在这看似矛盾的话语背后,体现了两岸关系在过去 60 年的深刻变化。在这个意义上,有大陆学者曾提出两岸关系最可行的定位其实就是"两岸"关系的观点。该学者认为,"两岸"是一个双方都已习惯和认同的概念,也是一个颇具弹性和符合保留"灰色地带"规则的概念,而且坚持这一定位,是确保两岸民间、经贸交往平稳发展的最后机会。[①] 而台湾学者邵宗海在回应该学者的观点时,亦认为"两岸"的确是个中性而且抽象,甚至具有"对等"意味的名词,台北接受的程度也高。[②] 当然,邵宗海将"两岸"理解为"两岸对等"有其偏颇之处,但这也进一步证明了"两岸"在两岸之间可解释的空间之大、包容性之高。

因此,我们在对两岸"大交往机制"的场域进行划分时,选择使用以"两岸"为核心的划分标准。基于这一标准,我们将两岸交往的场域划分为三个部分,即存在于两岸各自有效管辖领域内的场域——"两岸内",存在于两岸公权力机关管辖范围之间的场域——"两岸间",以及存在于两岸领域之外的国际社会之中的场域——"两岸外"。

这种以"两岸"这一兼具地理、政治、法律意味的概念为核心标准的场域划分模式在形式逻辑上能够完整地包含大陆与台湾在各层次、各领域的交往活动。就这一划分模式而言,这三个相互关联,而又相互独立的场域的内容与功能各有特色,具体来说,其各自特点表现为:其一,"两

[①] 参见沈卫平:《两岸关系应该如何定位——兼评"一边一国论"》,载《中国评论》,2003 年第 3 期。

[②] 参见邵宗海:《两岸关系》,五南图书出版有限公司,2006 年版,第 374 页。

岸内"的交往主要涵盖两岸民众的民间交往，它涉及对两岸中一方民众在另一方有效管辖范围内的规制问题，与前文所指出的两岸"小交往机制"的覆盖范围基本重合。其二，"两岸间"的交往主要涵盖两岸公权力机关之间的交往活动，从其交往平台上看包含两会框架、两岸政党对话机制以及 ECFA 框架下的"两岸经合会"机制等，从其交往特征上表现为方式上的间接性、内容上的事务性和范围上的行政性，从其交往阶段来看主要包括共识形成和共识执行两个阶段。其三，"两岸外"的交往主要涵盖两岸在国际社会的交往活动，就其具体交往形式而言，主要包括台湾地区参与国际社会活动的问题，两岸同处一个国际组织的交往秩序问题，以及两岸共同维护中华民族整体利益的机制等。下文将分别详细叙述这三者的具体内涵、特征等，并对三者各自的发展方向做出展望。

三、两岸交往机制各层次的相互关系及整合

两岸交往是存在于两岸间的各层次交往的一种集合性描述，下文将对这种描述进行拆解性分析，这种分析无疑明确了两岸交往存在于三个不同场域时的各自特征，对各场域内交往中存在的问题进行检视，并依此提出较为明确的展望性论述。然而，这种分而述之的论证模式并不意味着三个层次的划分是绝对的。事实上，两岸"大交往机制"作为一个整体性概念，其各个组成部分之间具有很强的关联性，每个层次对其他层次的交往都通过制度的勾连有着较高的关联性和依存度。要在整体上推动两岸交往机制的形成与发展，就必须厘清三者之间的相互关系，并对其进行有理有据的整合。本书认为，分别存在于三个场域的两岸交往机制的各个层次之间的相互关联主要表现在以下三个方面：

第一，保障两岸民众交往秩序的"两岸内"交往机制是两岸"大交往机制"建构的直接目的之所在，它为其他两种交往机制提供动力来源。在两岸关系和平发展框架的构建中，来自两岸民众民族情感和利益需求两

个方面的力量构成了两岸关系和两岸交往发展的动力源泉。一方面，两岸中华儿女血浓于水的民族感情和两岸从历史上难以隔断的千丝万缕的联系，构成了两岸民众自发交往的情感动力。即使是在台湾沦为日本殖民地的日据时期，两岸间的民间交往也"不绝如缕，常有来往"[1]，两岸人民同受中华文化的深远影响乃是这种往来不断的内在原因。然而，虽然分裂双方的人民原本为同一民族，亦具有共同的语言、文字、历史文化传统与长期统一的经验，但分裂双方在不同的意识形态的主导下，亦使分裂双方在对民族、历史、文化、传统产生不同的诠释。[2] 目前，在台湾地区充斥"族群""省籍"议题的非理性政治场域中，民族情感动力能否持续为两岸关系和两岸交往的发展提供动力已令人生疑。但毋庸置疑的是，两岸间的这种民族情感依然成为双方交往得以维系的重要纽带。另一方面，维护台海地区和平稳定、维护两岸人民共同福祉的基本利益诉求，构成了两岸民众自发交往的现实动力。大陆目前已经成为世界第二大经济体，大陆市场成为台湾在世界性经济不景气的大背景下依然可以保持高增长的重要原因。这种现实利益的需求直接促进了两岸民间交往，尤其是经贸往来的快速发展。正是这种现实利益的需求为两岸关系和平发展和两岸交往的不断推进提供了重要动力。在两岸签署以 ECFA 为核心的多项经贸合作协议之后，我们已经很难想象两岸终止民间往来，停止经济合作会带来怎样的后果。从目的与手段的区分来看，两岸公权力机关交往机制、两岸在国际社会的交往机制的构建动力均来源于两岸民众交往的繁荣发展，前两者的核心目的乃在于为两岸民众交往的发展，尤其是在现阶段表现为两岸民众对台海和平、两岸经贸关系发展的现实需求。因此，本书认为，以保障两岸民众交往为核心的"两岸内"交往机制是两岸"大交往机制"建构的直接目的之所在，它为其他两种交往机制提供构建的情感动力和现实动力。

---

[1] 许倬云：《台湾四百年》，浙江人民出版社，2013年版，第75页。
[2] 张五岳：《分裂国家互动模式与统一政策之比较研究》，业强出版社，1992年版，第318页。

第二，规制两岸公权力机关交往秩序的"两岸间"交往机制是两岸"大交往机制"的核心，它的形成和发展会对其他两种交往机制产生重大影响。公权力机关在当今社会的功能不断增强，公权力已经渗透到社会的各个角落，因此只有公权力机关在两岸交往过程中进行交往，两岸民间交往才得以巩固和推进，两岸在国际社会的交往才能最终走向协调一致。两岸公权力机关交往机制是两岸官方共识形成与执行的平台，这一平台所形成的规范化的两岸共识为两岸各层次交往的制度化提供基本的规范依据。正是基于这些规范化的两岸共识，两岸间的各项交往才得以受到管控和引导。因此，规制两岸公权力机关交往之需的"两岸间"交往机制无疑是整个两岸"大交往机制"的核心之所在。作为整个机制的核心，"两岸间"交往机制对其他两种交往机制产生着重要影响。一方面，两岸间交往机制的运行直接产出能够调整两岸民众交往中各类社会关系的社会规范，这种规范的正式表现形式就是两岸协议。当两岸协议得到两岸各自公权力机关的认可后，会通过一定方式成为两岸各自领域内的法律，在各自域内发挥强制约束力，从而影响两岸民众交往的发展。另一方面，两岸间交往机制是两岸官方进行沟通的平台，它是双方就两岸共同关心的话题交换意见的核心机制。以规制两岸在国际社会交往为核心内容的"两岸外"交往机制的主要规范来源，亦是两岸官方的共识。近年来，两岸就台湾地区的"国际空间"问题，台湾参与国际组织问题等问题上均达成了共识，这对两岸在国际社会交往秩序的构建起到了重要作用。

第三，规范两岸在国际社会进行交往的"两岸外"交往机制是"两岸间"交往的一种外扩式延伸。两岸在国际社会进行交往的问题实际上以台湾地区参加国际活动为核心的一系列问题的集合性表达，它既涉及台湾地区参与国际组织活动的问题，又涉及两岸在同一国际组织中的交往问题，还涉及两岸共同维护中华民族利益的问题。然而，"两岸外"交往机制的构建却并不在国际社会之中，而在于两岸之间。从某种意义上讲，

"两岸外"交往机制的决策源头依然存在于两岸公权力机关的交往中,"两岸外"交往机制必须通过"两岸间"交往机制发挥作用,其本质目的在于保障两岸公权力机关的有效互动。首先,"两岸外"的交往问题直接与两岸政治关系定位相关联,没有两岸政治分歧,就没有两岸在国际社会的交往问题。因此,要解决两岸在"两岸外"的交往问题,就必须从"两岸间"入手,以"阶段化""议题化"的手段化解两岸政治分歧才是解决两岸在国际社会交往中出现的各类问题的根本方法。其次,"两岸外"的交往机制的构建需要两岸通过公权力交往机制形成和执行双方在这一问题上的共识,从而产生规范意义上的"两岸外"交往机制。任何机制的形成都需要规则的约束,约束"两岸外"交往机制的规则正是来源于"两岸间"交往机制。最后,两岸在国际社会的交往,与"两岸间"交往相同,亦是以公权力机关(或其受权组织)为交往主体,其交往行为亦是两岸公权力机关交往的一种表现形式。不论是涉及台湾地区有序参与国际活动问题,还是两岸共同维护中华民族整体利益问题,两岸要进行沟通和交往时都必须通过各自的公权力机关进行,以"独白"方式和"默契"方式进行交往的时代已经过去。因此,我们认为,"两岸外"交往机制在本质上看,乃是"两岸间"交往机制在国际社会这一特定场域的延伸和拓展。

据此,我们认为,两岸"大交往机制"的三个组成部分之间的关联性很强,它们有机的统一于促进两岸交往机制化,保障两岸关系和平发展的共同目标之下,各自发挥相关作用。对于两岸"大交往机制"框架下两岸在三个层面的交往问题,以及贯穿整个"大交往机制"构建中的相关问题,本书将在之后的各个章节之中顺次展开叙述。

第二节 "两岸内"交往机制:两岸民众的交往机制

"两岸内"交往机制,主要是指两岸民众之间的交往机制,其目的在于保障两岸民间人员贸易往来秩序，维护参与交往民众的基本权利。与政治色彩较重的"两岸间"交往机制和"两岸外"交往机制相较，"两岸内"交往是两岸交往中最活跃且最普遍的交往形式，其受到两岸政治关系变动的影响较小，具有很大程度的自发性和稳定性。"两岸内"交往机制所关注的两岸民间交往从一定意义上讲，不仅对两岸在其他两个层次的交往有着重要的促进意义，也构成了两岸关系和平发展的内在动力。

一、"两岸内"交往机制的提出与描述

回顾历史，自1987年台湾方面开放大陆探亲之后，两岸民众的交往就始终没有中断过。李登辉上台执政后，台湾当局逐渐开始弱化对一个中国原则的强调，在两岸关系上表现为开始不再强调"法统"之争，在"外交"上表现为接受"双重承认"。1999年李登辉悍然抛出所谓"两国论"的分裂观点，两岸关系迅速跌至谷底。自此以后，两会商谈机制中断长达九年之久，与此同时，两岸在国际社会的交往也陷入停顿，两岸关系的主旋律由和平协商转为停滞对抗。

两岸在民间可能发生的交往，我们称之为"两岸内"的交往。"两岸内"指代两岸在各自有效管辖领域内的场域。"两岸内"的交往，是两岸交往最为直接的体现形式。从法学意义上讲，"两岸内"交往主要体现为两岸中一方的民众在另外一方有效控制范围内的活动，这与以往学者所言的两岸民众交往大体相当，也即通常所理解的两岸"小交往机制"。"两岸内"交往机制包含两岸民众在经贸、投资、旅游、就业、就学、文化交流、探亲、婚姻等各个方面的交往。

回顾近年来"两岸内"交往机制的发展情况，自1987年两岸隔绝状态被打破之后，两岸经贸文化等民间方面的交流日趋加强。在这一背景下，台湾当局着手调整"不接触、不妥协、不谈判"的"三不政策"，其

目的在于成立与大陆方面联系的民间组织机构,并且通过官方授予这个组织权力,用于处理两岸事务。1990年11月21日,海峡交流基金会(简称"海基会")正式成立。以增进两岸关系、维护两岸同胞正当权益、协助两岸各项事务交流和协商为主要职能的海峡两岸关系协会(简称"海协会")于1991年12月16日成立。自此,海协会与台湾海基会一道,构成了两岸事务性协商机制的主轴——两会事务性协商机制。在两会的共同努力下,作为两岸事务性协商和两岸事务性协议政治前提和政治基础的"九二共识"达成。随后的"汪辜会谈"中就两会的联系与会谈制度、两岸经济交流、两岸文教、科技交流等问题达成共识。"汪辜会谈"签署了《两会联系与会谈制度协议》,并同时建立了两会正式的联系渠道,为以后两岸两会定期举行制度化、常态化的事务性商谈奠定了良好的基础。这种制度化协商渠道的建立,为两岸在日后解决重要事务性问题提供了谈判的平台,为两岸关系的良性发展提供了重要保障。[1] 自2008年两会恢复商谈以来,两岸协议在大陆和台湾地区的实施取得了举世瞩目的巨大成就,无论是其带来的社会效果、经济效果抑或是法制效果,均对海峡两岸的交流与发展产生了重大影响。两岸协议的调整范围十分广泛,涵盖两岸交通运输、社会事务、经济合作、司法合作等多个层面,与两岸人民权益息息相关。两岸协议的执行不但务实地解决了两岸交流所衍生的相关问题,也降低了两岸交流往来的时间成本,促进了两岸民间往来,增进了两岸民众的相互了解,便利了两岸企业合作,为两岸关系和平发展提供了条件。[2]

"两岸内"交往机制所关注的两岸民间交往从一定意义上讲,不仅对两岸在其他两个层次的交往有着重要的促进意义,也构成了两岸关系和平

---

[1] 参见武汉大学两岸及港澳法制研究中心编:《海峡两岸协议蓝皮书(2008—2014)》,九州出版社,2014年版,第44页。
[2] 武汉大学两岸及港澳法制研究中心编:《海峡两岸协议蓝皮书(2008—2014)》,九州出版社,2014年版,第97页。

发展的内在动力。在目前两岸民间交往繁荣，经济来往密切的情况下，两岸民众，特别是台湾民众对于两岸关系和平发展的期望日益热切，这对于共同维护两岸和平发展的有利形势具有重要作用。同时，正是基于保障民众正常交往的需要，两岸公权力机关的交往才不得不从中断走向恢复，并逐步走向多元务实的发展路径，两岸在国际社会的交往亦随之取得了更大程度的相互谅解与支持。

二、"两岸内"交往机制的规范构成

在两岸民间交往日益密切的背景下，大陆和台湾分别制定一系列用于调整两岸民间交往关系的法律规范，从而在规范层面形成"两岸内"交往机制。"两岸内"交往机制的规范构成，主要包含两岸在经贸、投资、旅游、就业、就学、文化交流、探亲、婚姻等方面的规定，以及法律冲突和司法互助规范等。在规范"两岸内"交往行为上，大陆方面制定了《台湾同胞投资保护法》《中国公民往来台湾地区管理办法》等法律法规，以及《福州市保障台湾同胞投资权益若干规定》《厦门经济特区台湾同胞投资保障条例》等20余部涉台地方性法规和经济特区法规，初步形成了一套对台工作法律体系。[①] 与此相对应的，台湾也有一套关于"两岸内"交往的涉陆事务立法体系，主要体现在"中国公民往来台湾地区管理办法""大陆居民赴台湾地区旅游管理办法"等台湾相关部门立法以及多件"司法院大法官解释"等规范性文件上。分类整理这些文件，具体如下表1-1、表1-2、表1-3、表1-4和表1-5所示：

---

① 根据国务院台湾事务办公室选编的《台湾事务法律文件选编》，大陆目前调整涉及台湾事务的法律、法规、规章及规范性文件共142件。本书对大陆涉台事务法律文件的分类，主要参照《台湾事务法律文件选编》中的分类进行。参见国务院台湾事务办公室编：《台湾事务法律文件选编》，中国法制出版社，2015年版。

第一章 两岸"大交往机制"的提出与论证

表1-1 大陆涉台经济类相关法律文件规定简表①

分类	时间	法律文件规定名称
投资	1994年	《台湾同胞投资保护法》
	1999年	《台湾同胞投资保护法实施细则》
	2010年	《大陆企业赴台湾地区投资管理办法》
	2013年	《台湾投资者经第三地转投资认定暂行办法》
贸易	1993年	《对台湾地区小额贸易的管理办法》
	2000年	《对台湾地区贸易管理办法》
	2007年	《关于在部分对台小额贸易点试行更开放管理措施的通知》
	2013年	《关于公布第二批试行更开放管理措施对台小额贸易口岸名单的通知》
	2014年	《关于公布第三批试行更开放管理措施对台小额贸易点的通知》
企业管理	1994年	《关于颁发台港澳侨投资企业批准证书的通知》
	2003年	《台湾同胞投资企业协会管理暂行办法》
交通运输邮电业	1996年	《台湾海峡两岸间航运管理办法》
		《关于台湾海峡两岸间货物运输代理业管理办法》
	2002年	《关于加强台湾海峡两岸不定期船舶运输管理的通知》
	2006年	《福建沿海地区与金门、马祖、澎湖间海上直接通航运输管理暂行规定》
	2007年	《关于推进澳门特别行政区和台湾地区来话主叫号码传送工作的通知》
		《关于促进台湾海峡两岸海上直航政策措施及实施事项的公告》
	2008年	《台湾海峡两岸直航船舶监督管理暂行办法》
		《关于台湾海峡两岸间海上直航实施事项的公告》
		《关于网上办理台湾海峡两岸间船舶营运证的通知》
	2009年	《关于促进两岸海上直航政策措施的公告》
		《关于公布进一步促进海峡两岸海上直航政策措施的公告》
	2011年	《关于海峡两岸海上直航政策措施的公告》
	2012年	《关于海峡两岸海上直航发展政策措施的公告》
	2012年	《关于台湾海峡两岸间集装箱班轮运价备案实施的公告》
	2013年	《关于进一步促进台湾海峡两岸海上直航发展政策措施的公告》

① 本表为作者根据《台湾事务法律文件选编》一书中大陆涉台事务法律文件的分类整理而成。参见国务院台湾事务办公室编:《台湾事务法律文件选编》,中国法制出版社,2015年版。

续表

分类	时间	法律文件规定名称
农业	2005 年	《关于对来自台湾水果实施便捷检验检疫措施的通知》
	2006 年	《关于扩大台湾水果、蔬菜和水产品准入种类的公告》
	2007 年	《关于促进两岸农业合作、惠及台湾农民的若干政策措施》
	2012 年	《关于允许台湾大米输往大陆的公告》
工商税务	2006 年	《关于制止和查处假冒台湾水果行为的通知》
	2007 年	《关于福建沿海与金门、马祖、澎湖海上直航业务有关税收政策的通知》
		《台湾农民在海峡两岸农业合作试验区和台湾农民创业园申办个体工商户登记管理工作的若干意见》
	2009 年	《关于海峡两岸海上直航营业税和企业所得税政策的通知》
	2011 年	《关于开放台湾居民申请设立个体工商户的通知》
	2012 年	《关于台湾居民在大陆部分省市申办个体工商户登记管理工作的意见》
		《台湾非企业经济组织在大陆常驻代表机构审批管理工作规则》
海峡西岸经济区建设	1994 年	《福建省台湾船舶停泊点管理办法》
		《厦门经济特区台湾同胞投资保障条例》
	1996 年	《福建省闽台近洋渔工劳务合作办法》
		《福建省接受台湾同胞捐赠管理办法》
		《福州市保障台湾同胞投资权益若干规定》
	1998 年	《厦门海沧台商投资区条例》
	1999 年	《福建省招收台湾学生若干规定》
	2007 年	《中华人民共和国海关关于大嶝对台小额商品交易市场管理办法》
	2009 年	《国务院关于支持福建省加快建设海峡西岸经济区的若干意见》
		《福建省促进闽台农业合作条例》
	2010 年	《福建省实施〈中华人民共和国台湾同胞投资保护法〉办法》
	2013 年	《中华人民共和国海关对平潭综合实验区监管办法（试行）》
		《福建省人民代表大会常务委员会关于加快推进平潭综合实验区开放开发的决定》
		《中华人民共和国海关关于大嶝对台小额商品交易市场管理办法》
	2014 年	《厦门经济特区两岸新兴产业和现代服务业合作示范区条例》

表 1-2　台湾地区涉陆事务经济类相关规定简表①

分类	时间	规定名称
投资贸易	1998 年	"大陆地区人民来台从事经贸相关活动许可办法"
	2002 年	"大陆地区人民在台湾地区取得设定或移转不动产物权许可办法"
	2005 年	"台湾地区与大陆地区证券期货业往来许可办法"
		"台湾地区与大陆地区保险业务往来及投资许可管理办法"
	2009 年	"大陆地区人民来台投资许可办法"
		"大陆地区人民来台投资业别项目"
		"大陆地区投资人来台从事证券投资及期货交易管理办法"
业务往来	1998 年	"大陆地区法律专业人士来台从事法律相关活动许可办法"
		"大陆地区环境保护专业人士来台从事环境保护相关活动许可办法"
		"大陆地区大众传播人士来台参观访问采访拍片制作节目许可办法"
		"大陆地区交通专业人士来台从事交通事务相关活动许可办法"
	2001 年	"台湾地区与大陆地区金融业务往来许可办法"
	2002 年	"大陆地区专业人士来台从事专业活动许可办法"
	2003 年	"跨国企业邀请大陆地区人民来台从事商务相关活动许可办法"
	2005 年	"大陆地区人民来台从事商务活动许可办法"
	2007 年	"企业内部调动之大陆地区人民申请来台服务许可办法"
	2008 年	"台湾地区与大陆地区海运直航许可管理办法条文"

表 1-3　台湾同胞在大陆接受行政管理类相关法律文件规定简表②

分类	时间	法律文件规定名称
出入境	1991 年	《中国公民往来台湾地区管理办法》
	2001 年	《台湾渔船停泊点边防治安管理办法》
	1999 年	《关于普通高等学校招收和培养香港特别行政区、澳门地区及台湾省学生的暂行规定》
	2005 年	《台湾学生奖学金管理暂行办法》
		《关于调整祖国大陆普通高校和科研院所招收台湾地区学生收费标准及有关政策问题的通知》
	2010 年	《普通高等学校依据台湾地区大学入学考试学科能力测验成绩招收台湾高中毕业生的通知》

---

① 本表为作者自制，相关资料来源于法源法律网。
② 本表为作者根据《台湾事务法律文件选编》一书中大陆涉台事务法律文件的分类整理而成。
参见国务院台湾事务办公室编：《台湾事务法律文件选编》，中国法制出版社，2015 年版。

续表

分类	时间	法律文件规定名称
文化教育	2013年	《关于将在内地（大陆）就读的港澳台大学生纳入城镇居民基本医疗保险范围的通知》
新闻采访	2008年	《台湾记者在祖国大陆采访办法》
两岸旅游业	2006年	《大陆居民赴台湾地区旅游管理办法》
	2008年	《〈大陆居民赴台湾地区旅游团名单表〉管理办法》
	2011年	《关于开展大陆居民赴台湾地区个人旅游的通知》
殡葬管理	1988年	《关于台湾同胞回大陆办理丧葬问题的通知》
	1996年	《关于台湾同胞在大陆死亡善后处理办法》
执业资格取得和就业	1994年	《港、澳、台地区会计师事务所来内地临时执行审计业务的暂行规定》
	2001年	《关于取得内地医学专业学历的台湾、香港、澳门居民申请参加国家医师资格考试有关问题的通知》
	2003年	《〈港、澳、台地区会计师事务所来内地临时执行审计业务的暂行规定〉的补充规定》
	2005年	《台湾香港澳门居民在内地就业管理规定》
	2006年	《台湾地区居民取得注册建筑师资格的具体办法》
	2007年	《关于向台湾居民开放部分专业技术人员资格考试有关问题的通知》
		《关于台湾地区居民和获得国外医学学历的中国大陆居民参加医师资格考试有关问题的通知》
		《关于台湾居民参加全国房地产估价师资格考试报名条件有关问题的通知》
	2008年	《台湾地区居民参加国家司法考试若干规定》
		《台湾地区医师在大陆短期行医管理规定》
		《取得国家法律职业资格的台湾居民在大陆从事律师职业管理办法》
	2009年	《关于再向台湾居民开放部分专业技术人员资格考试有关问题的通知》
		《台湾地区医师获得大陆医师资格认定管理办法》
	2010年	《台湾地区律师事务所在福州厦门设立代表机构试点工作实施办法》
	2012年	《关于港澳人士和台湾同胞在内地高校申请教师资格证有关问题的通知》
	2013年	《关于在内地高校学习的台港澳毕业生享受职业培训补贴政策的通知》
		《关于台湾香港澳门居民办理失业登记的通知》
		《关于继续向台湾居民开放部分专业技术人员资格考试有关问题的通知》
	2014年	《香港特别行政区、澳门特别行政区、台湾地区居民及外国人参加注册会计师全国统一考试办法》

表 1-4　大陆人民在台接受行政管理类相关规定简表[①]

分类	时间	规定名称
出入境	1993 年	"大陆地区人民进入台湾地区许可办法"
		"台湾地区人民进入大陆地区许可办法"
文化教育	2011 年	"大陆地区人民来台就读专科以上学校办法"
		"大陆地区学历采认办法"
广播电视新闻业	2003 年	"大陆物品劳动服务在台从事广告的管理办法草案"
	2007 年	"大陆地区出版品电影片录像节目广播电视节目进入台湾地区或在台湾地区发行销售制作播映展览观摩许可办法"部分条文修正草案
交通运输邮电业	1990 年	"开放台湾地区与大陆地区民众间接通话（报）实施办法"
	1993 年	"大陆信件处理要点"
	2002 年	"试办金门马祖与大陆地区通航实施办法"
旅游业	2002 年	"大陆地区人民来台从事观光活动许可办法"
就业	2004 年	"大陆配偶在台湾地区依亲居留期间工作许可及管理办法"
	2009 年	"就业保险法修正案"

表 1-5　两岸同胞之间民事法律关系类相关法律文件规定简表[②]

分类	时间	法律文件规定名称
知识产权	1994 年	《关于受理台胞国际申请的通知》
	2006 年	《关于加大台湾农产品商标权保护力度促进两岸农业合作的实施意见》
	2010 年	《关于台湾同胞专利申请的若干规定》
		《关于发布〈台湾地区商标注册申请人要求优先权有关事项的规定〉及相关书式的公告》
		《关于台湾地区申请人在大陆申请植物新品种权的暂行规定》
婚姻收养	1988 年	《关于去台人员与其留在大陆的配偶之间婚姻关系问题处理意见的通知》
		《大陆居民与台湾居民婚姻登记管理暂行办法》
	1999 年	《华侨以及居住在香港、澳门、台湾地区的中国公民办理收养登记的管辖以及所需要出具的证件和证明材料的规定》
	2004 年	《关于华侨、港澳台居民提交婚姻状况证明问题的复函》

---

① 本表为作者自制，相关资料来源于法源法律网。
② 本表为作者根据《台湾事务法律文件选编》一书中大陆涉台事务法律文件的分类整理而成。
参见国务院台湾事务办公室编：《台湾事务法律文件选编》，中国法制出版社，2015 年版。

三、"两岸内"交往机制的困境及其消解

"两岸内"交往机制的具体规范,体现为两岸统一实体法、法律冲突规范和司法互助规范等。所谓两岸统一实体法,即一套能够在两岸同时产生法律效力的实体性交往机制规范体系,它由两岸共同创设,对两岸均具有法律效力,其内容应为完整的实体性规则。所谓法律冲突规范,在两岸语境下即是指由两岸各自域内规定或两岸协议规定的,指明处理各种法律关系时应当适用何种法律的规范的总称。所谓司法互助规范,即两岸就司法活动中涉及对方管辖区域中的文书送达、调查取证、裁判与仲裁裁决认可、移送被判刑人等问题制定的域内规定或双方协商后达成的协议的总称。

在"两岸内"交往中,由于两岸民众法律规范的适用主要是以两岸各自的法律规范为主,因而"两岸内"交往机制所需破除的主要困境在于以法律冲突为内核的法制困境。这种法制困境具体表现在三个方面:一是两岸各自域内规定存在矛盾与冲突,易对两岸民众交往造成负面影响,如两岸在各自民事法律中对于公民权利能力、行为能力、结婚、离婚等问题上的规定均存在差异;二是双方缺乏协调统一的冲突法和法律适用规范,两岸各自法律中的民商事冲突规范存在差异;三是双方在对方做出判决的承认与执行方面存在障碍,尽管两岸均有承认对方民商事判决的法律规定,但其中仍存在大片模糊空间,如台湾地区"两岸人民关系条例"中规定"在大陆地区做成之民事确定裁判、民事仲裁判断,不违背台湾地区公共秩序或善良风俗者,得申请法院裁定认可",[1] 但何谓"台湾地区公共秩序或善良风俗"在实践中不免显得过于模糊,难以明确把握。因此,"两岸内"交往机制困境的主要解决办法在于构建两岸交往的法律

---

[1] "两岸人民关系条例"第七十四条。

适用机制。具体而言，就是要在两岸各自规定的基础上，以形成民商事法律适用共识为契机，逐步实现两岸互涉性民商事法律规范的协调一致，最终形成两岸民间交往的无障碍法律机制。

目前，以上三种具体规范中，法律冲突规范与司法互助规范在大陆与台湾地区有关规定规范中均有所体现，但大部分体现为两岸各自立法的状态。大陆方面的《民事诉讼法》《仲裁法》等法律中均涉及了涉台诉讼、仲裁中的认可、协助等问题，最高人民法院于1998年、2008年和2010年陆续出台的多项司法解释亦解决了大陆法院对台湾地区民商事裁判的承认、对台湾地区民商事法规的适用和司法互助等一系列问题。台湾方面的"两岸人民关系条例"则系统地规定了涉陆的法规适用、裁判承认等问题。两岸于2010年达成的《海峡两岸司法互助和共同打击犯罪协议》亦为两岸司法部门进一步实现互助提供了规范依据。

立基于"九二共识"共同政治基础，两岸双方已逐步接受以"法域"的概念解释双方各自领域内存在两套有所差别的法律体系这一事实。在此基础上，大陆和台湾分别通过各自域内立法或作成法律解释的方式，开始认同对方法律规范（尤其是民事法律规范）的法律效力，形成一套"区际冲突法"规范。自20世纪80年代至今，大陆对于台湾地区有关规定适用的承认经历了从回避到间接承认，再到直接承认的过程。在这一过程中，最高人民法院的司法解释扮演了重要地位。1998年，最高人民法院曾颁布《关于人民法院认可台湾地区有关法院民事判决的规定》等有助于两岸司法协助的规范性文件。2008年通过的《关于涉台民事诉讼文书送达的若干规定》开始了两岸的司法互助历程。2010年，最高人民法院又在《关于审理涉台民商事案件法律适用问题的规定》中，表达了人民法院可以适用台湾地区民事法规的态度。台湾方面则在"两岸人民关系条例"中，对涉大陆的法律适用问题进行了比较详细的规范，形成了初具体系化的适用。① 该条例采取了对大陆民商事法律适用的直接承认态度。2009年，两岸透过两会机制达成《海峡两岸共同打击犯罪及司法互助协议》，在两岸司法互助领域进行了协商造法的初步尝试。上述两岸各自的立法成果以及两岸协商的努力，为构建"两岸内"交往机制，妥善解决大陆与台湾地区有关规定适用问题奠定了基础。对于相关问题的阐述，本书将在第四章"两岸法制的形成机制与实施机制"中详细论述。

第三节 "两岸间"交往机制：两岸公权力机关的交往机制

两岸公权力机关之间的交往不仅涉及两岸关系和平发展的众多核心问题，还直接影响到两岸民众交往等其他交往方式的发展。因此，针对目前两岸公权力机关的交往及其发展的研究就显得十分必要。就此，本书提出了"两岸间"这一描述性的概念，为构建两岸公权力机关交往机制提出了方向性策略。

一、两岸公权力机关交往的现状描述

自1986年以来，两岸公权力机关的交往经历了从无到有的发展历程，期间虽历经波折，但总体趋势依然表现为交往与合作的强化。目前，两岸公权力机关的交往依然局限于两岸事务性问题的商谈与合作方面，主要通过两岸两会机制和两岸执政党交往机制展开。

海协会与台湾海基会通过多年来构建的两会事务性协商机制，代表两岸官方意志就两岸事务性问题展开商谈。两会事务性协商机制在"两岸间"存在了20多年，自"汪辜会谈"开始，两会机制就是在两岸公权力

---

① 裴普：《"一国两制"构架下海峡两岸区际私法构想——兼评台湾"两岸人民关系条例"》，载《重庆大学学报（社会科学版）》，2004年第2期。

交往领域占据主导地位的机制。尽管经历了1999年至2008年3月间长达九年多的中断,但两会依然在两岸关系和平发展和两岸交往的过程中发挥着不可替代的作用。2008年3月以来,两岸通过两会事务性商谈机制就两岸"三通"和经济合作等诸多重要问题达成了多项协议,这些协议对两岸关系和平发展框架的构建起到了重要的推动作用。正如台湾学者邵宗海所言,"两会协商与谈判机制,不仅在过去两岸交流的过程中扮演过重要角色,而且这也已经形成在两岸官方接触之前无可取代的协商机制"。[①]

除此之外,两岸党际交往对话,亦是在两岸政治对立的背景之下,两岸公权力机关采用的一种不得已的交往方式。当前,由国共两党主导的两岸政党对话对两岸关系和平发展和两岸公权力机关交往的推动产生了重要意义。自2005年以来,中共与国民党、亲民党陆续举办了多个以两岸交流对话为目的的民间论坛,其中由国共两党主导的两岸经贸文化论坛(即"国共论坛")已经连续举办九届,已经初步制度化。通过举办这些活动,两岸主要政党间就两岸共同关心的众多问题交换了意见,并为双方做出相关决策提供了众多参考意见。自2008年国民党重新在台执政以来,国共两党之间就"两岸间"一些重大问题多次深入交流,并逐步形成一些共识,这些共识中有许多最终成为两岸官方的意见,并最终以两岸协议的形式或双方官方政策的形式表现出来。因此,在两岸公权力机关交往的过程中,两岸政党间交往起着重要的补充与推动作用。然而,目前"两岸间"的党际交往主要局限于中共与台湾的泛蓝政党之间,民进党并未加入这种党际对话。在台湾地区政党轮替已成常态的今天,民进党重新执政之后,"两岸间"存在的政党对话平台将重新沦为一个纯粹的民间交往平台,其对两岸公权力运用的影响力将大幅缩减。因此,在台湾政治民主化的今天,党际对话平台无法取代直接的公权力机关对话平台,亦无法成

[①] 邵宗海:《新形势下的两岸政治关系》,五南图书出版股份有限公司,2011年版,第113页。

为两岸公权力机关交往的主要平台。

两会机制和两岸政党对话机制等两岸公权力机关交往平台的存续与运行恰恰反映出两岸公权力机关交往的困境与局限。一方面，由于"两岸间"存在的"承认争议"，两岸公权力机关之间并不承认彼此的合法性，亦无法以正当名义与对方展开直接接触，因此，通过两会或两岸政党对话机制进行间接接触就成了双方唯一的选项。另一方面，由于两岸尚未形成一个能够充分包容双方歧见的两岸政治关系定位共识，两岸政治问题的商议尚未被提上日程，双方公权力机关目前的交往重点只能局限于两岸事务性问题的解决，而无法深入。在两岸关系和平发展不断深化的今天，这种存在于两岸公权力机关交往之中的困境与局限将会逐渐显示出其对两岸关系进一步发展的束缚。因此，探究出一种能够进一步推动两岸公权力机关交往机制化的模式，成为摆在我们面前的一项重大使命。

二、"两岸间"的提出：概念产生及其内涵

"两岸间"作为一个理论上的概念直接脱胎于"政府间"的概念，后者是现实主义者对于欧洲一体化成果的一种描述。[①] 尽管两岸关系和平发展的进程与欧洲一体化进程存在本质差别，但欧洲一体化理论中的一些理论要素作为研究不同实体间交往、协调的理论工具，在两岸关系，尤其是两岸公权力机关交往机制的研究中，有其可供参考之处。以欧洲一体化问题为研究对象的政府间主义理论中，有许多理论要素对于我们研究大陆和台湾正在形成的共同决策机制具有一定的借鉴意义。

（一）政府间主义的理论内涵

政府间主义立基于新现实主义的理论传统，对新功能主义的观点提出

---

① 参见高华：《地区一体化的若干理论阐释》，载李慎明、王逸舟主编：《2003年：全球政治与安全报告》，社会科学文献出版社，2003年版。

批判，认为在欧洲一体化大发展的时代，民族国家远未"过时"，反而具有相当"顽强"的生命力。① 政府间主义认为，主导和制约一体化发展的关键因素依然是民族国家和国家利益，一体化的最终结果并非一套超国家机制，而是制度化的政府间博弈、谈判机制。政府间主义的理论内涵可以被归纳为以下三个方面：

第一，一体化的前进的动力来源，并非新功能主义者所说的因"外溢"而产生的自主动力，而是源于民族国家对自我利益的追求。政府间主义的逻辑前提在于，国际体系是一套自助体系，在这一体系中，国家是占据主导地位的行为体，而国家参与一体化的目标则是维护和提升本国的利益。因此，一体化可以被看作是民族国家通过共同的政策决策和共享资源来增进解决它们共同问题的能力，这也是单个国家寻求其特定利益或增加它的权力的有效方法或工具。②

第二，一体化所涉及的范围，并非国家主权所涉的全部领域，而是仅限于"低级政治"领域，也不会从"低级政治"领域"外溢"到"高级政治"领域。政府间主义认为，新功能主义关于"外溢"的论述是一种无法证明的推导，新功能主义忽视了作为独立政治体的国家在国际关系中的中心地位，而在现实中当功能一体化面临政治化时，一体化就不会按照功能主义预设的方向发展。③ 为说明这一观点，政府间主义的首倡者霍夫曼提出"高级政治"和"低级政治"的区分，前者包括敏感性较低的经济政策、福利政策等领域，后者则包括主权、安全等敏感性较高的领域。他认为，"低级政治"领域的一体化并不一定会"外溢"到"高级政治"领域。

第三，一体化最终形成的，并非一套凌驾于主权国家之上的超国家机

---

① See Stanley Hoffmann, "Obstinate or Obsolete? The Fate of the Nation State and the Case of Western Europe, Daedalus", Vol. 95, No. 3, *Tradition and Change* (Summer, 1966).
② 肖欢容：《地区主义：理论的历史演进》，中国社会科学院博士学位论文，2002年，第57页。
③ 肖欢容：《地区主义：理论的历史演进》，中国社会科学院博士学位论文，2002年，第55页。

构,而是一套制度化的政府间博弈机制。政府间主义认为,在国家利益这一行为基础上,民族国家既可以因为一体化符合其国家利益而推动这一进程,也可以因为一体化不符合其国家利益而阻碍这一进程。民族国家可能为使其利益能够得到更好的实现,将涉及"低级政治"领域的决策权力交给超国家机构,却不可能将涉及"高级政治"领域的决策权力让出。因此,一体化的结果仅仅是形成一套国家间的制度化协商机制,各国通过这套机制实现其利益博弈的制度化。

(二)"两岸间"模式的提出:对政府间主义的话语改造

两岸关系与欧洲一体化进程存在本质不同,但在抛开一些政府间主义中与两岸关系发展实践不相符的概念之后,其理论框架能够在一定程度上描述和解释两岸形成共同决策的现象。因此,我们尝试结合两岸关系的实际,通过一系列的话语改造,建构脱胎于政府间主义的"两岸间"概念架构。

第一,"两岸间"以"两岸"一词,涵盖大陆与台湾在政治定位尚未明确的情况下,若干难以言明的政治概念,取代"政府间"中的"政府"一词。在政府间主义的话语体系中,"政府"是指参与一体化的各成员国政府,他们代表各自国家的利益,参与一体化进程中各国间的谈判,并在实质上主导一体化的进程。然而,由于两岸互不承认对方指定的相关规定,亦不承认对方公权力机关的合法性,因此"政府"一词并不符合两岸关系发展的实际。此时,搁置大陆和台湾对于"主权""国家"等问题的争议,以一个近乎中性、却又具有更大包容性的词语——"两岸",恰可满足这一要求。人们在使用"两岸"时指涉一种政治现实,不仅表明分处台湾海峡两岸的大陆和台湾,而且也表明暂时尚未统一、但同属于"一个中国"的"大陆"和"台湾"。[1] 从这个意义上讲,作为政治概念

---

[1] 祝捷:《论海峡两岸和平协议的基本原则》,载《"一国两制"研究》(澳门),2011年第7期。

的"两岸",既可以用于代指作为一个整体的大陆和台湾,也可以用于表征台湾海峡两岸在政治上互不隶属的两个地区。因此,"两岸"这一概念能够最大限度地包容两岸关系中"一"与"二"的矛盾,将两岸在政治话语上的争议化于无形。因此,以"两岸间"取代"政府间"也成为一种符合两岸关系发展实际的用语。

第二,"两岸间"以"事务性议题"与"政治性议题"的划分,取代政府间主义中的"高级政治"与"低级政治"的划分。尽管在界定范围上仍存在一定程度的差别,但两岸关系之中的这种事务性议题与政治性议题的区分,与政府间主义所提出的"高级政治"和"低级政治"之间的区分具有一定程度的相似。因此,我们在对政府间主义加以改造时,便可以这种符合两岸关系实践的划分方式取代其原有理论。当前,"两岸间"模式所要解决的,只是两岸现存的事务性议题,并非与"主权""国家"相关的政治性议题。亦即是说,"两岸间"模式与其说是提供一种解决两岸争议的方法,毋宁说是为两岸逐步累积互信,以阶段化思路解决双方争议提供一个制度起点,它只关照当前两岸亟待共同解决的事务性问题,而暂不涉及政治性问题。

第三,"两岸间"以为"两岸关系和平发展的不断深入"和"祖国完全统一"提供制度保障和前提条件的目标,取代政府间主义"提升国家利益实现水平"的目的。与欧洲一体化不同,两岸关系和平发展的目标无法以"国家利益"一词加以概括,更不能为抽象的大陆和台湾的利益所表述。两岸关系和平发展的目标在于通过双方切实有效的合作,维护两岸同胞的共同福祉,从而提升两岸关系和平发展的水平,增进双方政治互信,最终为祖国完全统一创造条件。因此,在建构"两岸间"模式时,我们尝试对政府间主义对一体化发展的目标加以置换,"两岸间"模式所关照的两岸关系和平发展的目标在于,通过保障两岸制度化协商机制的运行,为两岸民众和两岸公权力机关的正常交往提供制度保障,并借此实现增进两岸政治互信，为两岸早日就政治性议题展开协商奠定基础。

（三）"两岸间"模式的理论内涵

经过上述话语改造，"两岸间"模式成为一种兼顾两岸关系发展实际和政府间主义理论中部分能够适用于两岸关系研究实际的理论要素的理论。在完成这一话语改造后，我们尝试从认识论、方法论和实践论三个层面，分析"两岸间"的理论内涵。

第一，在认识论上，"两岸间"尝试以"主体间性"取代"主体性"，构建一套尊重两岸现状，包容两岸分歧，促进两岸共识的交往模式。"主体性"和"主体间性"是两个关照"主体"这一概念的重要哲学范畴。主体间性意味着"一种并非'我—它'而是'我—你'的关系的建立"，以及随之而来的"一种并非从属性的独白而是交互性的对话的原则的建立"。[1] 两岸关系是一种主体之间的关系，真正的理解活动只有在主体之间的社会交往关系中，在主体与主体相互承认和尊重对方的主体身份时才能存在。[2] 长期以来，两岸之间的政治对立导致双方在处理两岸关系中坚持以自我为中心的主体性思维，没有顾及"主体间性"这一维度，从而导致了两岸交往的扭曲与失衡。两岸共同决策机制的形成，意味着大陆和台湾开始从以往的以"独白"为主的交往方式，转向以"共识"为主的交往方式。"两岸间"这一概念，蕴含着将大陆和台湾两个参与两岸交往的主体平等视之，承认二者的主体性，进而为二者实现"共在"提供可能性的意义。因此，"两岸间"模式的提出，从认识论层面改变了长期以来两岸交往过程中存在的"主体性"思维方式，将大陆和台湾具有同等主体性的个体，通过双方的交往活动，使两岸原本具有较大差异性的视域逐渐走向融合，为双方形成更多共识提供条件。

---

[1] 张再林：《关于现代西方哲学的"主体间性转向"》，载《人文杂志》，2000年第4期。
[2] 参见唐桦：《两岸关系中的交往理性初探》，载《台湾研究集刊》，2010年第3期。

第二，在方法论上，"两岸间"尝试以结构取代实体，以描述大陆和台湾之间形成的一种交往结构，而非一种新的政治实体。因此，"两岸间"结构并不具有超越于大陆与台湾之上的"超两岸"机制，而体现为一种两岸常态化、制度化的协商机制。实体，意指存在并起作用的组织机构。[①] 结构，意指系统内各组成要素之间的相互联系、相互作用的方式，是系统组织化、有序化的重要标志。[②] 当前，学者们在讨论两岸关系发展方向时所运用的方法论，基本上是将两岸类比为某种政治实体的类型，或是创造出一种新的政治实体类型。[③] 这种以"实体"范畴分析两岸关系的方法尚存在着许多难以自圆其说之处。从词义的角度来看，尝试在两岸之间建构一个"存在并起作用的组织机构"往往意味着建构一种"超两岸"的实体。正如上文所述，在两岸政治互信不足的情况下，建立这种"超两岸"实体面临着众多现实困境，只有通过建立制度化的两岸协商机制，增进两岸政治互信，方能以渐进式的方式消解这些困境。因此，"两岸间"模式尝试建构的并非是一种"超两岸"实体，而是一种关注两岸"相互联系、相互作用方式"的结构。在"两岸间"结构中，大陆和台湾不向新结构让渡其所掌握的治理权力，而是各自保留既有的对己方领域的有效治理权。"两岸间"模式所关注的并非两岸如何重新形成一个"超两岸"政治实体的问题，而是着眼于在不改变两岸既有现状的情况下，如何使两岸制度化协商机制的现实作用最大化。

第三，在实践论上，"两岸间"尝试将"二元并存"的两岸共同决策机制所创制的两岸共识，定义为一种政治层面上的两岸政治共识和一种法律层面上的具有软法属性的两岸共同政策，它对两岸各自域内法律体系能够形成一定的影响，但却并不必然在两岸能够直接适用。[④] 在"两岸间"

[①] 夏征农、陈至立主编：《辞海》，上海辞书出版社，2009年版，第2061页。
[②] 夏征农、陈至立主编：《辞海》，上海辞书出版社，2009年版，第1109页。
[③] 参见周叶中、祝捷：《两岸治理：一个形成中的结构》，载《法学评论》，2010年第6期。
[④] 参见周叶中、段磊：《论两岸协议的法理定位》，载《江汉论坛》，2014年第8期。

之结构下,两岸协议作为一种两岸共同政策影响两岸各自域内法律体系的实施,即两岸协议对大陆和台湾尽管并不具有强制约束力,但却可以在实践中发挥其现实约束力,从而对两岸公权力机关和普通民众产生法律效力。两岸协议的这种效力形式的变化,需要依照两岸各自域内立法的规定,经过接受、生效、适用等程序后方能实现,亦即是说,两岸协议对两岸公权力机关和普通民众的约束力是一种间接效力。[①] 两岸协议的这种间接效力需要在大陆和台湾公权力机关的支持下方可实现,一旦一方停止对协议实施的支持,两岸协议便无法对两岸产生效力。

三、发展中的"两岸间":发展障碍及其回应

从对"两岸间"模式的描述来看,在两岸关系和平发展的今天,"两岸间"的共同决策机制已初步形成,但这种共同决策机制依然有待进一步发展和完善。从两岸关系发展的现状来看,两岸共同决策的法理定位、民意正当性危机和决策的对象与范围等问题,都是当前"两岸间"模式发展过程中面临的主要障碍。正视这些障碍,对构建两岸关系和平发展框架,增进两岸政治互信,消除两岸政治对立,实现祖国和平统一有着重要意义。

(一)两岸共同决策的法理定位

尽管目前两岸已形成一种"二元共同决策机制",但这种机制本身所输出的两岸共同政策的法理定位却较为尴尬,两岸尚未就共同政策的属性及其与两岸各自域内法律体系的关系问题形成一致的表述。长期以来,两岸关系的发展方向往往寄托于台湾地区领导人一身,台湾地区领导人个人政治倾向和政治态度的改变,会对两岸关系造成重大影响。[②] 1999年两岸

[①] 参见周叶中、段磊:《论两岸协议的接受》,载《法学评论》,2014年第4期。
[②] 周叶中、段磊:《论"法治型"两岸关系的构建》,载《海峡两岸关系法学研究会2014年年会学术论文集》。

两会事务性商谈因"两国论"而中断、2014年"太阳花运动"带来《海峡两岸服务贸易协议》延迟生效……这些事件无不体现出两岸关系发展中的这种"人治"因素。在两岸关系中仍然存在着"人治"因素的情况下，由于缺乏明确的法理定位，两岸共同政策的实施严重依赖两岸，尤其是台湾方面对共同政策的态度。在台湾地区政党轮替已成常态的今天，若不能通过法治方式明确两岸共同政策的法理定位，一旦主张或偏向"台独"的政党重新在台执政，则两岸共同政策的实施便将遭遇严重困境。

针对两岸共同决策在法理定位上存在的问题，及其对两岸共同决策的实施带来的不利影响。因此，本书认为，两岸应当转变既有的政治思维，转而以法治思维为导向，透过"两岸间"协商机制和两岸各自域内立法等方式，明确两岸共同决策的法理定位，构建起对两岸同时具有法律约束力的两岸法制体系，为"两岸间"结构的正常运行提供制度保障。[①] 具体而言：一是应由两岸尽快就共同政策的法理定位问题形成政治共识，继而签署一项旨在明确两岸共同决策法理定位问题的基础性协议，由此厘清两岸共同决策与两岸各自域内法律之间的关系；二是两岸应当尽快制定相关域内法律，明确两岸共同决策，尤其是两岸协议的法理定位，以强化两岸共同决策的权威性，防止"人治型"两岸关系对两岸共同决策实施效果的影响。[②] 总之，只有通过发挥法治的制度价值，才能充分保障"两岸间"结构的稳定性和可持续性，从而维护两岸关系和平发展的稳定性和可持续性。

（二）两岸共同决策的民意正当性危机克服

考察近年来，尤其是2014年以来两岸关系发展的实践，在两岸共同决策机制形成的过程中，这一机制已经出现，因其"精英政治"与"秘

[①] 参见祝捷：《论两岸法制的构建》，载《学习与探索》，2013年第7期。
[②] 参见周叶中、段磊：《论两岸协议的接受》，载《法学评论》，2014年第4期。

密政治"色彩带来的民意正当性危机。就两岸两会事务性协商机制而言，由于两岸普通民众无从知晓两岸协议商谈的过程，更无从参与协议的制定并表达自己的意见，这使得两岸协议的民意正当性基础面临着一定考验。早在两岸关系和平发展初期，就有学者意识到，两岸共同决策机制体现的这种"精英政治"和"秘密政治"色彩，提出由于缺乏直接参与，两岸民众正逐渐沦为两岸关系和平发展的"旁观者"的观点。[①] 彼时彼刻，这种观点似乎还是一种理论预测，而此时此刻，随着2014年上半年"太阳花运动"的爆发，以两岸协议为代表的两岸共同决策的民意正当性危机已经出现，两岸两会授权签署协议的权威性面临挑战。[②] 较之于两岸两会协商，两岸事务主管部门协商机制尚处于一种初级发展阶段，其形成两岸共同决策的能力较弱，因而其所受到两岸民众的关注亦较少。但是，随着两岸事务主管部门协商机制的进一步发展，及其决策能力的不断提升，两岸民众对这一机制的关注程度亦会随之提升。因此，这一机制的民意正当性危机同样应引起我们的重视。

针对"秘密政治"和"精英政治"为两岸共同决策机制的发展带来的不利影响，本书认为，两岸应当尝试建构横跨海峡的多元民意整合机制，扩大两岸民众和利益相关群体参与两岸共同决策的议题选择和协商的空间，有效补强两岸共同决策机制的民意正当性。具体而言：一是应建构两岸共同决策的议题选择听证制度，就涉及两岸关系发展和民众福祉的重大问题，在两岸范围内公开举行议题选择听证会，使民众和利益相关群体能够参与确定两岸共同决策的议题范围；二是应建构两岸共同决策的协商旁听制度，邀请两岸民意代表和部分民众参与和旁听两岸两会协商，使民众能够直接了解两岸两会商谈的全过程；三是应建构两岸共同决策的事后

[①] 参见周叶中、祝捷：《两岸治理：一种形成中的结构》，载《法学评论》，2010年第4期。
[②] 参见沈建华：《从台湾"太阳花学运"看两岸关系面临的挑战》，载《现代台湾研究》，2013年第4期。

民意数据调查和征询制度,在两岸形成共同决策和共同决策实施后,通过民意调查等多种民意征询手段,了解两岸民众对于相关决策实施的意见与建议,作为相关决策调整的重要依据,使民众意见能够对决策的实施发挥影响力。

(三) 两岸共同决策的广度与深度拓展

考察两岸共同决策机制的运行情况,目前两岸共同决策(无论是透过两会机制还是两岸事务主管部门协商机制)的决策范围依然有限,两岸范围内绝大多数事务依然由两岸各自决定。两岸共同决策范围的有限性主要体现在两个方面:一是共同决策的广度有限,现有的两岸共同决策的调整范围依然局限于两岸事务性议题,目前作为两岸协议的调整范围涉及两岸经济事务合作、社会事务合作和司法合作等方面,而两岸文化合作、行政合作和政治议题并未被纳入两岸共同决策的范围之中;二是共同决策的深度有限,两岸经济、社会和司法合作领域中的大量事务,依然由两岸各自决定,而并未引入共同决策机制。[①] 造成两岸共同决策范围广度与深度不足的原因主要有二:一是由于两岸政治互信不足,台湾方面无法接受大量涉及两岸共同利益的事务由双方共同决定,因而双方无法就两岸政治议题等敏感性较高的问题展开商谈;二是由于两岸共同决策机制的平台建设有待进一步完善,现有的两岸两会协商机制和两岸事务主管部门协商机制,仍是一种简单的"两岸间"决策协调机制,而并未形成建基于稳定组织结构之上的共同决策体系。

针对两岸共同决策在法理定位上存在的问题,及其对两岸共同决策的实施带来的负面影响,本书认为,两岸应当透过双方不断深入地交往累积政治互信,通过制度建设和平台建设保障两岸共同利益的更好实现。具体来说:一是应当促进两岸在多个层面就现有共同决策机制决策范围外的事

[①] 参见周叶中、祝捷:《两岸治理:一种形成中的结构》,载《法学评论》,2010年第6期。

务交换意见,透过两岸学术交流等非官方平台,促进两岸各层次交往,累积双方共识,强化双方政治互信;二是应当推动两岸在两会事务性协商机制的框架下形成稳定的"两岸间"共同机构,以具有稳定组织结构的共同机构取代仅仅具有单纯协调性质的临时性协议"联系主体",强化两岸共同决策的生成机制,为两岸做出更多共同决策提供条件。

总之,"两岸间"概念的提出,从现实背景上看,源于对两岸特殊交往形态下,两岸公权力机关交往和共同决策现象的回应;从理论溯源上看,脱胎于欧洲一体化进程中的政府间主义理论;从认识论上看,体现出通过以"主体间性"取代"主体性"的思维转向;从方法论上看,其核心在于以"结构"替代"实体",体现出以动态方式形成对两岸关系和两岸交往描述的新方法。"两岸间"模式的提出,不仅为我们解释两岸公权力机关在政治对立情况下的共同决策现象提供了理论支撑,更为我们进一步完善这种两岸共同决策机制,进而为两岸增进政治互信,消除政治对立和分歧提供了可能。当然,"两岸间"仍是一种停留在理论层面上的"想象",至于这种"想象"是否正确,仍然有待两岸关系实践的检验。

第四节 "两岸外"交往机制:两岸在国际社会的交往机制

众所周知,一个中国原则已成为世界各国和国际社会所公认的基本原则,从法理上讲,台湾地区作为中国的一部分并无参与国际交往的主体资格。但在客观上,台湾地区以不同名义参与国际社会已经是不争的事实,如台湾地区以"中华台北"名义参加国际奥委会组织(IOC)等。基于此,应当将承认台湾地区参与国际社会交往的事实与其是否具有国际法主体资格予以区分。鉴于台湾地区已经广泛且深入地参与国际社会交往的事实,两岸交往由此产生了"两岸外"这一外在于两岸的第三场域。其与"两岸内""两岸间"相较,受制约因素发生了显著变化,除了来自两岸之外，还有外在于两岸的其他因素，如两岸共同加入的国际组织所订定的规则。针对这一问题，"两岸外"交往机制的核心功能在于规范两岸在国家社会中的交往行为，包括台湾地区有序参与"国际空间"、两岸共处一个国际组织、两岸共同维护中华民族共同利益等三个方面的内容。

一、台湾地区有序参与"国际空间"的机制

大陆方面已经明确提出，对于台湾参与国际组织活动问题，在不造成"两个中国""一中一台"的前提下，可以通过两岸务实协商做出合情合理安排。[①] 台湾地区参加"国际空间"问题，涉及台湾民众的自尊和自我认同问题，是台湾社会的核心议题之一。而参加一些功能性的国际组织，如世界贸易组织、世界卫生组织等，又有利于保障和维护台湾民众的相关权利。对于台湾地区参与"国际空间"的诉求，大陆方面应当在坚持一个中国原则上予以务实应对，其应对的方法就是寻找合适的方式和名义，推动台湾地区有序参与"国际空间"机制的建构，使台湾地区参与"国际空间"的节奏和方式处于两岸能够共同接受的范围内。2009年，台湾地区以观察员名义出席世界卫生大会，并在之后成为惯例，已经为这种机制的建构提供了范本。[②]

台湾地区有序参与"国际空间"，涉及构建两岸关系和平发展框架的各个方面，是事关两岸关系和平发展的重大问题之一。因此，在构建台湾地区有序参与"国际空间"机制的过程中，应当将其置于整个两岸关系和平发展的大框架之中，充分考虑和平发展框架的整体构造，以整体性的思维考量这一个体问题。基于两岸关系和平发展框架的两岸原则、功能原则和制度原则，两岸可以在构建两岸关系和平发展框架之下，构建台湾地

[①] 胡锦涛：《携手推动两岸关系和平发展 同心实现中华民族伟大复兴——在纪念〈告台湾同胞书〉发表30周年座谈会上的讲话》，载《人民日报》，2009年1月1日。

[②] 参见祝捷：《论台湾地区参加国际组织的策略——以台湾地区申请参与WHO/WHA活动为例》，载《"一国两制"研究》（澳门），2012年第10期。

区有序参与"国际空间"的相应机制。因此台湾地区有序参与"国际空间"的机制是建构两岸关系和平发展框架的重要组成部分。

第一,基于两岸原则,大陆方面对于台湾地区以及台湾民众参与国际组织、参加国际交流和合作的愿望应当给予必要的重视和尊重。由于构建两岸关系和平发展框架并不涉及"主权""国家"等政治敏感议题,台湾地区在两岸关系和平发展框架后,形式上仍保持"中华民国"的"国号",并自认为拥有"主权",而台湾民众在此认识的基础上,亦将继续产生参与国际社会、获取国际承认的愿望。通过参与国际社会,获取一定的"国际空间",有助于台湾民众产生明确的自我认同。如果能对此自我认同恰当引导,未必不是争取台湾民心以及对两岸关系和平发展框架认同的有效手段。两岸关系和平发展框架的认同基础是"中华民族共识",对于"国家""主权"等问题采搁置态度,因此,在台湾地区"国际空间"问题上,亦应搁置敏感的政治议题。从两岸原则出发,尊重台湾地区以及台湾民众参与国际组织、参加国际交流和合作的正当愿望,不反对台湾地区在一定条件下参与国际组织、开展必要的对外交流。同时,在大陆和台湾分别以各种名义同时加入的国际组织中,双方应充分尊重对方在该国际组织中的地位,尊重对方依据该国际组织章程和规定所享有的权利,以平等地位在该国际组织架构中交往。

第二,基于功能原则,可以开放台湾地区在一定前提条件下参加功能性国际组织的空间。功能性的国际组织不同于以安全、政治为目的的国际组织,前者侧重于经济、文化、科技等功能领域,是"低级政治"的国际组织,而后者则侧重于安全、政治,有着明确的指向性,属于"高级政治"的国际组织。根据功能原则,两岸关系和平发展框架着力促进两岸功能性合作,而在功能性合作方面,两岸国际层面的合作具有特殊的意义。而一些功能性的国际组织,为了包容尽可能多的实体,在加入资格上,并未限定"主权""国家"等政治性要素,而是采"不作政治判断原则"。以 WTO 为例,根据 WTO 仍然引据的《哈瓦那宪章》第 86 条规定,任何 WTO 成员,都不得尝试做出任何涉及实质性政治争议(essentially political matter)的判决;①而台湾地区以"中华台北"名义加入的另一国际组织 APEC,也规定加入的主体是"经济体"(Economies),而不必然是"国家"(State)。因此,就功能性国际组织而言,若台湾地区采取大陆方面可以接受的、不表明"台湾"是一个"主权国家"的名义加入,且不会造成"两个中国""一中一台"效果的名义参加,应保留双方协商和探讨的空间,而不宜完全否定。

第三,基于制度原则,两岸应建立起务实、具有可操作性的协商机制,使两岸在重大国际事务上能开展协调。尽管有两岸原则和功能原则,但台湾地区的"国际空间"问题毕竟是一个敏感而复杂的问题,在具体到个别事件时,不宜一概而论。因此,即便是台湾以大陆方面可以接受的名义加入功能性国际组织,仍须采取谨慎的态度,仅仅保留一定的协商空间,而不作定论,防止造成不必要的误解。立基于此,考量两岸之间在台湾地区"国际空间"问题上的协商制度,显得尤为重要。作为一项法理共识,两岸关系和平发展框架应尽量少做实质性判断,亦不宜提出可以作为判断的标准,而只是提供制度和程序,供两岸在台湾地区"国际空间"问题上协商。除此以外,随着全球经济一体化和两岸交流的不断加深,两岸在"中华民族共识"基础上,开展国际层面的合作,在国际上相互协调、配合,以一致立场对外、以一个声音说话,制约外部势力挑拨两岸关系从而从中渔利的行为,以争取中华民族的共同利益。②在此意义上,"两岸间"就台湾地区"国际地位"问题的协商机制,就显得更加重要了。至于协商机制本身如何建立,考虑到涉外事务的重要性和敏感性,可

---

① 《哈瓦那宪章》第 86 条的规定是:"The Members recognize that the Organization should not attempt to take action which involve passing judgment in any way in essentially political matters."
② 参见周叶中:《论两岸关系和平发展框架的法律机制》,载《法学评论》,2008 年第 3 期。

以采取"两会协商、公权力机关在场"的模式予以展开。

就目前情况来看,"中华台北"是最适合两岸关系和平发展框架的模式,原因有三:其一,"中华台北"突出"中华",体现了"中华民族认同",亦可以解读为具有反"台独"的立场;其二,"中华台北"以"台北"为主体,一方面表明与大陆的区别,切合台湾民众的心理,另一方面又不像"台湾"那样已经具有特定的政治符号意涵;其三,实践证明,"中华台北"作为台湾地区加入特定国际组织的符号,已经为两岸所接受,即便是"台独"分子,也对此持默认态度。因此,在两岸关系和平发展框架之下,两岸应充分保留台湾地区以"中华台北"或其他名义参与"国际空间"的协商空间,在两岸关系和平发展框架两岸原则和功能原则的指导下,妥善解决台湾地区的"国际空间"问题。

二、两岸共处一个国际组织的交往规范

一个客观存在的事实是:两岸已经以各种名义通过各种途径共同参加了一些国际组织,其中涵盖了诸多在国际社会具有重大影响力的国际组织,如国际奥委会(IOC)、世界贸易组织(WTO)、世界卫生组织(WHO)等。两岸在这些组织中的法律地位虽有不同,但都依据该组织的宪制性规则享有权利和履行义务,都依托该国际组织所提供的组织结构和运行机制处理相关的国际问题。可以说,两岸共处一个国际组织的问题,已经超越了台湾地区参与"国际空间"的政治性意涵,而更多地关注于国际组织本身的功能性意涵。这一现象符合构建两岸关系和平发展框架所依循的功能原则。两岸共处一个国际组织的问题,因而从一个台湾地区是否有资格参加该国际组织的政治问题,转变为由以下两个问题所构成的复杂问题。

第一个问题:台湾地区虽以合适名义与大陆共处一个国际组织,国际组织的功能性意涵超越了其政治性意涵,但并不意味着台湾地区没有继续

借该国际组织作为平台,彰显其"国际存在"的可能性,事实上,台湾地区已经多次利用其合法参加的国际组织宣扬其所谓"自主性",因此,即便两岸共处一个国际组织,仍有必要防范台湾地区在国际组织中损及一个中国原则的各种行为。

第二个问题:台湾地区在符合国际组织规则且不破坏一个中国原则的前提下,势必会因形形色色的问题与大陆在国际组织的框架内发生互动,这种互动应当如何开展,两岸如何透过国际组织的规则解决彼此间的争端或促进共同利益,值得关注。在此两个问题中,大陆学者对于前一个问题关注较多,也形成了丰富的研究成果,值得参考和借鉴。[①] 但是,现有成果中对于后者的讨论则尚负阙如。然而,第二问题又关涉两岸在国际组织框架内良性互动,因而确有研究之必要。台湾学者多有论文对两岸在国际组织内的互动有所描述。当然,台湾学者的研究大多立基于其希图突出台湾地区"主体性"的立意与目的,部分论证过程虽出于功能性的考量,但落脚点和结论仍纠缠于国际组织的政治性意涵。为此,有必要在一个中国原则的基础上,通过对两岸共处一个国际组织问题的论述,对台湾地区有序参加"国际空间"后如何坚持一个中国原则、如何更好地发挥国际组织功能以及如何透过国际组织框架更好地解决两岸共同利益等问题进行讨论。

在目前两岸所共同参加的国际组织中,世界贸易组织(以下简称"WTO")是两岸互动最为频繁、也是关涉两岸利益最大的国际组织之一。对于两岸在 WTO 内的互动进行描述与研究,对于探讨如何构建两岸共处一个国际组织的机制具有重要的参考价值。两岸在 2001 年经过长时间谈判几乎同时成为 WTO 正式成员,期间的艰难过程和两岸"鏖战"都已经

---

① 参见陈安:《中国"入世"后海峡两岸经贸问题"政治化"之防治》,载《中国法学》,2002年第 2 期。

成为历史。对于这段历史，多有学者从不同角度加以揭示，本书不再赘述。[①] 其一是因为此段历史已经过去，其间两岸围绕台湾地区加入 WTO 的各项议题都随着台湾地区以"台澎金马单独关税区"的名义加入 WTO 而获得最大限度的妥协及解决，无须再一一回顾。其二是因为本书所关注者并非在于两岸在加入 WTO 前的攻防，而是更加关注 WTO 在台湾地区参与"国际空间"后的地位与行为规范。其三，两岸在加入 WTO 上的攻防，更多地被理解为对抗思维占据着上风，而在两岸共处 WTO 的互动中，基于务实精神的妥协与合作应当占据核心位置。

WTO 或许是两岸互动最多的国际组织，而且两岸在 WTO 之内的互动与两岸关系最具实质性的关联。因此，两岸共处 WTO 的经验与不足，在相当程度上能够为两岸共处其他国际组织所借鉴。随着两岸"外交休兵"的深入，台湾地区有序参与"国际空间"机制将逐步建立和完善，因而台湾地区有序参与国际社会将迈入常态化，以合适名义参与国际组织活动的频次或参加国际组织的数量都将增加，两岸共处一个国际组织的情形也会随之增多。虑及以上情形，有必要在反思 WTO 的经验与不足的基础上，对构建两岸共处一个国际组织的机制进行探讨。

第一，坚持一个中国原则，是两岸共处一个国际组织的政治底线，也决定了两岸共处一个国际组织的功能特征。两岸依据两岸原则、功能原则和制度原则，允许台湾地区参加特定的国际组织，因而造成两岸共处一个国际组织的情形。但是，这并不是对台湾地区"主权"属性和"国家"属性的肯定，也不产生所谓"承认"的效果，而只是因应台湾地区人民参加"国际空间"的意愿而做出的合情合理的安排。因此，两岸共处一个国际组织仍应当以一个中国原则为底线，而不能在"两岸间"造成"双重代表"的情形。

[①] 参见江启臣：《WTO 下两岸政治互动之发展与意涵》，载《东吴政治学报》，2004 年第 19 期。

第二，遵守国际组织的规则，尊重台湾地区依据国际组织规则所享有的权利与义务，是两岸共处一个国际组织的基础，也为两岸共处一个国际组织提供了可能性。台湾地区参加国际组织的首要前提，是该国际组织对类似于台湾地区的实体参加该国际组织的活动有着特殊的安排与规定。因此，台湾地区能否参加某一国际组织以及享有何种法律上的地位，完全取决于该国际组织的规定。从另一方面而言，如果台湾地区根据国际组织的特殊制度安排，得以参加该国际组织的活动，并享有国际组织规则所规定的权利、履行国际组织规定的义务，则大陆方面对此亦应给予必要的尊重。

第三，在一个国际组织中，尽量发挥国际组织所设定的各项机制，维护两岸各自的利益以及中华民族整体利益，是两岸共处一个国际组织的目的，也决定了两岸共处一个国际组织的必要性。两岸共处一个国际组织后，在该国际组织的框架内两岸互动的重心应当有所转移，即从关注台湾地区参加国际组织的资格与地位，转移至如何透过国际组织的机制实现两岸各自的利益以及中华民族的整体利益。透过国际组织的机制实现两岸各自的利益，以及中华民族整体利益，也符合两岸各自参加国际组织的目的。

第四，透过两岸事务性协商机制和两会框架，在"两岸间"构建作为国际组织相关机制的替代性机制，以回避两岸共处一个国际组织中的敏感议题，而将两岸所共处的国际组织作为信息交换渠道与机制，也未尝不是两岸共处一个国际组织的一种策略性选择。两岸共处一个国际组织的理想状况，是两岸恪守国际组织规则，在一个中国原则下，相互尊重，理性互动。

总而言之，两岸共处一个国际组织，需要两岸深入的政治互信和有效的因应策略，也更加需要两岸之间的彼此尊重以及对国际组织规则的尊重，唯有如此，两岸方可和谐地共处于一个国际组织，利用国际组织之相关机制，通力合作，降低敌意，共谋两岸关系和平发展。

三、两岸共同维护中华民族共同利益的制度安排

尽管两岸在意识形态、政权和"国家"认同上有所差异，但在民族认同上仍能保持"中华民族认同"，因而对于中华民族整体利益有着共同的维护责任。以近年来广受两岸民众关注的中国海洋权益维护中的两岸合作为例，在中国岛屿和海域频遭周边国家"主权宣示"、海洋经济构成两岸经济新的增长动力、海洋能源和海洋资源是保证两岸经济社会永续发展的重要因素的现实背景之下，海洋已经成为大陆和台湾新的经济增长点和民生之本，而且涉及领土完整和民族尊严等问题，因此，海洋权益已经涉及中华民族核心利益。尽管海洋权益对于两岸的重要意义已经成为两岸有识之士的共同认知，但两岸在维护中华民族海洋权益的合作上仍有不足。就总体状况而言，仍然局限于具体事务的合作，呈现出个案性、零散性和偶然性的状态。其中原因，主要是因为两岸之间存在着政治上和体制上的隔阂，未能在维护中华民族海洋权益的问题上形成合力。就现阶段的情况而言，构建两岸共同维护中华民族海洋权益的机制极为必要。

第一，两岸在维护海洋权益上仍受到政治因素的困扰，影响了两岸有关部门的直接合作。由于某些政治原因，两岸尚未承认对方公权力机关的地位，并且在公权力机关的关系上，采取"不接触"的政策。而海洋事务大多数由公权力机关负责管理，因此，上述政治因素的困扰，如不通过合理的制度安排，可能严重影响两岸有关部门的直接合作。

第二，两岸缺乏对口的联系部门，因而在维护海洋权益的体制机制上并不顺畅。目前，在海洋事务管理体制上，大陆采取分散管理体制，国家海洋局（中国海监）、公安边防武警（中国海警）、海关总署走私犯罪侦查局（中国海关缉私）、交通运输部海事局（中国海巡）以及农业部渔政渔港监督管理局（中国渔政）等，对于海洋事务均有管理权限，因而并

没有一个综合性的海洋管理部门;台湾地区则在2000年2月,将分散在"行政院"各有关部门的海域管理职能予以合并,成立"海巡署",专责台湾地区海洋事务。根据马英九在"蓝色革命、海洋兴国"的"海洋政策"中还提出要成立"海洋部",进一步整合海洋管理职能。两岸海洋管理部门之间由于体制不协调,导致两岸对口海洋管理部门欠缺。

第三,两岸当前合作的范围仍限于事务性合作,而海洋事务较多涉及公权力机关的合作,因而存在政策上的困境。当前两岸的事务性商谈已经实现制度化和常态化,但两岸合作的范围仍限于事务性合作,即不涉公权力或者不涉政治问题的技术性、民间性合作事项。海洋事务既涉及某些不涉政治议题的事务性合作事项,但更多的是涉及公权力、乃至于高度政治性的议题,如涉及台湾地区所管辖的东沙南沙岛屿问题、两岸实际管辖海域的划界问题、两岸惩处对方越界渔船问题、大陆海军保障台湾地区商船问题、台湾地区运送核废料经过大陆实际控制海域问题等。由于两岸在这些问题上,还存在着大量的政策困境,因而难以有效解决上述问题。

在两岸关系日益热络的情况下,针对两岸民众都关心、涉及两岸民众根本利益的海洋权益保障问题,构建两岸共同维护中华民族海洋权益机制,一方面整合两岸资源,有效保障中华民族海洋权益,另一方面以共同维护海洋权益为契机,为两岸合作范围从事务性合作向行政性合作深化提供典范。

第一,基于"兄弟阋于墙"的民族感情,通过建立机制,搁置某些影响两岸共同维护中华民族海洋权益的政治因素。必须注意到,台湾方面一直未放弃对于钓鱼岛、南海诸岛的"主权",并多次宣示了"主权在我"的决心。两岸在"两岸人民同属一个中华民族"和"九二共识"的基础上,可以也应当搁置两岸在政治上的争议,以民族大义为重,建立机制,暂时搁置某些影响两岸共同维护中华民族海洋权益的政治因素。在这方面,大陆可以事先提出一些积极的建议和主张,如向台湾地区有关方面提出建立相关机制的建议，以表现诚意。

第二，在建构方式上，可以采取先建立针对具体问题的"专责小组"，在解决具体问题的过程中，为形成制度化的框架累积共识和经验，建立完整的两岸维护中华民族海洋利益机制，需要两岸互信的累计和制度经验。为此，两岸可以就目前两岸人民关心、实践中急需应对、合作基础又较好的事务，建立"专责小组"，以解决实际问题。如目前可以就大陆海军为台湾商船护航建立"专责小组"，公开进行定期联系和信息交换，既彰显两岸合作的成果，又为后续事务的合作形成积累经验。此外，在保钓、开发西沙旅游资源、台湾地区核废料运输的航线选择等问题上，也可以建立相应的专责小组。

第三，两岸适时通过两会协商机制签署《海峡两岸海洋事务合作协议》，在法制层面确认和规范两岸共同维护中华民族海洋利益的机制。在通过"专责小组"累积互信，并对外宣示两岸共同维护中华民族海洋权益的信心与决心后，两岸可以适时透过两会协商机制，签署具有综合性的《海峡两岸海洋事务合作协议》，在两岸法制的层面，对两岸的合作原则、对口部门、联系机制、合作事项和范围等进行确认与规范。

总之，两岸应当在构建"大交往机制"的过程中，充分考虑到涉及中华民族重大共同利益的问题，以中华民族的伟大复兴这一大局为重，形成"兄弟阋于墙，外御其侮"的良好局面。

第二章　两岸交往与两岸关系和平发展的正当性危机及其消解

两岸关系和平发展应该置于两岸关系的历史变迁中理解。两岸关系的变迁，一般来说可以从历史变迁的角度切入，区分成几个不同面向的时期。根据台湾学者邵宗海的分析，从历史发展的经验而言，两岸之间的关系可从不同时期切入，产生几个不同背景的阶段。[①] 如果以1949年为基准，则经历了最初的军事对峙时期、"法统"争执时期，经过交流缓和时期，直到目前的意识对立时期以及磨合过程时期。然而，自20世纪90年代以来，特别是2000年以后民进党执政期间，由于台湾当局对一个中国原则态度的转变，两岸关系和平发展遭受严重威胁。2008年3月，国民党重新上台后，两岸关系迎来重大转折，两岸得以在"九二共识"的基础上恢复接触与交往，两岸交往日益升温。正如有学者指出：思考两岸问题，绝不在于建立新的政体，或者借鉴国外某种制度，而是在于从理论上寻求对两岸现状的解释，以及如何建构合理的理论模型，以增强两岸现状的可接受性。[②] 立基于此，在两岸交往日益密切的背景下，两岸关系和平发展仍有许多具体问题亟待研究与解决，如两岸关系和平发展制度框架如何建立、两岸关系和平发展所面临的风险与障碍在何处、如何化解等。然

[①] 参见邵宗海：《两岸关系》，五南图书出版股份有限公司，2005年版，第5—31页。
[②] 祝捷：《海峡两岸和平协议研究》，香港社会科学出版有限公司，2010年版，第9页。

而，这些具体问题的研究如果没有一个核心概念的统领，就显得较为凌乱和分散。因此，本章拟从两岸交往与两岸关系和平发展的正当性问题入手，对两岸交往机制中两岸和平发展的相关问题进行初步研究。

第一节 两岸关系和平发展的正当性：
概念阐释与理论要素

之所以从正当性这一概念切入，一方面，正当性问题是两岸关系和平发展的基础性问题，其他问题都是由此发散演化而出。另一方面，规范层面的正当性思考区别于现实主义的策略应对，这有助于我们从学理上对两岸关系和平发展问题进行更为充分、深入的理论建构。

一、两岸关系和平发展正当性的阐释：基于集体行动的视角

从政治哲学的层面看，正当性关乎政治秩序的规范和行为理据。哈贝马斯这样定义正当性：正当性意味着对于一个政治秩序所提出的被肯认为对的及正义的这项要求实际上存在着好的论证，一个正当的秩序应得到肯认。[1] 正当性意味着政治秩序之被肯认之值得性。从政治哲学史的视角看，现实的政治秩序，并不只是历史的或偶然发展之结果，而是被整合在某种整全性的自然结构中或神学结构中。[2] 然而，在现代性的情境下，正当性则只能建立在个人意志的基础上。这一转换所带来的最重要的结果就是所谓"霍布斯难题"[3]的出现。在古典思想中，整个政治秩序有一个目的，人也有一个内在的本质性规定。但在现代思想中，是没有什么终极的目标笼罩在政治秩序之上的，人孤零零地矗立在这个世界上，他有的只是

---

[1] See Jurgen Habermas, *Communication and Evolution of Society*, Boston: Beacon Press, 1979, pp. 183-184.
[2] 吴冠军：《政治哲学的根本问题》，载《开放时代》，2011年第2期。
[3] 参见高懿德、张益刚：《论"霍布斯的秩序问题"》，载《齐鲁学刊》，2001年第3期。

第二章　两岸交往与两岸关系和平发展的正当性危机及其消解

自己的意志、欲望和工具理性。由此带来的问题是，个人的意志是不一样的，当我们要集体地建构一个政治秩序时，以何为准？

政治正当性问题的实质就是从个体意志到集体意志的过度。我们可以从集体行动的视角，更加形象地诠释正当性问题。概而言之，集体行动，就是为了共同的目标而组织在一起的人们过一种群体生活。换言之，集体行动就是社会成员为实现共有目标而采取的协同行动。在集体行动过程中，涉及公共性或准公共性物品的合作时，人们往往会因为个人自利倾向的理性——希望别人付出而自己免费享受集体提供的公共物品，这时就会出现"搭便车"或"投机"现象，从而造成所谓的"囚徒困境"——从共同的支付来说，A、B 都抵赖是最合理的，但是，从双方各自的最优选择来说，都会选择自己坦白，另一方抵赖。但是，如果双方都选择最优策略，最后的结果却是最差的，各判五年。① 囚徒困境反映了个人理性和集体理性的矛盾，其展示的合作失败，意味着在理性人的假定下我们无法有效地解释社会政治秩序的创生问题。两岸关系和平发展的正当性也可以从集体行动的角度理解。2008 年之后，两岸关系进入和平发展阶段，两岸互动也由文化交流深化到经贸、文教等领域的合作，ECFA 的签署和落实也"标志着两岸经济合作和交流逐渐进入常态化、机制化发展的新阶段"。② 在此意义上，两岸交往机制也就是两岸合作机制，其目的就在于针对共同事务协调目标和偏好，克服集体行动的困境，奠定和平发展的正当性基础，从而促进两岸关系持久的和平发展。

就宏观架构而言，两岸关系和平发展的正当性首先取决于两岸之间的定位问题，其实质关切是"主权"问题。作为 16 世纪法国最伟大的法学家和最有原创力性的政治理论家，博丹提出了作为现代政治基础的主权理论。他凸显了统治者的主权，从而使国家的政治结构呈现出一种简单、规

---

① 参见李伯聪、李军：《关于囚徒困境的几个问题》，载《自然辩证法通讯》，1996 年第 4 期。
② 刘红、王淼森：《两岸经济合作框架协议概述》，载《统一论坛》，2010 年第 4 期。

范、清晰的模式——统治者与被统治者之间的对峙与互动关系。① 由此，主权被定义为不受法律约束的、凌驾于公民和臣民以上的最高权力，主权的概念构成了现代政治秩序的基础。② 在两岸关系中，主权问题成为双方交往中存在的最为关键的症结之一。如台湾学者张亚中指出，在两岸的互动交往中，有关"主权"的争议一向牵动着双方的情绪与立场。③ 由于"主权"攸关国家在国际上的人格，使得"主权"争议成为两岸最根本的结。两岸由于"主权"问题，双方的关系无法全面展开，长久以来充满着疑虑和不信任，这种局面使得双方虽有事务性的协商与文化、经济的交往，但无法建立更深层次的友好关系。之所以如此，是由于大陆和台湾并非在同一语境中使用"主权"一词，大陆方面在国际法意义上运用"主权"，认为主权是国家的构成要件，因而基于一个中国原则，绝不承认台湾的所谓"主权"，也不允许别的国家承认台湾的"主权"；台湾方面则利用"主权"概念在国内法和国际法之间的落差，"论证"了"台湾的主权"。④

对于两岸而言，在主权问题上应立足于人民主权的立场。由此推导出下列事实：在两岸间所谓"主权归属争议"中，"主权"一词是国际法意义上的，因而对于两岸而言，国内法意义上的主权属于"人民"。由此结论：目前两岸虽然尚未统一，但不影响人民是主权者这一事实。至此，主权属于人民，两岸只谈和平。⑤ 所以，人民主权构成两岸关系和平发展的正当性基础。在这一点上，正是卢梭改变了我们的政治话语，他不仅使正当性成为一个核心概念，并使其建立在人民主权的概念之上。正当性不再

---

① 陈端洪：《宪治与主权》，法律出版社，2007年版，第50页。
② 参见[美]赛班：《西方政治思想史》，李少军、尚新建译，台北桂冠图书股份有限公司，1992年版，第422—423页。
③ 参见张亚中：《两岸主权论》，台北生智文化事业有限公司，1998年版。
④ 祝捷：《海峡两岸和平协议研究》，香港社会科学文献出版有限公司，2010年版，第174—176页。
⑤ 祝捷：《海峡两岸和平协议研究》，香港社会科学出版有限公司，2010年版，第177页。

诉诸传统、神的意志，而是端赖于"人民"的意志，人民的抽象性、匀质性、整体性决定了它是主权的最佳载体。然而，问题在于，"人民"是一个颇为模糊的概念，谁是"人民"？"人民"在哪？① 根据奥尔森的集体行动理论，集体行动的产生需要满足两个先决条件：其一，集体的成员足够少；其二，存在某种迫使或诱使集体行动的激励机制。② 然而，人民是一个庞大的群体，在人民内部也缺乏有效抑制搭便车现象的激励机制。如此，立基于人民主权的基础，我们还有必要进一步追问：两岸人民的集体行动如何可能？

二、两岸关系和平发展正当性的要素：集体行动何以可能？

如前所述，集体行动的囚徒困境所展现出来的合作失败，意味着我们无法有效解释社会政治秩序的创生问题。同样，两岸关系和平发展的持续进行也面临这样一个难题：如何在两岸公共空间内，使得参与两岸交往、合作的多元主体能够相互协作、相互支持、相互制约，克服集体行动的困境。这是一个十分复杂的问题，但我们可以基于对正当性要素的分析，大致总结出走出集体行动困境的逻辑。伯纳德认为：正当性有三个层次：谁、以什么方式、在哪里进行统治。前两者所赖以存在的前提是：超越的、作为理性的人的同意；而第三个层次所赖以存在的前提是：作为特殊的个人的认同，它体现的是政治正当性的文化种族品格。尽管第三个层次并不排斥前两个层次，但它并将其视为自足，相反，它们需要以第三个层次为前提。③ 由此，上述正当性的三个层次体现了正当性的两个基本要素：利益—制度要素以及观念—认同要素。从集体行动的角度看，这也构

---

① 参见共识网：《共识网综合：人民究竟是什么？——人民与国家专题》，资料来源：http://www.21ccom.net/articles/sxwh/shsc/article_201001202992.html，最后访问日期：2017年3月1日。
② 参见[美]奥尔森：《集体行动的逻辑》，陈郁等译，上海人民出版社，1995年版。
③ 参见许纪霖、刘擎、陈 、周濂、崇明、王利：《政治正当性的古今中西对话》，载《政治思想史》，2012年第1期。

成了展开集体行动的两种逻辑。

(一) 两岸关系和平发展正当性的利益—制度要素

从公共选择理论来看,利益是集体行动的逻辑起点。利益体现的是主体需要与客体满足需要之间的关系,是主体活动的内在动力,具有导向和调节作用,决定着主体活动对象的选择。① 利益包括集体利益和个人利益,集体行动归根结底是个体行动,没有个体支持,就不会有集体的存在。人的行为总要建立在一种合乎理性的利弊计算的基础上,通过对得与失的比较权衡,选择一个对自己最为有利的结果,或者追求最有价值的东西。这样,一个人决定自己是否参与集体行动,就不取决于该行动能否增加集体利益,而是能否使个人获利。②

利益的驱动使两岸不同的个人、团体形成利益共同体。在共同利益的推动下,两岸之间得以展开大量的经贸合作和交流,这种交流已成为两岸关系最主要的动力。追求、创造两岸共同利益,是加速两岸一体化进程,实现两岸共同发展,促进两岸民众情感融合、建构两岸共同价值的基础,也是最终完成两岸整合,走向国家统一的必由之路。③ 换言之,实现两岸关系和平发展,促进祖国统一进程,根本途径就是通过两岸共同发展,培植两岸共同利益,以此加快两岸同胞情感趋融、价值趋近、认同趋合的进程,确立两岸同胞对共同家园的认同,最终完成两岸的统合。④

然而,从理性人的角度出发,在现实环境中,在理性人之间必然会形成难以用理性避免、解决的分歧与矛盾。所以,如何促进个人理性的最大化成为集体行动的关键。在此,新制度主义强调一种基于演进理性或有

---

① 高岸起:《利益的主体性》,人民出版社,2008年版,第62—63页。
② 于强:《集体行动刍议》,载《黄河科技大学学报》,2009年第3期。
③ 倪永杰:《两岸和平发展路径探索:培育共同利益、形塑共同价值》,载《中国评论》,2009年第7期。
④ 参见倪永杰:《两岸和平发展路径探索:培育共同利益、形塑共同价值》,载《中国评论》,2009年第7期。

限，寻求自利的个体在约束下追求利益最大化的策略行为。所以，理性选择是一种制度的理性选择。制度影响着每个个体的有效行为，影响着这些行为的次序，影响对每一位决策者都有用的信息结构，而这些影响又使制度模型化。① 集体行动正是在这样的"制度均衡"下产生。制度的稳定性就在于它是自我实施的，因为制度是利益相关各方参与博弈制定的，因而必须遵循制度所规定的限制。贯彻于制度内部的规则，限制了个体的最大化行为，并使决策稳定化、可预测化。概而言之，面对自利的经济人，集体行动的解决应落脚在对制度的诉求上，而无需强调每个人都成为毫不利己专门利人的道德圣贤。立基于此，两岸关系和平发展正当性应该建立在制度基础上。两岸关系就是一种制度，是两岸互动和博弈过程中，所形成的约束两岸人民行为的一种规则，是维系共享信念的一种系统。② 对于两岸而言，制度即隐含对两岸现存正式制度的默认和接受，更是对传统、习俗、非正式规则等非正式制度的守护和遵循。自 2008 年 6 月两会在"九二共识"基础上恢复协商以来，签署协议、达成共识、形成共同意见多项，③ 解决了一系列两岸民众关心的经济、社会、民生问题，对两岸交往与合作做出了制度化安排。2010 年 6 月，两会领导人签署了《海峡两岸经济合作框架协议》《海峡两岸知识产权保护合作协议》，两岸经济关系由此跨入新的历史纪元。④ 概而言之，制度的存在，使得两岸之间交往、合作具有更强的可预见性和可依赖性，促进了两岸之间的良性互动，降低了搭便车的行为，从而奠定了两岸关系和平发展的正当性基础。

（二）两岸关系和平发展正当性的情感—认同要素

前述"利益—制度"模型反映了集体行动的理性逻辑，它把情感、

---

① 罗伯特·古丁：《政治科学新手册》，生活·读书·新知三联书店，2006 年版，第 1015 页。
② 唐桦：《两岸关系中的交往理性》，九州出版社，2011 年版，第 116 页。
③ 参见中共中央台湾工作办公室、国务院台湾事务办公室网站，资料来源：http://www.gwytb.gov.cn/lhjl/，最后访问日期：2017 年 1 月 26 日。
④ 唐桦：《两岸合作治理的结构要素与实践机制》，载《厦门大学学报》，2013 年第 5 期。

情绪等因素排除在外，或强调个人利益来分析集体行动的参与；或认为情感因素在集体行动中是偶然的因素，忽视了情感在理性选择中的作用。然而，在现实生活中，并没有绝对纯粹的理性个人，人总是要生存和生活在集体中，从而受到集体意识、集体情感的影响。① 由此，集体行动依赖于一种内聚力。内聚力表明集体成员的团结程度、集体对成员的吸引程度，成员对集体的认同程度。涂尔干也充分肯定了集体情感的作用，认为集体行动取决于一种集体情感，集体情感是社会团结的基础和纽带，就其"本质而言，社会凝聚来源于共同的信仰和情感"。② 概而言之，集体情感所形塑的集体认同是集体行动得以展开的基本要素。就两岸关系而言，民族认同的集体情感是推动两岸持续合作、促进两岸关系和平发展的重要媒介与纽带。这种民族认同，诸如同文同种、血脉相连的亲情，是原生的、与生俱来的，为推进两岸关系和平发展奠定了基础。

第二节　两岸关系和平发展正当性的危机：认同危机与民意认受性

如前所述，利益—制度和情感—认同构成两岸关系和平发展正当性的基本要素。然而，这只是基于一种"理想类型"的分析，在现实中，这些要素会形成不同的结构形态。对当下两岸关系而言，这种结构形态呈现为：一方面，两岸之间不断形成"利益—制度"的联结，另一方面，两岸之间逐渐产生了认同的疏离和断裂。虽然在制度层面上，2008年以来，两岸两会机制的有效运作已经证明当前两岸关系中的认同满足了基本的互信要求，但从长远发展看，两岸关系缺乏一种强的认同型信任必然会导致两岸交往和两岸关系和平发展的正当性危机。

---

① 郭景萍：《集体行动的情感逻辑》，载《河北学刊》，2006年第2期。
② 涂尔干：《社会分工论》，生活·读书·新知三联书店，2000年版，第234页。

第二章　两岸交往与两岸关系和平发展的正当性危机及其消解

一、国家认同危机：两岸关系和平发展的正当性危机之一

就认同问题而言，当下两岸呈现出明显的不对称形态。这种不对称性并不仅仅来源于意识形态和社会形态发展脉络的差异，也不完全取决于地理空间的悬殊差异，而是首先存在于两岸的心理结构之中，体现为一种认同危机，以至于，今天在台湾，"中国人"身份充满争议，在不少人心中甚至成了负面而令人嫌恶的东西。"台湾人"与"中国人"这两者变成二分对立的身份，纠缠在统"独"问题与蓝绿争斗里。① 由此，相比于主权争议问题，认同危机是两岸关系中一种更为深层的结构性矛盾，只有对这一问题做出回应，才能进一步确立两岸关系和平发展的正当性基础。

从学理上看，"认同"是一个内涵极为丰富，但又极为含混的概念。概言之，"认同"这一概念主要是描绘一种集体现象，包含群体特性和群体意识两个层面，它用于指代一个群体的成员具有重要的乃至根本的同一性，即群体特征；群体成员的团结一致，有共同的性情意识和集体行动。② 所以，就其本质而言，认同问题所要解决的是个人选择与集体目标之间的内在紧张关系。从认同的形成上来看，认同并非先天具有，而是社会建构的产物，会随着情景的变动而具有高度的可塑性。

从现实层面看，自20世纪80年代以来，两岸之间的认同出现裂痕，认同危机日益显现。台湾在政治民主化的发展过程中，"省籍矛盾"趋于尖锐，而民众对"中国"的认同和想象也不断受到解构和挑战，产生所谓从"中国省籍"到"台湾族群"的转变。对于这一过程，应将其归结为"二二八"事件所造成的后果。"省籍矛盾"和族群矛盾是"二二八"悲剧所造成的立即社会后果，其本质是"政治化的利益冲突"，而"国

---

① 参见《郑鸿生：台湾人如何再作中国人——超克分断体制下的身份难题》，资料来源：http://wen.org.cn/modules/article/view.article.php/1403，最后访问日期：2017年1月26日。
② 参见钱雪梅：《从认同的基本特性看族群认同与国家认同的关系》，载《民族研究》，2006年第6期。

家"认同的失落,则是"二二八"悲剧的长期政治后果,其本质是"政治化的规范和价值冲突",它的展现方式是来自大陆的"中央政权",退居到唯一只剩的政治地盘——台湾之后,仍受制于"大中国"的统治心态,维系着"中央和省"的政治结构,刻意"矮化"台湾为"地方社会"。由此台湾在战后的发展就是抹退"二二八"阴影的过程,概而言之,台湾经验中的经济增长和富裕化与社会多元化将高度政治化和情绪化的"省籍矛盾"转变为可被公议和检讨的族群差异;台湾经验中的政权本土化和政治民主化将失落的国家认同充实,转而以台湾为认同主体。①

如果说"外省人"与"本身人"之间的差异是国民党政权接管和据守台湾后在权力结构方面的制度安排所造成的一种"差异政治",那么自20世纪70年代中后期,民主化潮流随催生的"反对运动"则是对这种"差异政治"的挞伐,是对包括国民党的"中国民族主义""反攻大陆"等"神圣民族使命"在内的"宏大叙事"的解构。② 取而代之的是"台湾民族主义"的建构,他们所要形塑的民族是"台湾人";而造成目前"台湾民族"沉沦的敌人,则是"外来政权国民党";只有让国民党下台,"台湾人才能恢复民族的光荣"。③ 然而,究其实质,无论是国民党的"中华民族主义",还是民进党的"台湾民族主义",都是利用意识形态化的、排他性的"民族"认同政治,操弄、动员、教育民众的产物。如果说在国民党时期,这种认同政治依托"省籍身份",强调所谓的"汉贼不两立",那么民进党则是通过操弄"族群政治",从而将民主化引导为"去中国化",凸显"中国"与"台湾"的对立。目前台湾"四大族群"的

---

① 参见萧新煌:《从省籍矛盾到族群差异,从国家认同到统独争议——历史与社会的思辨》,载财团法人二二八事件纪念基金会编,《族群正义与人权障研讨会论文集》,财团法人二二八事件纪念基金会出版。
② 参见郝时远:《台湾的"族群"与"族群政治"析论》,载《中国社会科学》,2004年2期。
③ 王甫昌:《台湾反对运动的共识动员:一九七九——一九八九年两次挑战高峰的比较》,载《台湾政治学刊》,创刊号。

划分主要是"台独"势力利用多党政治操弄台湾民众的产物。所谓"四大族群",在政治层面炒作的目的是为了通过对差异政治"存异与他"的肯定来加剧"统独争议",以期分化瓦解台湾民众的中国、中华民族意识,在"去中国化""污名化"中国的氛围中构建"台独"势力鼓噪的所谓"台湾国""台湾民族"的"认同政治"。[①] 所以,"撕裂族群"并非真正目的,构建"台湾民族"的"集体认同"才是真正目标,而这一过程,就是依托于"省籍矛盾"造成"族群"分化进而形成"族群政治"的过程,是一个为了进行政治动员的人为安排,是通过各个"族群"所谓的"文化"差异的塑造和"共同记忆"的召唤来制造并区隔认同。在此意义上,相比于其他社会,台湾的"族群"现象有两个迥异的特征:一方面,是"族群"观念和"国家认同"争论的发展高度相连。台湾社会中"族群"这个新的人群分类意识,出现的重要条件之一,是必须扬弃或搁置以"中国"为范围的国家想象,改以"台湾"作为公民权利施行范围。这个特征造成了族群争议因为和国家认同争议纠缠不清,而特别难以化解,造成了台湾社会的"族群撕裂",从而形成严峻的认同危机。另一方面,台湾社会中"族群"概念是被发展来对抗民族主义式的族群同化论。20世纪80年代以后,学者与政治人物引介西方概念所建构的"族群想象",主要是用于对抗"中国民族主义想象"对特定族群政治的政治剥夺与文化压迫。随着"族群"概念的流行,过去国民党在中华民族主义理念下高举的"省籍融合"之族群同化理想,逐渐被要求"维持差异但平等"的族群多元化的新的族群关系理想所取代。

总之,20世纪80年代以后,台湾民众的认同出现了一个明显的变化趋势,即"两岸都是中国人""两岸同属中国"的等认同逐渐衰退,以及认同是"台湾人"、排斥统一与倾向"独立"的上升。固然,台湾民众认

[①] 郝时远:《台湾的"族群"与"族群政治"析论》,载《中国社会科学》,2004年2期。

同的变化的原因是多方面的,既有历史因素,也有现实因素;既有内部因素,也有外部因素,然而,贯穿始终的却是民族主义的影响。由此,民族主义作为两岸关系和平发展的正当性基础及其局限,是有待进一步研究的问题。

二、民意认受性危机：两岸关系和平发展的正当性危机之二

长期以来,两岸民众对推动两岸关系和平发展的两岸协议一直持有较高的支持态度。自2008年至2013年间,台湾地区陆委会在历次两会商谈之后对台湾民众所做抽样电话访问的调查结果显示,台湾民众对于多项两岸协议的赞成比例（满意度）都超过60%。① 这些统计数据充分表明两岸民众在对两岸协议缺乏了解的情况下,依然对这些协议的商签和实施持肯定态度。可以说,两岸协议在一定条件下,都能符合两岸民众的共同利益。但这种"符合"却仍处于浅层次：因为在当前的两岸关系下,只要两岸能恢复交流、降低敌意,就能为大多数两岸民众所接受。② 基于此,在缺乏民众有效参与的情况下,两岸协议仍然可以获得两岸民众的普遍支持。然而,因《海峡两岸服务贸易协议》在台湾立法机构的审议遭遇阻滞而引发的"太阳花运动",却昭示着这种缺乏公众参与的两岸关系和平发展模式的民意正当性危机正在显现。

《海峡两岸服务贸易协议》是两岸为落实ECFA而签署的第二项后续协议,也是两岸自2008年恢复两会商谈机制以来签署的第18项协议。《海峡两岸服务贸易协议》本是一项单纯的两岸经贸协议,其所涉及的内容也均属于两岸经济合作事务,但由于受到台湾岛内斗争性政党政治的影响,这份经济协议却引发了极大的社会争议,甚至在一定程度上成为台湾

---

① 参见台湾地区"行政院大陆委员会"网站发布的电访民意调查,资料来源：http://www.mac.gov.tw/np.asp?ctNode=6331&mp=1,最后访问日期：2017年4月10日。
② 参见周叶中、祝捷：《两岸治理：一个形成中的结构》,载《法学评论》,2010年第6期。

第二章 两岸交往与两岸关系和平发展的正当性危机及其消解

各方政治力量的"角斗场"。2014年3月11日,时任中国国民党主席的台湾地区领导人马英九,以党主席身份勒令国民党"立法院"党团保证《海峡两岸服务贸易协议》获得通过。因此,担任国民党"召委"的张庆忠在委员会初审时,趁乱以隐藏式麦克风宣布完成审查送"院会"存查,从而引发民众抗议活动。3月18日,逾百名反对服贸协议的台湾大学生闯入台湾地区立法机构,揭开了所谓"太阳花运动"的序幕。直至4月10日,参与占领立法机构活动的学生团体才全部退出。[①] 我们认为,此次"太阳花运动"在很大程度上反映出两岸关系和平发展存在民意正当性危机。具体说来,这种危机可解析为以下两点:

其一,两岸关系和平发展的民意认受性危机,其核心并不在于两岸民众对于两岸关系和平发展这一目标本身的疑虑和动摇,而在于其对两岸关系和平发展过程中具体制度安排的质疑。从当前两岸关系发展的实践来看,两岸关系和平发展已经成为两岸各方政治力量的最大共识,也成为两岸民众心中一致的诉求指向。可以说,尽管此次"太阳花运动"在客观上会对两岸关系和平发展的巩固和深化产生一定的负面影响,但这种影响依然有限,不会改变两岸关系和平发展作为两岸各方最大共识的地位。因此,两岸关系和平发展的民意正当性危机,其核心并不在于和平发展目标的危机,而在于巩固、保障和发展两岸关系的具体机制,尤其是两岸共同决策机制的危机。[②] 作为两岸共同决策的重要表现形式,两岸协议的创制、接受和适用程序,构成了协议实施机制的重要组成部分。然而这些制度安排却存在着程序不透明等现实问题。在此次"太阳花运动"中,参与抗议活动的许多台湾民众表示,其所反对的并非《海峡两岸服务贸易协议》本身,而是台湾地区有关部门通过这一协议的所谓"黑箱"程序。

---

① 人民网:《反服贸学生10日退出"立法院"马英九发声明回应》,资料来源:http://tw.people.com.cn/n/2014/0408/c104510-24842677.html,最后访问日期:2017年4月10日。

② 参见周叶中、段磊:《论两岸协议的法理定位》,载《江汉论坛》,2014年第8期。

"反服贸黑箱"的诉求从侧面说明了两岸交流中程序透明、信息透明及充分沟通的重要性。[①] 可以说，程序透明的缺失，将在很大程度上导致一些有利于两岸关系和平发展的政策被台湾民众所误解，甚至引起台湾民众的抵制情绪。当这种抵制情绪累积到一定程度时，便体现为两岸关系和平发展中的民意认受性危机。

其二，两岸关系和平发展中的民意认受性危机，源于两岸交往逐步多元、便利和常态化背景下，日益复杂的两岸利益格局与两岸关系发展机制程序不透明之间的矛盾。自2008年以来，在两岸关系和平发展的高歌猛进之中，两岸交往也随之快速发展，两岸之间的利益格局亦因此变得日趋复杂。在这种背景下，两岸公权力机关制定的一些重要的共同政策，会越来越多地影响到两岸同胞，尤其是台湾民众的切身利益。在这种背景下，越来越多的两岸民众开始在追求两岸共同政策实质正当性的基础上，关注其程序正当性。自1993年"汪辜会谈"两岸签署四项协议开始，台湾岛内便开始有政治人物质疑两岸协议在岛内接受立法机构审议监督的程序问题。[②] 彼时彼刻，两岸交往尚处于恢复阶段，双方各层次交往都处于试探期，双方利益关系较为简单，因而两岸协议调整的内容同样较为简单，仅涉及两岸间公证文书送达、挂号函件查询等事宜，与两岸民众的日常生活及其切身利益关联性较弱。因此，当时两岸民众更加重视两岸关系发展的实质正当性问题，以追求两岸和平为其主要诉求。然而，2008年以来，两岸在经济、文化、社会等各领域的交往日益密切，双方利益关系也日趋复杂。两岸陆续签署的20余项协议开始影响到两岸民众的日常生活，部分协议更是直接关系到台湾民众的切身利益。在这种背景下，两岸民众在关注和追求两岸共同政策实质正当性的前提下，也开始注重其程序正当

---

① 尚丽凡、王鹤亭：《台湾地区"太阳花学运"再思考》，载《重庆社会主义学院学报》，2015年第3期。

② 参见周叶中、段磊：《论台湾地区立法机构审议监督两岸协议的发展及其影响——以"两岸协议监督条例草案"为例》，载《台湾研究集刊》，2015年第1期。

性，希望通过程序正当性，保障和维护两岸共同政策的正当性，进而达到保障其自身利益的目的。当两岸民众对两岸关系和平发展程序正当性的需求无法得到满足时，便体现为一种民意认受性危机。

第三节 两岸关系和平发展正当性的基础：从民族主义到民众参与

认同危机构成两岸关系和平发展的障碍，瓦解和动摇了其正当性。"中国民族主义"的意识形态式微和"台湾民族主义"意识形态的张扬是这一危机的直接呈现。然而，我们在揭示和批评"台湾民族主义"的政治企图的同时，也需要对"民族主义"本身的意义和局限进行反思。

一、民族主义作为两岸关系和平发展正当性的基础及其局限

"台湾民族主义"的建构是台湾民主化的产物，又是依托于"省籍矛盾"构建政治族群，操控"族群政治"，由此挑起国家认同争议和危机的政治动员手段。所以，我们可以从民族主义和民主的关系以及民族主义与国家认同关系两方面评价民族主义。一方面，从民族主义与民主的关系看，虽然历史上民族主义思潮往往与反民主运动联系在一起。然而，从学理上分析，民族主义和民主之间并不存在必然的矛盾关系，相反，某些关键的民族主义要素是民主得以顺利运作的先决条件。概而言之，无论凸显民族主义对民主的支撑作用，还是强调所谓的"国族"，都指向了一个根本性的问题：如何协调普遍主义原则与特殊主义要求，或者说整合个体选择与集体目标之间的一体化问题。这一问题的实质是集体意识如何在一个多元异质的社会中产生？民族主义诉诸的是民族认同，然而认同是可以人为的进行自上而下的建构。其中，强制、欺骗、诱导与煽动是获取认同的最为基本的方式。在这四种方式中，强制、欺骗和诱导或是凭借某种客观力量，或是依靠信息之间的不对称，引导他人做出对自己认同的行为选

择。与强制、欺骗和诱导相比，煽动需要建立在更高超的技艺之上。魅力是煽动的必要条件，只要拥有足够魅力，煽动者即使既不拥有强制力也不掌握任何独特信息，也能振臂一呼而应者如云。[1] 正因为民族认同或多或少是建立在上述方式之上的人为建构，所以它具有必然的局限性。其一，民族的结构不稳定性。这源于民族本身的内在张力。一个是文化民族，这是一个前政治的概念，它从地域上通过栖居和相邻而居而整合，在文化上通过语言、习俗传统的共同性而整合，但还没有在政治上通过一种国家形式而整合。[2] 另一个是政治民族，即公民组成的政治－法律概念的民族。18世纪末的古典观点认为，所谓"民族"，就是国民，他们通过制定一部民主的宪法而把自己联合起来。[3] 这种政治民族不强调成员身份中颇具特殊性的血缘、语言、文化、习俗、历史等因素，而强调宪法所赋予的具有普遍性的自由平等的公民资格。[4] 然而，文化民族与政治民族的重合，或者说"一个国家、一个民族"只是一种理想状态，因此两者之间必然存在紧张关系，民族作为第一个集体认同形式具有两面性，它在人民民族的想象的自发性与公民民族的合法性结构之间摇摆不定。[5] 也就是说，民族认同具有一定的偶然性，其无法真正化解集体意识与个体选择之间的紧张关系。民族仅仅是一种"想象的共同体"。其二，民族认同的偶然性，决定了它必须通过人为的方式加以维系。所以霍布斯鲍姆才认为：国家会运用日益强势的政府机器来灌输国民应有的国家意识，特别是会通过小学教育，来传播民族的意象与传统，要求人民认同国家、国旗、并将一切奉献给国家、国旗。更经常靠着"发明传统"乃至发明"民族"，以便达成国

---

[1] 张康之、张乾友：《论共同行动的基础》，载《南京农业大学学报（社会科学版）》，2011年第2期。
[2] 哈贝马斯：《在事实与规范之间》，生活·读书·新知三联书店，2003年版，第657页。
[3] 哈贝马斯：《包容他者》，上海人民出版社，2002年版，第154页。
[4] 翟志勇：《哈贝马斯论全球化时代的国家构建——以后民族民主和宪法爱国主义作为考察重点》，载《环球法律评论》，2008年第2期。
[5] 哈贝马斯：《包容他者》，上海人民出版社，2002年版，第125页。

家整合的目的。①

由此,民族认同固然是一种有效的动员方式,但这一自上而下的建构和塑造是将一种预设的集体意识灌输到个人意识当中,而不是个人意识在社会互动的情境下基于相互承认、反复沟通与理性取舍而形成集体观念。在此意义上,卡尔霍恩指出:对于"什么建构了具有自主性的、能够自决的政治共同体"这一问题,民族主义以其特定的形式做出了回答。一是特别强调政治共同体成员在种族或文化上的相似性,另一是特别关注在某一特定的国家中共同体成员共有的公民身份。不过在这两种形式中,民族主义对此一问题的回答都低估了制度、网络和运动的重要性,而正是这些制度、网络和运动使得人们能够跨越内在于民族与国家的多样性界限而联结为一个整体。易言之,其低估了社会整合的社会学难题。② 与之遥相呼应的是日本学者冈本惠德在《水平轴思想——关于冲绳的"共同体意识"》一文中的思考。在这篇论文中,冈本试图处理冲绳的共同体认同这一问题。他设定了"水平轴"这样一个维度——指民众作为个体建立对共同体的归属意识时,是以自己和周边成员之间的关系是否会受到障碍为标准的。换言之,共同体成员要根据与特点对象之间的位置和距离的差异来决定自己的态度。因而不存在抽象的、一成不变的判断。③ 这种判断的依据,冈本惠德称之为"秩序感觉"。这种"秩序感觉"不仅是具体的,而且变动不居会。④ 显然,这种认同或者共同体意识,是民族的意识形态所无法囊括的。

在此意义上,"台湾民族主义"对"中国民族主义",以及由此产生

---

① 霍布斯鲍姆:《民族与民族主义》,上海人民出版社,2006年版,第88页。
② 卡尔霍恩:《民族主义与市民社会:民主、多样性和自决》,载邓正来、[英]亚历山大编:《国家与市民社会:一种社会理论的研究路径》,中央编译出版社,2005年版。
③ 参见冈本惠德:《水平轴思想——关于冲绳的"共同体意识"》,载《热风学术》第四辑,上海人民出版社,2010年。
④ 参见冈本惠德:《水平轴思想——关于冲绳的"共同体意识"》,载《热风学术》第四辑,上海人民出版社,2010年。

的两岸认同的解构，一方面体现的是民族的结构不稳定性，其本身内含了裂变的因子；另一方面，认同危机更体现为两岸民众因为长期的隔阂而产生的在生活方式、价值观念层面所形成的差异和分歧，从而导致所谓"秩序感觉"层面的断裂和疏离。所以，有台湾学者才指出"台湾认同"或者说"台湾主体意识"基本上不是一种民族主义运动，而是一种"新国家运动"。换言之，台湾人可能无独特的"民族意识"，却已经有相当明确的独立"国家意识"。绝大部分人认为自己的"国土"只限于台澎金马，自己的同胞只限于居住在台澎金马的人。在有关台湾未来前途的抉择上，超过九成的人主张只有台澎金马的人民有权利决定自己"国家"的未来。这种"国家意识"是现存的集体认知，不是有待打造的动员标的，因此与一般民族主义运动所追求的未来理想不同。[1] 换言之，虽然大部分台湾民众仍然承认自己的华人身份，自认为属于大中华文化圈里的一员，但其强烈的"国家意识"背后恰恰是一种社会隔绝和社会对立。这种疏离是近百年来两岸民众互不隶属、社会文化平行发展的历史事实。特别是"本土化"运动中依托于单一性的、排他性的民族主义力量，借助对"中国"的嫉恨政治，而建立"台湾主体意识"。只不过所谓的"汉贼不两立"变成了现在的"现代民主台湾"对立于"极权落后中国"。[2] 由此导致，两岸民众容易被高度意识形态化、抽象的、情感性的"中国"与"台湾"的分疏对抗所召唤、左右、引领，由此产生的根深蒂固的刻板印象影响了两岸民众在具体的信仰、信念、价值观、历史态度、思维方式、生活理念等方面基于"同情的理解"的深入沟通和交流。

简而言之，两岸之间的认同危机不仅在于民族主义的"中国"与

---

[1] 江宜桦：《"新国家运动"下的台湾认同》，载林佳龙、郑永年主编：《民族主义与两岸关系——哈佛大学东西方学者的对话》，新自然主义股份有限公司，2001年版。
[2] 参见龙应台：《你不能不知道的台湾——观连宋访大陆有感》，资料来源：intermargins.net/Forum/2005/lonentai/let01.htm，最后访问日期：2016年12月17日。

"台湾"的对立,更是因为两岸民众缺乏足够的相互认知和理解。在当下"后民族结构"中,两岸关系和平发展,必须要超越民族主义话语,开掘更为广阔的正当性资源。在此意义上,民众参与或许是一个可能的方向。究其根本,现代政治的正当性需以民主为依归,集体认同或者共同体意识不仅是自上而下的意识形态操作,而必须立基于民众,进行自下而上的汇聚。问题在于,在日益复杂多元的社会中,这一过程又该如何实现?还有待进一步的思考。

二、民众参与与两岸认同的现状与重构

从集体行动的角度看,两岸关系和平发展的正当性一方面依赖于制度保障,另一方面也需要两岸认同的情感支撑。在认同问题上,民族认同固然可以产生强大的动员效果,但在两岸民众成长背景、生活方式、集体记忆、政治文化等存在巨大差异的情形下,简单地诉诸民族认同并不能有效地解决集体认同的问题。

(一)两岸交往中的民众参与现状

概而言之,两岸交往中的民众参与主要体现为依托于民间社会的民众交往和沟通。有学者将目前社会交往的现状总结为:其一,两岸社会交流呈现出大开放、大发展、大合作的良好态势。其二,从单向浅层交流走向互动深入多元交流。两岸民间交往早期表现为单向不对称的局面。台湾"来的多",大陆"去的少"。2008年以来随着两岸关系的改善,两岸"三通"、大陆居民赴台旅游、"陆客自由行"相继启动,台湾当局对两岸民众自由往来的限制渐松,大陆也更加注重"走出去",对于赴台举办民间文化交流活动更加积极,各地先后组织了一批颇具地方文化特色的民间文化精品项目赴台交流。随着大陆赴台交流活动不断增多,影响日趋扩大,双向互动局面逐渐形成。其三,中华传统文化是两岸民间交往的主要

桥梁。① 总之，两岸民众直接交流的场合日益增多，特别是在现代数字通讯技术高度发展之今日，两岸民众可以直接通过网络等媒介进行对话与交流。在此基础上，两岸民众交往取得了一定成效，通过交往化解了部分刻板印象，加深了对彼此的了解。

然而，我们应该看到，虽然两岸民众交往日益深入，增加了很多接触和了解的机会，但两岸民众之间的深层的疏离和隔阂仍然严重，并且容易为一些特定、偶然的事件所激化（例如张悬的"国旗"事件）。依据台湾《旺报》调查显示，虽然两岸关系历经多年的和平发展，"两岸的联结程度依然较低"，一方面台湾民众承认"大陆对台湾的发展很重要"且"自己对大陆的了解很不够"，另一方面持有"对大陆没有兴趣""对大陆没有好感""对大陆的影响力很担心"等观念的台湾民众不在少数，显示了台湾民众对大陆的认知与态度是矛盾的、复杂的。而反观大陆，民众对台湾的认知却往往有呈现简单化的倾向，"本是一家，不分你我"，这代表了今日大陆民众对两岸关系的典型想象：一旦两岸在将来以某种方式统合，那么，"台湾问题"就解决了。看似亲近的"不分你我"，却是以简单化、情绪化的民族认同回避了多元价值分歧的问题。

（二）两岸交往中的民众参与与两岸认同的重构

关于两岸问题，台湾地区领导人马英九曾说过："两岸问题的最终解决的关键不在于主权争议，而在生活方式与核心价值。"换言之，主权层面的政治架构并不必然能解决近百年来两岸分隔所产生的一些核心价值分歧，显然这已经远远超出了民族认同的内涵。然而，超越民族主义的集体认同如何实现？哈贝马斯对这一问题的阐述或许可以给我们启发。

哈贝马斯首先在规范层面讨论了集体认同的现代内涵。概而言之，随

---

① 参见唐桦：《社会交往中的两岸特色》，资料来源：http：//www.qstheory.cn/wz/gat/201309/t20130923_273672.htm，最后访问日期：2016年12月17日。

第二章 两岸交往与两岸关系和平发展的正当性危机及其消解

着传统社会向后传统社会的转型，集体认同也不能再依赖那些非反思性特征（比如血缘、宗教世界观以及文化传统等），它必须通过民主的参与程序由社会集体地决定。个体将不再面对其内容已经在历史中与传统中固定下来的集体认同；相反，他们自己参与到文化与集体意识的形成过程中。现代社会的集体认同由此发生了重要的范式转换：集体认同只能以一种反思的方式获得。也就是说，这种方式以个体的平等与普遍参与为前提，在这个交往的过程中，身份认同的形成将变成一个不断的相互学习的过程。进而言之，这一集体认同规范内涵转变的实质是："符合真理"和"共识真理"的区别。① 符合真理论的一个基本预设是认为存在一个独立于人之外的客观世界、一个理论或陈述的真假值取决于该理论或陈述是否符合这个外在客观世界。但事实上，人对于世界与是在的认识和言说永远是个体的、主观的、存在巨大差异的、根本不存在什么纯然一致、决定统一的陈述。正是为了克服符号真理论的缺陷，哈贝马斯提出了一种新的真理观——共识真理论。按照他的看法，所谓真实，仅仅是人际语言交往的一种"有效声称"；所谓真理，不过是这一声称的实现。真理应该定位为"话语主体通过语言交往而达成的共识"。② 真实和真理的检验尺度并非客观性，而是"主体间性"，也就是说，"只有在话语主体的交往对话中，话语的真实性才能得到检验……但所有人都进入平等对话，并就同一话语对象进行理性的探讨与论证，最后达成共识时，该话语才可以被视为真实的"。③ 总之，在哈贝马斯看来，现代社会的集体认同以及社会的一体化不是基于主体性的，而是主体间性的共识。所谓认同转化为共识。对于认同而言，无论采用什么方式获得，其结果总是将一种预设的意向变为了所有集体行动参与者的意向，而共识的达成则是人们之间相互承认、反复沟

---

① 参见阮新邦：《解读〈沟通行动论〉》，上海人民出版社，2003年版。
② 哈贝马斯：《交往行为理论的准备性研究及其补充》。转引自章国锋：《关于一个公正世界的"乌托邦"构想》，山东人民出版社，2001年版，第143页。
③ 哈贝马斯：《哈贝马斯访谈录》，载《外国文学评论》，2000年第1期。

通与理性取舍的过程。

然而，问题的核心在于，在一个充满歧见甚至是矛盾的社会里，多种价值观念指引下必然存在不同的利益要求，如何有效达成共识？在哈贝马斯看来，"沟通理性"是解决问题的方案。哈贝马斯对沟通理性的阐述是以其对沟通行为的分析为基础的。沟通行动的概念所涉及的，是个人之间具有（口头或外部行动方面）的关系，至少是两个以上的具有语言能力和行动能力的主体的内部活动。行动者试图按照行动状况，以便使自己的行动计划得到意见一致的安排。① 在这种沟通行动中，所有人都能够平等地参与对话、自由地证明自己的观点，是一种没有强制的相互协商。体现了沟通理性的对话，达至了主体间的相互理解，彼此信任、在平等自由的对话中，在没有外在强制的相互质疑、批评、辩论中，达成共识。概而言之，哈贝马斯看到，每一个人一出生，便生活在一个生活世界里，在与比人相处的情况下，学习运用语言、思想和行动，积累社会知识、内化社会规范和价值。个人的社会化过程并不是一个被动适应的过程，而是包含着沟通或主体间性的层面。在日常生活里，他通常都会假设社会规范和价值的有效性，但当他在一些互动的情境下出现问题时，他会质疑它们的有效性和合法性。此时，他便需要重建这些信念和规范背后的理据，以挽回它们的合法和有效性。归根结底，这是一个人与人之间通过对话来达成共识的沟通过程。

在其著作《沟通行动论》中，哈贝马斯以一种超然的声音，宣告了下列伟大的发现：人类对自主和责任的旨趣并不是什么幻想，而是可以作为一种先验来理解。什么使我们超越大自然？是语言——我们对其本质有所认识的东西。自主和责任加诸我们身上，是因为语言的结构。我们的第

---

① 哈贝马斯：《社会交往行动理论》，重庆出版社，1994年版，第121页。

第二章　两岸交往与两岸关系和平发展的正当性危机及其消解

一句句子,已经清楚地表达了我们的意向,就是追求普遍和不受制约的共识。[1] 表面看来,哈贝马斯建立在普遍语用学基础之上的沟通理性是针对西方社会的现代性危机而提出,与两岸问题无甚关联。然而,在和平发展成为主导方向,在两岸关系从独白走向寻求共识的趋势下,我们迫切需要能够促进对话、打破和解壁垒、化解多元分歧的理论资源。鉴于言谈是人类生活之独特性的、充满各方面的媒介,因而沟通理论是关于人的科学的基础研究:它揭开社会文化的普遍基础。[2] 立基于此,沟通理性或许是一种可能的路向。在两岸关系中引入沟通理性的维度,遵循"更佳论证的力量"(the force of the better argument),推进两岸民众的公共参与,在对话、论辩、质疑、甚至批评的基础上,达至共识。寻求共识的过程:一方面意味着,两岸民众在交往互动中塑造集体认同;另一方面,集体认同也凝聚了两岸民众的公共舆论。在哈贝马斯看来,这种在公共领域内形成的公共舆论尤为重要。它是民意的"蓄水池",民权的"震荡棒",民情的"传感器",以及民声的"共振板"。公民运用交往理性和行使交往权利平等地进行交流,理性地进行沟通,自由地进行表达,大声地进行呼喊,从而把他们的意见和诉求直接输入议会,再由议会把它们加工成法律成品,从而强化了法律的正当性。[3] 同样,两岸民众就共同关心的议题表达利益和愿望,形成公共舆论,并传递到两岸之间两岸协议制定过程之中,从而也可以强化两岸协议等制度规范的正当性。

三、两岸交往的"精英民主性"与民众参与期望张力的体现

"太阳花运动"是近些年来台湾岛内规模最大的一场社会运动,也是

---

[1] Habermas, *Knowledge and Human Interests*. 转引自:阮新邦主编:《解读〈沟通行动论〉》,上海人民出版社,2003年,第40页。
[2] 汪行福:《通向话语民主之路——与哈马斯对话》,四川人民出版社,2002年版,第300页。
[3] 高鸿钧:《通过民主和法治获得解放》,载《政法论坛》,2007年5期。

影响两岸关系和平发展的一件大事。从精英民主与参与式民主的一般理论分析,"太阳花运动"中体现出的民意正当性危机,表现出两岸关系和平发展中精英政治与公民参与之间存在的紧张关系。

(一) 精英民主与参与式民主的理论意涵

精英民主理论与参与式民主理论,是西方当代政治学理论中两个观点相对的民主理论流派。二者对民主的本质、过程与结果均有不同诠释。这两种相对的理论,对于我们分析两岸关系和平发展过程中日渐显现出的民意正当性危机,有着一定的借鉴意义。

精英民主理论是当代西方民主理论的一个重要流派。精英民主理论缘起于柏拉图的贤人治国理论,建基于莫斯卡、帕累托等人倡导的政治精英理论。这一理论是对西方民主现实与传统民主理论之间存在矛盾的一种回应。传统民主理论认为,"民主方法是这样一种达到政治决定的制度安排,这种制度安排使人民通过选举将集合起来表达他们的意志的人,自己来决定争论的问题,从而实现共同的幸福"[①]。与传统民主理论不同,精英民主理论视少数政治精英而不是人民大众为政治过程的核心和支配力量,以西方国家的政治现实而不是抽象的民主理念为依据,通过把精英主义观念引入民主理论,来重新界定民主,赋予以民主新的意义。[②] 精英民主理论的核心观点在于,民主并不像经典学说所称的那样,是一种价值目标,而仅仅是一种手段,是一种制度性地选择政治领导人的程序。民主的价值在于,通过选民的认可,使作为政治精英的统治者获得统治合法性。正如熊彼特所言,"民主方法是为达到政治决定的一种制度上的安排,在这种安排中,某些人通过竞取人民选票而得到作出决定的权力"[③]。

[①] [美] 熊彼特:《资本主义、社会主义和民主主义》,绛枫译,商务印书馆,1979 年版,第 312 页。
[②] 金贻顺:《当代精英民主理论对经典民主理论的挑战》,载《政治学研究》,1999 年第 2 期。
[③] [美] 熊彼特:《资本主义、社会主义和民主主义》,绛枫译,商务印书馆,1979 年版,第 337 页。

第二章 两岸交往与两岸关系和平发展的正当性危机及其消解

由于精英民主理论过于强调人与人之间的差异性,而将大众排除于决策制定过程之外,因而引起许多学者的严厉批评。其中,以佩特罗、巴伯等人为代表的参与式民主主义者对精英民主的批评尤为激烈。参与式民主主义者认为,精英民主理论的前提是支持人类的不平等,其核心观点在于将少数人的统治合法化,排斥广大民众对政治决策的参与。长此以往,精英民主将最终背离民主的基本精神,使民主政治沦为少数精英对决策权的垄断。本杰明·巴伯将具有精英主义本质的代议制民主称为"弱势民主"。他认为,"弱势民主既不是真正的民主,甚至也不是令人信服的政治方式……在弱势民主下……公民所做的(在他们做任何事情的时候)就是去投票赞成政客"[1]。参与式民主理论家们坚信,在一个良好的社会中,人们必须充分参与决定他们命运的决策,只有通过参与,个人才能重新获得自信和自尊,"让人民决定"使人们有希望在直接参与的背景下解决个人与社会之间的张力。[2]

(二)两岸事务性协商机制:两岸关系和平发展精英民主性的突出体现

依照上文对精英民主理论的叙述,两岸两会事务性协商机制的实践和两岸协议的签署与实施,突出体现出当前两岸关系和平发展的精英民主性,充分反映出两岸普通民众在两岸关系和平发展中尚处于"旁观者"地位,而未能直接影响到两岸关系发展的事实。

第一,从其制度功能看,两岸两会事务性协商机制为两岸关系和平发展提供了制度动力,这一机制的运行情况凸显了两岸关系和平发展的主要方向。自2008年以来,随着坚持"九二共识"的国民党重新在台执政,两岸恢复了中断长达九年的两会事务性协商,并在短短数年间即签署多项

---

[1] 参见 [美] 本杰明·巴伯:《强势民主》,彭斌、吴润洲译,吉林人民出版社,2011年版,第172页。
[2] 陈尧:《西方参与式民主:理论逻辑与限度》,载《政治学研究》,2014年第3期。

事务性协议，为推动两岸关系和平发展框架的形成做出了重大贡献。考察2008年以来两岸关系发展的实践，两岸两会事务性协商机制在实质上扮演了两岸共同决策机制的角色，为两岸解决为数众多的共同事务提供了制度保障。因此，许多学者将2008年以来的两岸关系称之为"协议推动型"两岸关系。基于两会事务性协商机制在两岸关系和平发展中的地位与作用，这一机制的运行情况，实际上构成判断两岸关系发展方向的"风向标"。

第二，从其正当性基础看，两岸两会事务性协商机制是一种"两岸间"共同决策机制，[①] 其做出决策的权威性和民意正当性来源于两岸各自公权力体系中的代议制民主制度。两岸两会事务性协商机制是两岸公权力机关交往的主导平台，其制度作用在于接受两岸官方委托，就两岸共同关注的事务性问题进行沟通和商谈，并签署两岸协议。[②] 因此，作为一种两岸共同政策，两岸协议的权威性和民意正当性，并非来源于作为民间组织的两岸两会，而是来源于各自代议制民主制度基础上的两岸公权力机关。代议制度属于间接民主制的范畴，是间接民主制的主要内容和表现形式。[③] 正如本杰明·拉什所言，"一切权力源于人民，但他们只在选举日拥有它，此后它就归统治者所有"。[④] 这种建基于代议制民主之上的两岸协商制度，自然会体现出与代议制民主制度相伴随的精英民主色彩。

第三，从其实践情况看，两岸两会事务性协商机制，在运行中多以两岸公权力机关业务主管人员为谈判主体，议题选择、协商过程等并未向两岸普通民众开放。尽管两岸两会在名义上均属"非官方"机构，但由于

[①] 参见周叶中、段磊：《论两岸协议的法理定位》，载《江汉论坛》，2014年第8期。
[②] 周叶中、段磊：《海峡两岸公权力机关交往的回顾、检视与展望》，载《法制与社会发展》，2014年第3期。
[③] 周叶中：《代议制度比较研究》（修订版），商务印书馆，2014年版，第16页。
[④] ［美］汉娜·阿伦特：《论革命》，陈周旺译，译林出版社，2007年版，第222页。

第二章 两岸交往与两岸关系和平发展的正当性危机及其消解

两岸关系的特殊性,两会协商的本质乃是"私名义、公主导",① 两岸公权力机关在实践中承担了两会协商的职能。长期以来,两岸公权力机关的业务主管人员实际上构成两会商谈的主谈人,两岸普通民众则被排除于协商之外。除两会签署协议后向社会公众公开协议文本外,普通民众对于协商议题的选择标准、协商过程和协议实施效果等均无从知晓。因此,本应成为两岸关系和平发展主要参与者的两岸民众,却在作为两岸关系和平发展主导推动机制的两会协商中,沦为"旁观者",既不能充分了解两岸协商过程,更无从影响这一过程。

(三)"太阳花运动":精英民主性与民众参与愿望矛盾的凸显

"太阳花运动"昭示着两岸关系和平发展民意正当性危机的出现。这一方面,近年来两岸和平发展的速度和范围不断提升和扩展,两岸协议的实施,对两岸普通民众,尤其是台湾民众日常生活的影响越来越大,因而民众对协议协商过程的关注程度也随之增强;另一方面,自两岸两会形成事务性协商机制以来,两岸政治精英长期主导这一机制的运行,而普通民众却长期无法参与到这一重要的两岸共同决策机制之中,因而民众对协议协商过程体现出的"秘密政治"色彩,亦表现出一定的反感情绪。

在这两方面因素的影响下,两岸民众,尤其是台湾基层民众,不再对两岸事务性协商机制持"因不知而支持"的态度,转而开始关心两岸事务性协商过程是否透明,重视两岸协议对其自身利益的实际影响,并对两岸关系和平发展提出较为强烈的参与诉求。从这个意义上讲,此次"太阳花运动"的爆发,正是台湾基层民众在长期处于两岸关系和平发展"旁观者"的情况下,对两岸事务性协商机制体现的"精英政治"色彩的一种抵制性回应。"太阳花运动"之后,台湾当局为缓和民意压力,承诺制定"两岸协议监督条例",实现"两岸协议监督法制化"。在这一过程

---

① 参见周叶中、祝捷:《两岸治理:一个形成中的结构》,载《法学评论》,2010年第6期。

中，台湾岛内各方政治力量提出了七个版本的"两岸协议监督条例草案"。尽管各版本"草案"对协议监督的程序、审查密度等问题的规定存在较大差别，但各版本"草案"均通过一定的制度安排，强调协议监督过程中的"公民参与"。① 从这个角度看，提升两岸事务性协商机制的公民参与程度，已经成为台湾岛内的"朝野共识"。因此，此次"太阳花运动"体现出来的两岸关系和平发展的民意正当性危机，正是两岸关系和平发展中长期存在的"精英民主"事实与台湾民众所期望的"参与式民主"愿望之间张力的一种体现。

从民主理论的演化历程来看，相对于直接民主和代议民主来说，参与式民主并非一种可以作为基本制度的民主类型，它是对民主本义的一种强调，作为代议制民主的补充，以丰富、完善代议制民主。② 因此，要缓和"太阳花运动"所体现的两岸关系和平发展的"精英政治性"与两岸同胞"参与期待"之间的紧张关系，并非要以全面的公众参与代替既有的两岸两会事务性协商机制，而是应通过引入参与式民主理论与制度，构建基于"参与式民主"的两岸关系和平发展民意整合机制，补强既有协商机制的民意正当性基础，消解精英政治对两岸关系和平发展造成的负面影响。

第四节　两岸关系和平发展正当性的强化：
参与民主下的机制建构

"参与式民主"的民意整合机制的构建，机制亦称机理，原意是指机器的构造和工作原理，在社会科学中概括地说，就是带规律性的模式。立基于民众参与，有学者提出了两岸关系和平发展的社会机制，即在两岸

---

① 参见周叶中、段磊：《论台湾地区立法机构审议监督两岸协议的发展及其影响——以"两岸协议监督条例草案"为例》，载《台湾研究集刊》，2015年第1期。
② 梁军峰：《参与式民主的理论与价值》，载《科学社会主义》，2008年第6期。

关系和平发展过程中相关社会各要素的相互联系。① 然而，这里的社会机制过于宏观、泛化。对于民众参与而言，其根本目的在于通过沟通、交流化解两岸民众之间的对立、隔阂，实现充分的社会整合、社会一体化。对此，我们提出，可以运用"参与式民主"的基本原理，通过强化两岸民众对以法治为核心的两岸共有价值体系之认同，提升两岸关系和平发展的双向信息开放程度，构建两岸协商机制中的民众参与制度，推动两岸民间交往的制度化，逐步构建起两岸关系和平发展的民意整合机制。通过这一机制，保障参与式民主在维护两岸关系和平发展的制度框架中发挥其应有作用。

一、强化价值认同：两岸民意在一个中国框架下实现有序整合

法治是保障公民有序参与政治生活和国家治理的重要方式，也是两岸共同认同的价值形态和共同话语，更是两岸共同维护一个中国框架的重要基石。因此，在构建两岸民意整合机制时，应通过强化两岸民众对以法治为核心的两岸共有价值体系的认同，确保两岸民意能够在一个中国框架下实现有序整合。

第一，在构建两岸民意整合机制时，应通过强调法治的价值，提升台湾民众对一个中国框架的认同，进而保障两岸的民意整合能够以一个中国框架为核心，实现两岸民意的相向而行。法治意味着社会成员对共同体基本准则的遵守与体认，而宪法是一个政治共同体中，全体成员对共同体政治秩序的基本共识，因而构成其社会发展的"最大公约数"。考察我国现行《宪法》（即1982年宪法）和台湾地区现行"宪法"之规定，两岸根

---

① 参见王鹤亭：《两岸关系和平发展的社会机制探析》，载《台湾研究集刊》，2010年第2期。

本法中均体现出"一中性"的特点。① 尽管施行于台湾地区的"中华民国宪法"及其"增修条文"并非一部表征着"国家"和"主权"的"国家根本法",但却在一定程度上体现出台湾社会的政治共识。基于法治的基本属性,在法律规范被修改之前,无论是大陆还是台湾,其社会成员都必须遵守和体认作为社会共同体基本准则之规定。因此,综合考察两岸各自规定中对一个中国框架的规定和两岸对法治原则的遵从,在构建两岸关系和平发展中的民意整合机制时,必须以体现"一中性"的两岸各自规定为依据,保障两岸民意在一个中国框架下实现有序整合。

第二,在构建两岸民意整合机制时,应通过强调法治的价值,强调两岸民众在表达对两岸事务的参与意愿时,应当遵守两岸各自规定的基本要求,在法治允许的制度框架内表达自己的利益诉求。法治表征着社会成员对社会秩序的认同和尊重。在台湾岛内,部分民众常常受到部分政党和政治人物的鼓噪,选择通过"街头运动"这种"非常态"的方式表达自己的利益诉求,从而超越法治的界限。此次"太阳花运动",正是一场典型的、超越现有利益表达渠道制度安排的"街头运动"。正如学者所言,此次"太阳花运动",声称追求两岸服贸协议审查的程序正义,其实是在破坏程序正义,以维护民主为名,行破坏民主之实。② 因此,强化两岸民众对以法治为核心的两岸共有价值体系的认同,意味着两岸民众在表达其各自意志时,应当通过法治允许的制度框架进行,而非通过建基于超越法治要求的"街头运动"。

第三,在建构两岸民意整合机制时,应通过强调法治的价值,充分尊重和保护两岸民众的基本权利,通过一系列制度安排,保障两岸同胞对两岸关系和平发展知情权、参与权和监督权的实现。法治包含着对社会成员

---

① 参见周叶中、祝捷:《"一中宪法"与"宪法一中"——两岸根本法之"一中性"的比较研究》,载黄卫平等主编:《当代中国政治研究报告》(第十辑),社会科学文献出版社,2013年版。
② 严安林:《台湾"太阳花学运":性质、根源及其影响探析》,载《台海研究》,2015年第1期。

基本权利的关照与保障。两岸关系和平发展事关两岸同胞的根本福祉和中华民族的根本利益，因此，两岸民意整合机制应当积极通过法治方式保障两岸民众的知情权，为两岸同胞据以合理安排自己的生活，最大限度地保障自己的权利奠定基础。同时，基于两岸关系和平发展的重要意义，两岸民众还应当享有对两岸关系的参与权和监督权，使两岸同胞能够真正参与到两岸关系和平发展框架的建构中来，使这一框架的建构能够真正以两岸同胞的根本利益为导向。因此，强化两岸民众对以法治为核心的两岸共有价值体系的认同，意味着两岸民意整合机制应当是一套关注两岸同胞福祉、保障两岸同胞基本权利的制度安排。

二、推进双向交流：两岸双方切实了解两岸关系发展的实际情况

知晓有关信息，是民众有效参与到治理活动的前提和基础。随着参与式民主在世界范围内的发展，信息公开制度在越来越多的国家得以确立，甚至于有学者将参与式民主与信息公开看作一对"孪生子"。[①] 两岸公权力机关是两岸交往的主导者，两岸民众则构成两岸交往的主体和参与者。因此，要确保两岸关系和平发展框架的稳定性，就必须确保两岸公权力机关和两岸民众之间保持信息的双向开放。具体说来：

第一，要确保作为两岸交往主体和参与者的两岸民众能够及时了解两岸关系和平发展中的重要信息，为其积极参与和支持两岸关系和平发展提供信息基础。为此，两岸公权力机关应当积极提升两岸关系和平发展活动的公开性，使两岸民众能够方便、及时地了解两岸关系和平发展中的重要信息，为其参与到两岸关系和平发展框架的构建过程，提供信息基础。信息公开是公众实现有效参与的基本前提。在建构两岸事务性协商机制中的

---

① 参见沈开举：《民主、信息公开与国家治理模式的变迁》，载《河南社会科学》，2012年第4期。

公民参与机制时，应当在两岸既有的政府信息公开机制基础上，形成一套两岸关系和平发展重大事项的信息公开机制。具体而言：一是要形成"两岸内"的两岸关系发展事务信息公开机制，即除部分涉密信息外，大部分涉及两岸关系和平发展的重大事项以及两岸事务性协商的议题和谈判信息，都应纳入两岸既有的政府信息公开机制之中，使两岸民众能够通过各自公权力机关的相关制度安排，充分了解相关信息。二是要形成"跨两岸"的两岸关系发展事务的信息公开机制，即通过现有的两岸两会事务性协商机制和两岸事务主管部门沟通机制，及时发布涉及两岸事务性协商的重要信息，使两岸民众能够及时了解两岸协商的实时信息，为其有效参与协商奠定基础。同时，需要注意的是，上述两种信息公开机制，都应包含主动公开和应申请公开两种公开方式，即既要求两岸有关公权力机关及时主动公开重要信息，也要求两岸公权力机关在接到两岸民众因自身需要，而申请公开有关信息时，按照相关规定，及时做到信息公开。

第二，要确保作为两岸交往主导者的两岸公权力机关，能够及时获取作为参与者的两岸民众对于两岸关系发展情况的态度与诉求，使其主导的两岸关系和平发展保持正确方向。为此，两岸公权力机关应当通过建立政策实施过程中的民意征询和调查机制，及时获取两岸民众对既有政策的意见和建议，从而确保其现有政策能够充分反映两岸民意的基本走向，为其进一步坚持和调整相关政策奠定基础。民意调查构成现代公共政策评价的基础手段。[①] 通过这一手段，两岸公权力机关可以快速、直观地了解两岸民众对于两岸共同政策的反应，为其在政策实施过程中，或及时调整政策方向，或继续深化既有政策，提供有效支持。在建构两岸事务性协商机制中的公民参与机制时，应当在整合两岸现有民意调查资源基础上，形成一套符合两岸关系实际的两岸协议实施的事后评价调查机制。具体而言：一

[①] 郑方辉、李旭辉：《民意调查与公共政策评价》，载《江汉论坛》，2007年第3期。

是要形成多个具有一定独立性的两岸民意调机构,使这些机构免于受到两岸政治局势和两岸公权力机关的过多影响,如可以立足于两岸高校和研究机构之间的合作机制,形成跨两岸的学术性民意调查联合体。二是在进行相关的民意调查过程中,注意对两岸共同政策的直接利益相关群体和非直接利益相关群体加以区分,分别进行深入调查。以《海峡两岸投资保障和促进协议》为例,其主要利益相关对象是两岸从事投资业务的人群,因此对该协议的评价,就应当以这些群体对于协议执行情况的心理感受为首要关照对象,而将不属于投资者范畴的其他主体的心理感受作为评价机制的次要关照对象。三是在完成民意调查和相关分析工作之后,将有关数据及时反馈给两岸负责实施政策的公权力机关,使这些调查结果成为其进一步推进政策实施的重要参考。对于某些在实施过程中出现问题的政策(或条文),则可交由两岸事务性协商机制,进行进一步协商,并适时对这些政策做出调整。

三、提升民众参与:两岸关系和平发展中重要议题的民意体现

公民参与程序可以从提高两岸协议的认受度和降低立法审议风险两方面,为两岸商签协议提供更多正当性支撑,具有积极意义。[1] 因此,在强化两岸公权力机关与两岸民众之间信息双向开放程度的同时,两岸民意整合机制的构建,还要求我们切实提升两岸民众对两岸重要议题的参与程度,并通过一系列制度化安排,提升两岸民众参与的有效性。亦即是说,应当以相关制度,保障两岸民众能够参与并影响两岸关系和平发展政策的制定和实施。具体说来,我们应从以下三方面入手:

第一,应构建两岸两会事务性协商机制运行过程中的民众参与机制,提升两岸民意对两岸共同政策制定和实施的影响力,使作为两岸共同政策

---

[1] 刘文戈:《两岸商签协议的公民参与程序简论:以台湾地区行政程序法制为视角》,载《海峡法学》,2015年第1期。

的两岸协议，真正符合两岸人民的共同利益。要强化两岸协议的民意正当性，就必须形成有两岸民众和利益相关群体参与的两岸事务性协商议题征询和协商参与机制。基于公民参与理论的要求，在建构两岸事务性协商机制中的公民参与机制时，应当整合两岸现有有关制度安排，形成一套符合两岸关系实际的两岸协议事前和事中的议题征询和协商参与机制。通过这一机制，强化与两岸协议利益相关群体，尤其是重要社会团体的对话沟通，形成制度化的协议议题征询机制和协商参与机制。随着两岸事务性协商议题专业化程度的提升，越来越多的两岸协议与一些特殊群体的利益息息相关。据此，在未来的两岸协议制定过程中，应当定期向民众尤其是特殊利益群体公开协商议题规划，定期征询部分社会团体的意见。同时，应当通过促进两岸协议的创制主体与代表特殊利益群体的两岸有关社会团体之间进行及时有效的对话，提升这些特殊群体对两岸事务性协商的影响力，最终达到拓展两岸事务性协商机制参与范围的目的。

第二，应整合包括互联网媒体在内的众多媒体资源，促进跨海峡的两岸公共领域的形成和发展，提升两岸民意的表达强度，增强民意对两岸共同政策制定和实施的影响力。哈贝马斯认为，所谓公共领域，即是公共意见这样的事务能够形成的领域，报纸、期刊、广播、电视等就是公共领域的媒介。在以互联网媒体为代表的新媒体高度发达的今天，新媒体逐渐成为公共领域的重要媒介之一。鉴于新媒体对于两岸关系，尤其是两岸基层民众意见的重大影响，我们认为，两岸应当注意整合包括互联网媒体在内的新媒体。通过互联网公开征询两岸民众对两岸协商议题选择的意见，公开部分两岸协商的过程，使两岸公权力机关能够透过新媒体，更好地了解两岸基层民众对于两岸关系和平发展、两岸事务性协商的意见，从而达到整合民意，强化两岸事务性协商机制民意正当性的目的。

第三，应促进两岸相关智库的建设，通过学术交流促进双方的民意表达与参与，使两岸民众中的专业人士能够以制度化方式表达对两岸关系和

第二章　两岸交往与两岸关系和平发展的正当性危机及其消解

平发展的意见，并对两岸共同政策的制定和实施产生影响。智库主要是指以公共政策为研究对象，以影响政府决策为研究目标，以公共利益为研究导向，以社会责任为研究准则的专业研究机构。[1] 在两岸，有为数众多的智库为两岸公权力机关的两岸事务决策提供意见参考和智力支持。两岸智库之间的交流，能够为双方交往，尤其是对许多重要而又敏感的议题交换意见，提供管道。同时，与两岸公权力机关不同，民间智库能够更好地整合民间意见，通过学术研究方式广泛地收集民众对两岸关系和两岸事务性协商的意见。因此，应当积极促进两岸智库建设，通过智库交流，进一步整合两岸民意，通过在两岸协商议题征询阶段召开专家研讨会、议题征询会，在两岸事务性协商过程中邀请部分两岸智库成员参与等方式，强化两岸事务性协商的民意基础。

习近平同志指出，我们所追求的国家统一不仅是形式上的统一，更重要的是两岸同胞的心灵契合。[2] 习近平同志的这一重要论述，为我们在新时期开展对台工作，促进两岸关系和平发展提供了重要指引。两岸民意整合机制的构建，正是在这一重要论述指引下，针对已经出现的两岸关系和平发展的民意正当性危机而提出的一种因应策略。在两岸关系和平发展遭受重大考验的今天，我们应当充分重视两岸民众，尤其是台湾民众对两岸关系和平发展的意见，通过引入参与式民主的理论与制度，积极构建横跨台湾海峡的两岸民意整合机制，促进两岸民众对两岸关系和平发展之观点的融合，为实现两岸同胞的心灵契合提供制度支持。

---

[1] 上海社会科学院智库研究中心项目组：《中国智库影响力的实证研究与政策建议》，载《社会科学》，2014年第4期。
[2] 《习近平总书记会见台湾和平统一团体联合参访团》，资料来源：http://news.xinhuanet.com/tw/2014-09/26/c_1112641354.htm，最后访问日期：2017年4月20日。

第三章 两岸公权力机关的交往机制

随着国内外环境的变化和两岸交往的深入，两岸交往的重点已经由最初的民间交往逐渐走向公权力机关的交往。两岸公权力机关是两岸交往的主导者、推动者和协调者，两岸交往产生的共同事务需要两岸公权力机关去管理，两岸的和平发展需要两岸公权力机关的共同努力，因此两岸公权力机关的交往机制在两岸"大交往机制"中处于核心地位。所谓两岸公权力机关交往是指两岸公权力机关通过对话、沟通和合作等方式在各领域达成共识和一致行动。这里的公权力机关不仅包括国家的公权力机关，也包括社会的公权力机关，即只要按照法律的规定拥有公权力、代表公共利益的组织就是公权力机关。两岸公权力机关既指两岸依照各自法律设置的公权力机关体系，也指法律授权行使一定公权力的社会组织，如海协会、海基会等。

第一节 两岸公权力机关交往机制的核心地位

两岸公权力机关交往机制作为两岸公权力机关交往及其形成社会关系的规范体系，是为了满足两岸日益增长的交往需要所产生的。两岸公权力机关通过全方位、各层次和多体系的交往，一方面可以因应民间交流的需要，另一方面可以增进两岸的相互了解和信任，扩大两岸合作的机会和空间，推进两岸经济的快速发展，促进两岸共识的达成，实现两岸和平发展乃至祖国和平统一。

一、两岸公权力机关交往的多重性

两岸公权力机关交往是对两岸公权力机关的人员往来、机构商谈和事务性、政治性以及其他各类互动的总体性描述。两岸公权力机关交往是一个发展性概念，既是对两岸公权力机关现有交往现状的总结，也是对两岸公权力机关未来发展的期许。如果说两岸民间交往是两岸民众自发形成的各种社会关系，那么公权力机关交往则是一种基于需求基础上的主观性安排。具体而言，两岸公权力机关的交往类型可以划分为如下四种：

第一，从两岸公权力机关交往的领域上看，两岸公权力机关的交往包括"两岸间"交往和"两岸外"交往。"两岸间"的交往主要是两岸为一些公共事务或共管事务所进行的谈判和纠纷解决，如两岸透过各种管道签署事务性协议，就涉及双方利益的事项展开共同执法等。两岸公权力机关的"两岸外"交往主要是指在国际社会中的交往，随着两岸的"外交休兵"和大陆对台湾"国际空间"的重视，以及台湾加入了一些非以主权国家为会员的国际组织，两岸在国际社会上不可避免会交往，例如博鳌亚洲论坛成为两岸在国际社会进行两岸相关议题交流与互动的重要平台。

第二，从两岸公权力机关交往的主体上看，两岸公权力机关的交往包括两岸"政权机关"的交往和行使公权力的社会组织的交往。"政权机关"在台湾主要是"军政机关"，大陆则主要是国家机关。随着近代行政的多元化发展，私人或社会组织在行政中扮演着越来越重要的角色，它们承担一定的行政任务，行使一定的公权力，同时也是公权力机关，例如两岸的"仲裁机关"就是社会性组织，两会在严格意义上也是社会组织。

第三，从两岸公权力机关交往的层次上看，两岸公权力机关交往包括两岸事务性交往和政治性交往。目前，两岸主要是透过两会框架形成了事务性商谈机制，在若干国际社会组织内部也形成了一些交往机制，用以解决两岸交往中面临的一些事务性问题,这属于两岸的事务性交往。政治性交往是指两岸就政治性事务通过政治商谈达成共识,目前两岸公权力机关的政治协商并没有正式启动,但两岸政党尤其是国共两党的对话机制逐渐完善,例如两岸经贸文化论坛已经成为国共两党重要的党际交流与互动平台。

第四,从两岸公权力机关交往的性质上看,两岸公权力机关的交往包括制度性交往和非制度性交往。制度性的交往相对来说比较正式,并且对双方具有一定的拘束力,是一种常态化的交往机制,往往需要相应的协议、政策或法律加以规约,如两会机制逐渐成为一种制度性交往机制。两岸公权力机关的非制度性交往具有多样性、非正式性以及灵活性的特征,当两岸的非制度性交往达到一定的程度就可以逐步建立制度化的交往,如陈菊到大陆访问,上海和台北之间互结为友好城市,等等。正是因为有了制度化的交往方式,两岸公权力机关的交往逐渐变得规范化,两岸之间的交往才得以被管控和引导。

二、两岸公权力机关交往的生成机制

两岸公权力机关交往机制的构建对于两岸关系和平发展具有重要意义。两岸公权力机关交往机制的构建不仅是两岸交往的内在要求和必经阶段,也是出于维护两岸共同利益的需要和对现有两岸公权力机关交往的制度化。

第一,构建两岸公权力机关交往机制是促进两岸交往的内在要求。由于"两岸间"存在的政治对立,两岸走向了不同的发展道路,在很长一段时间内,双方尤其是台湾地区为两岸交往设置诸多政策和法律障碍,加之地理阻隔,两岸的交往中断了很长时间。随着大陆改革开放的推进,台湾也开始了政治转型进程,在国际局势相对平稳、两岸民间要求交往的呼声也甚是迫切的情况下,大陆和台湾逐渐改变政策,开放探亲,同时两岸

第三章 两岸公权力机关的交往机制

的民间交往也开始启动和发展,这必然会引发诸多需要两岸联手才能处理的事务。同时,随着全球化和区域化的发展,两岸在国际社会上的政治、经济、文化和社会等领域的交往也与日俱增。事实已经证明,"外交鏖战"只会导致双输的结局,要达到两岸双赢的目的需要两岸保持沟通,对台湾参与国际事务的相关问题进行处理,也需要两岸公权力机关的交往。两岸本就是因为历史原因而分离的,中国的领土没有分裂、主权没有分割,两岸同属一个中国的事实没有改变,这是客观事实,也是被国际社会所普遍承认的。然而,由于两岸尚未统一,在这一特殊情况下处理和解决各层次的问题,需要两岸公权力机关进行各层次的交往。两岸具有历史上、文化上以及地理上的共同记忆,也有共同事务需要进行处理,只有两岸公权力机关进行交往,才能最终化解历史恩怨,最终对两岸关系在一个中国框架下做出合情合理的安排。因此,两岸公权力机关的交往可以使两岸之间的交流加强,促进两岸人民互相了解,化解隔阂,走向政治协商之路。

第二,构建两岸公权力机关交往机制是两岸交往的必经阶段。两岸问题因政治问题而产生,但因为目前台湾内部和国际社会等外部环境的阻碍,两岸无法在政治上达成一致,只能根据实际情况以渐进的方式从民间交往开始推进,进而达到事务性层次,最终实现政治性层次的交往。20世纪80年代后期以来,台湾开放探亲,两岸的民间交往空前密切,虽然90年代台海危机爆发和民进党执政八年时两岸关系逐渐退步,但随着全球化和区域化的发展,以及大陆在各领域的迅速发展,两岸利益相互交织,在各领域进行事务性商谈是必然的,两会机制的作用就是对两岸事务性和功能性问题进行协商。作为两岸政治性主体或政权组织,两岸公权力机关在处理事务性问题的同时,当然会在其他领域进行交往。当事务性和功能性事务的交往达到一定层次,两岸必将会面临政治性的事务,这就产生了更高层级的机关进行协商的需要,如签署和平协议等。两岸公权力机关交往既是促进两岸事务性交往的必然需要，也是推动两岸政治性交往的重要内容。两岸事务性交往逐步推进，需要两岸进行共同的法律保障机制建设。2008年以来，两岸透过两岸机制，共同签署两岸协议、形成两岸共识、达成多项共同意见，相继实现两岸"三通"和各层次经济合作。①两岸交往已经进入巩固深化阶段，向全面发展方向推进。两岸可以通过公权力机关制定相关的法律与政策，加强民众的宣传引导工作，进一步推动和平发展价值观的社会化。

第三，构建两岸公权力机关交往机制是维护两岸共同利益的需要。两岸是一种利益共生的关系，两岸的交往可以谋求互利、共同发展。"两岸间"存在着共同的利益，如果公权力机关能够交往则可以直接向对方表达利益需求，避免两岸的内耗。同时，两岸在国际社会上有共同的利益，如果两岸不能携手一致，则会为其他国家留下机会，最终会损害国家的利益。两岸具有共同的经贸利益，可以实现优势互补。台湾是典型的外向型即出口拉动型经济体，大陆是台湾重要的贸易伙伴，如2010年台湾对大陆（包括港澳）的进出口贸易总值占台湾外贸总值的28.13%。两岸同属中华民族，应该共同维护民族利益，然而，在当前的两岸政治格局下，不可能一方要求另一方的对外政策要符合自身的政策框架，所以必须通过两岸公权力机关的交往，整合两岸资源，创新交往模式，提升交往质量，实现合作共赢，推进两岸贸易自由化，实现两岸经济的进一步发展，维护中华民族的共同利益。随着2008年两岸"三通"的启动，2009年5月6日，《国务院关于支持福建省加快建设海峡西岸经济区的若干意见》将海峡西岸经济区的建设提升为国家级战略，以促进两岸经贸合作向更深、更高层次发展。据统计，2009年福建省共接待台湾游客123.4万人，占全国接待总数的27%，但在旅游业上仍存在着合作领域狭小、方式单一、

---

① 参见中共中央台湾工作办公室、国务院台湾事务办公室网站网站，资料来源：http://www.gwytb.gov.cn/lhjl/，最后访问日期：2017年1月26日。

政策制约和规模效应难以发挥等问题。①

第四，构建两岸公权力机关交往机制是对现有交往现象的制度化。虽然两岸公权力机关没有统一的交往机制，但在实践中二者的交往却是非常频繁的，两岸在司法、执法等领域已经开展了广泛的合作。两岸属于两个不同的法域，随着两岸交往的迅速发展，两岸需要相互认可和执行的判决数量日益增多。例如，据最高人民法院研究室副主任郃中林透露，2009年6月25日两岸司法互助协议生效，至2013年6月底，大陆法院共办理涉台送达文书和调查取证司法互助案件27738件。②再如，针对日益猖獗的电信诈骗犯罪，按照两岸签署的《海峡两岸共同打击犯罪及司法互助协议》，近年来两岸先后侦破了"8·10""11·30""3·10""9·28""11·29"等特大跨境电信诈骗案件，共抓获2500多名电信诈骗犯罪嫌疑人，合作成效显著。③此外，两会互设综合性办事机构已经在进行，两岸各级地方首长也开始互访，如台北市市长郝龙斌和高雄市市长陈菊等先后登陆，大陆方面各级政府领导也不断参访台湾。两岸事务主管部门负责人在正式场合互称官衔，并逐步达成互访和建立部门间交往机制的共识，2014年国台办主任张志军和台湾陆委会主委王郁琦在大陆正式会谈，开启了两岸公权力机关直接交往的新局面。但是两岸公权力机关的交往仍然需要破除实践障碍，例如台湾对大陆判决的执行，还需要行政和立法部门的协作；也有一些法律障碍，例如对财产的执行，需要依据"两岸人民关系条例"进行，而其与《民事诉讼法》中的规定相冲突，应该进行修正。

制度是人与人之间的现实关系，制度是社会交往的中介，是理想与现

---

① 参见洪永淼：《海峡西岸经济区发展报告2012》，北京大学出版社，2012年版，第125页。
② 新华网：《专家呼吁建立两岸相互认可和执行民事判决制度》，资料来源：http://news.xinhuanet.com/2013-08/15/c_116961324.htm，最后访问日期：2017年4月20日。
③ 参见《两岸警方再度联手重拳打击电信诈骗犯罪》，资料来源：http://www.mps.gov.cn/n16/n1237/n1342/n803715/3444530.html，最后访问日期：2017年4月20日。

实的中介，是个体理性与公共理性相统一的中介。[①] 人的世界就是一个交往的世界，交往是人的本体性存在方式，源于主体自我满足能力的有限性，以及人们之间的相互需要。同样，作为人类组织形式的国家等也需要交往，各个国家之间存在着合作性与依赖性，需要通过交往达到彼此的平衡。两岸虽然是一个国家，但却存在两个共同的统治实体，同样也需要交往，交往也需要走向制度化，在一定程度上两岸公权力机关交往机制的构建已经成为合围之势。

三、两岸公权力机关交往是两岸"大交往机制"的核心

两岸公权力机关的交往是全方位的交往，涉及政治、经济、社会、文化、军事和"国际空间"等多个领域。虽然两岸交往的主体是两岸民众，但主导者却是两岸的公权力机关。公权力机关的交往则是两岸交往继续前进的新阶段，例如，两岸民间在交往中会产生各种纠纷，所涉及的法律规定不同会产生法律适用上的冲突，这些冲突是一个主权国家领土范围内不同地区之间的法律冲突，既不能以国际条约解决这类法律冲突，也不能在两岸内部各自处理，需要两岸的公权力机关制定相应的法律冲突解决协议。在两岸的交往不断向纵深领域发展时，两岸交往已经呈现出复合性特点，如果两岸公权力机关继续保持隔绝状态，不可避免两岸会陷入各自的"治理危机"，尤其是在一些需要两岸合作治理的事务上。两岸公权力机关的交往已经积累了一定的实践经验和取得了一定的成果，在司法协助方面，从 2009 年 6 月至 2013 年 2 月，大陆遣返台湾犯罪嫌疑人 252 人，两岸合作侦破诈欺毒品掳人勒索，逮捕嫌疑犯高达 4000 多人。高铁炸弹案的嫌犯在短短五天内，就被台湾"刑事局"与大陆公安联手缉捕押送台湾。

公权力机关在当今社会的功能越来越大，公权力已经渗透到社会的各

---

① 参见崔希福：《中介功能——制度的另一维度》，载《新疆社会科学》，2012 年第 4 期。

个角落。公权力机关在两岸交往过程中进行交流,不但可以巩固和推进两岸民间的交往,也可以为政治性合作积累互信。两岸民间的交往是一种本源性的交往,对公权力机关并没有形式上的约束力。如果没有公权力机关的交往,两岸的交往最多建立在民间非正式交往的层次上,没有制度性保障,何谈化解隔阂,推进两岸的和平统一进程。两岸公权力机关的交往可以构建两岸"大交往机制",而民众则无法建构这一交往机制,在一定程度上可以说是民众接受公权力机关的安排,因此公权力机关的交往决定了两岸交往的广度和深度。两岸的民间交往必定会产生一定需要公权力介入的事务,两岸所面临的外部环境任务也促使两岸加强合作,两岸如果没有沟通则可能造成误解,在国际事务上内耗,最终影响两岸的交往进程。

两岸公权力机关通过各自立法或协商立法,出台了若干政策文件、规范性文件和协议、共识性宣言,这些法律和规范性文件构成了两岸交往的规范依据,对民间交往起着约束作用。目前,两岸公权力机关在内部建立了两岸交往机制,但这种机制是一种单方面的机制,除了本地区的一般法律规范外,同时通过专门的法律以对两岸事务进行管理,如台湾的"两岸人民关系条例"是台湾地区处理海峡事务的基本规定,内容涉及两岸民事、刑事、行政法律事务,但较多是概括性规定,通过委任"立法"的方式授权行政机关及有关主管机关针对两岸交往的具体事项制定管理办法,即"两岸人民关系条例施行细则""大陆地区人民来台从事商务活动许可办法""大陆地区人民来台从事观光活动许可办法",等等。大陆除一般性法律外,也制定了专门的涉台法律,如 1994 年全国人大常委会通过了《台湾同胞投资保护法》。1999 年国务院发布了《台湾同胞投资保护实施细则》。最高人民法院 1988 年发布《关于人民法院处理涉台民事案件的几个问题》、1998 年《关于人民法院认可台湾地区有关法院民事判决的规定》、2008 年《关于涉台民事诉讼文书送达的若干规定》、2009 年《关于人民法院认可台湾地区有关法院民事判决的补充规定》、2010 年

《关于审理涉台民商事案件法律适用问题的规定》、2011年公布《关于人民法院办理海峡两岸送达文书和调查取证司法互助案件的规定》。国务院台办出台《台商投诉协调工作暂行办法》，于2005年成立了投诉协调局。2006年商务部《关于开展保护台湾同胞投资合法权益活动的通知》等。总体来说，两岸公权力机关的交往是一个由不同层次的公权力主体和行为构成的交互结构，行为者多元化和交往方式的多样化使其变得非常复杂。两岸通过协商的方式构建多层次网络，进而达成共识，由两岸合作实施对共同问题进行综合治理。因此，两岸公权力机关的交往具有对象的共同性、层次的多级性、主体的多元性和方式的多样性等特征。

两岸公权力机关的交往可以分为三种模式：一是互助模式，即两岸公权力机关在各自职权范围内履行职责，但对对方履行职务的行为予以协助，如两岸目前在打击犯罪和司法方面就是一种协助关系，这种模式建基于两岸各自的治权范围内，没有政治和法律上的诸多困境，目前主要由两会、国共平台和大陆的台湾企业协会等机制来构建；二是合作模式，即两岸公权力机关在履行公权力过程中互相合作，共同履行，但是二者的主体分立，这种模式目前基本上没有；三是共管模式，即对两岸的某些共同事务，由两岸建立共同的组织进行决策和执行，这不仅是行为层面的交往，而且也是组织层面的交往。例如，在2009年福建省委八届六次会上，正式提出设立平潭综合实验区，并将其建设成为探索两岸合作新模式的示范区，按照"共同规划、共同开发、共同经营、共同管理、共同受益"的原则在共同投资开发和社会管理模式上进行探索。①

四、两岸公权力机关交往的基本原则

两岸的交往实质上是一种自组织过程，而自组织是一个系统内部从无

---

① 宋焱、王秉安、罗海成主编：《平潭综合实验区两岸合作共建模式研究》，社会科学文献出版社，2011年版，第220页。

序到有序的过程,是一种建立在包括情感性、认同性关系以及共同志业基础上的治理模式,其成功与否取决于两岸人员的互动结果和两岸的内在结构是否协调。两岸公权力机关的交往是两岸交往的重要环节,是两岸内部治理的延伸,也是两岸自组织系统运作的引领者。基于此,两岸公权力机关交往应坚持以下几项原则:

第一,两岸公权力机关交往应坚持平等原则。两岸同属一个中国,然而由于1949年以来两岸间存在的政治对立与分歧,双方目前实际上并无相互间的隶属关系,因此两岸公权力机关在交往过程中具有法律地位平等的特点。但是,这并不意味着两岸公权力机关的地位完全相同,中华人民共和国是在国际上代表中国的唯一合法政府,台湾当局不能代表中国。因此,两岸公权力机关的交往机制需要创建平等的机制和平台,重视双方的歧见,理解对方的重大关切。双方通过各自的努力,使对方能够做想做的选择而获得预期的结果。换言之,两岸双方不存在"硬权力",只存在一种"软权力",两岸公权力机关的交往是依靠彼此的吸引力而非强制力。[1]虽然没有一个超两岸的组织可以对两岸公权力机关的交往进行规制,通过强制力确保彼此履行,然而基于诚信原则,两岸公权力机关对自身的行为具有自拘束力。

第二,两岸公权力机关交往应坚持公开性原则。两岸公权力机关的交往是由多种社会力量复杂交织的结果,这些力量产生合力,从而促进两岸公权力机关的交往。同时,两岸公权力机关的交往涉及两岸民众的切身利益,公开使民众的知情权、参与权、表达权和监督权得以实现,这是民众参与的方式之一,也是民主的直接表现。台湾民众对大陆的政治制度、意识形态和价值观念仍有强烈的不信任感,台湾社会"台湾主体意识"的高涨促使台湾当局将其作为处理两岸关系发展的基本原则。两岸双方应该

---

[1] 参见[美]罗伯特·基欧汉,约瑟夫·奈:《权力与相互依赖》,北京大学出版社,2002年版,第263页。

通过各种渠道使两岸民众参与到两岸的合作发展中去,产生共同的经历、共同的价值和共同的文化,深化两岸同属一个中国的认同,从而形塑两岸民众之间的互信,最终促使两岸公权力机关的政治性合作。①

第三,两岸公权力机关交往应坚持法制化原则。两岸公权力机关交往的依据既可以是法律机制,也可能是政策机制,政策尤其是中央领导人提出来的具有宏观指导意义的政策在对台工作中占有主导地位,法律机制也在一定程度上体现了政策性。构建两岸公权力机关交往的法律机制,为二者的进一步交往提供了相应的法律依据,将其纳入法律的框架下,实现制度化、规范化和程序化,从而使两岸交往具有一致性、稳定性、预期性与规范性等特点。目前,两岸公权力机关的交往主要是公权力机关通过规范性文件构建法制,是一种法律多元化的图景,不可能通过明确的规范对其予以规制,法律对其的控制只能是宽泛的目标指引,授权公权力机关在实践中对其进行判断、权衡和裁量。总体来说,两岸公权力机关的交往在目前还局限于"权力范式",两岸公权力机关交往是目标导向的交往,但在路径上必须基于实践理性主义,在实践中积累经验,然后通过理性建构推进两岸交往的法制化。两岸公权力机关的交往是国家中心主义的消解,在两岸都不承认彼此治权的前提下,为避免陷入"中国"之符号争议,通过平等协商来解决问题。两岸公权力机关的交往是"摸着石头过河",由于各种原因,不能够通过顶层设计和具体的方案进行,只能按照现实的可能有选择地予以推进,成熟一个,协商一个,出台一个。

第四,两岸公权力机关交往应坚持多样化原则。在目前两岸公权力机关的交往主要有两会机制,但是随着两岸交往向纵深方向发展,两会机制的局限性势必会体现出来,因此对于一些重大行政性事务或政治性事务必须由国家公权力机关进行直接交往。两岸必须承认对方公权力机关的合法

---

① 参见沈惠平:《社会认知与两岸互信的形成》,载《台湾研究集刊》,2013年第1期。

性，大陆方面要在法律上允许台湾地区公权力机关以"公"的名义与大陆公权力机关进行直接接触，否则两岸法制在实践中会遇到法律适用和法律协作等一系列困难。区域化使两岸从区隔空间逐渐向同一空间整合，但两岸存在巨大结构性差异。在台湾方面看来，两岸公权力机关交往的出发点是维护台湾的自信心和安全感，而对于大陆，两岸公权力机关交往的出发点是维护国家统一。具体而言，两岸公权力机关交往所应注意下面几个方面：（1）两岸公权力机关的交往应该以一个中国框架为依据，在事务性问题上尊重对方的管辖权，在必要时候可以进行协力帮助，两岸公权力机关交往的前提是台湾和大陆同属一个中国，在不造成"两个中国""一中一台"局面的基础上进行交往。（2）两岸公权力机关的交往应该以维护和发展两岸人民的合法权益为依归。公权力机关是为公共事务而存在的，两岸公权力机关应该维护两岸人民的合法权益，这是公权力机关之所以存续的根本。（3）两岸公权力机关的交往应该以促进两岸交往的制度化为建设方向。制度是为确认两岸的相互关系而设定的规则，目的在于建立一个两岸交互关系的稳定结构来减少不确定性。在两岸从隔绝到开放再到交往的各阶段中，两岸各层次的关系越来越密切。随着两岸交往在深度和广度上的加大，在两岸关系发展的新时期，应该不断探索和建立两岸交往的法律化、制度化的办法，从法治角度建立互信，以解决两岸交往过程中存在的问题，巩固两岸交往的成果，保障两岸人民的合法权益，促进两岸的政治、经济和社会进步。制度是源于实践的需求，两岸公权力机关的制度设计必须符合两岸交往的多元、复杂和双向的现实需求。两岸公权力机关的交往应该建立在透明化和事后管理机制的基础上。因此两岸公权力机关的对话、设计和安排上应符合两岸的制度需求。

第二节 两岸公权力机关交往机制的组织模式构建

两岸公权力机关之间的交往不仅涉及众多两岸关系和平发展中的核心

问题,还直接影响到两岸"大交往机制"中两岸民众交往等其他交往方式的发展。① 因此,针对目前两岸公权力机关的交往及其发展的研究就显得十分必要。20世纪80年代末以来,两岸民间交往日益密切,两岸公权力机关之间完全隔绝、不相往来的状态也随之打破。自1986年两岸在香港举行"两航谈判"②至今,两岸公权力机关的交往已经走过了20多年的历程。

一、两岸公权力机关交往的回顾

自1986年以来,两岸公权力机关的交往经历了从无到有的发展历程,期间虽历经波折,但总体趋势依然表现为交往与合作的强化。在历史上,以两会模式为代表的间接交往是两岸公权力机关交往的主要方式,然而随着两岸政治关系的变化,行业组织、政党论坛等形式的公权力交往模式也在不同情况下发挥重要作用。除此之外,随着《海峡两岸经济合作框架协议》的签署,两岸公权力机关和公务人员开始有了直接接触的新平台,这一发展值得进一步观察和研究。概言之,目前两岸公权力机关主要透过四类平台进行交往,其交往的内容涉及两岸共识形成和执行的两个阶段,表现出间接性、事务性和行政性三项特征。

(一)两岸公权力机关交往的四类平台

所谓交往平台,即由两岸以共识形式构建的能够为双方提供常态化的理性沟通机会的制度安排。从交往平台的角度看,两岸公权力机关的交往

---

① 关于"两岸大交往机制"的概念与构成,参见祝捷、周叶中:《论两岸大交往机制的构建》,载黄卫平主编:《当代中国政治研究报告》(第十辑),社会科学文献出版社,2012年版。

② "两航谈判"是1986年5月17日至20日,两岸为解决当年5月3日台湾"华航"货机飞回大陆,机长王锡爵要求定居大陆,机上另外两名机组人员要求返台问题而举行的谈判。谈判的双方分别为中国航空公司和台湾中华航空公司。"两航谈判"表面上是由两家航空公司进行,实际上背后有两岸的执政党操盘。因此,本书认为"两航谈判"是两岸公权力机关在两岸隔绝40年以来的首次接触。关于"两航谈判"的具体内容参见黄嘉树、刘杰:《两岸谈判研究》,九州出版社,2003年版,第69—73页。

第三章 两岸公权力机关的交往机制

主要透过四类平台进行：

第一，处于主导地位的两会事务性商谈机制。20世纪90年代初，两岸相继成立了海基会和海协会两个民间组织，两会接受双方各自公权力机关委托和授权，并互为对口交往机构。此后，两岸逐步建立起了制度化的两会事务性商谈机制。两会事务性商谈机制目前在两岸间主要发挥着两项重要作用：一是接受两岸官方委托，就两岸共同关注的事务性问题进行沟通和商谈，在双方形成一定程度的共识之后以自己的名义签署两岸协议，为两岸事务性问题的解决提供规范依据；二是在两岸间发生突发性事件时，作为两岸官方的代言人进行沟通，以便及时解决相关问题，如在2007年发生的台湾"胜大和号"等六艘渔船被扣事件中，由于两岸渔政部门并无直接联系管道，台湾地区"海巡署"不能直接与大陆渔政部门进行现场沟通，而只能辗转通过海基会与海协会进行沟通，才使该事件最终得以解决。[1] 在过去的20余年里，尤其是2008年3月以来，两岸通过两会事务性商谈机制就两岸"三通"和经济合作等诸多重要问题达成了多项协议，这些协议对两岸关系和平发展框架的构建起到了重要的推动作用。正如台湾学者邵宗海所言，"两会协商与谈判机制，不仅在过去两岸交流的过程中扮演过重要角色，而且这也已经形成在两岸官方接触之前无可取代的协商机制"。[2]

第二，作为特殊时期补充交往方式的个案授权民间组织和行业组织交往机制。在两会平台建立前，针对两岸间发生的突发性事件，两岸公权力机关之间曾多次举行以授权民间机构名义进行的应急性谈判；在两会平台中断运行的九年时间里，两岸公权力机关之间亦以授权行业组织的名义针对春节包机、第一类观光客来台旅行等个别问题进行了谈判。这两类授权组织的交往实际上是作为"前两会时代"和两会平台无法正常运行的特

---

[1] 祝捷：《论两岸海域执法合作模式的构建》，载《台湾研究集刊》，2010年第3期。
[2] 邵宗海：《新形势下的两岸政治关系》，五南图书出版股份有限公司，2011年版，第113页。

殊时期里对两会平台的一种补充。20世纪80年代末，在两岸民间交往刚刚"解冻"的一段时间里，两岸公权力机关之间尚无接触和交往的平台，然而在此期间，两岸间曾就几起突发事件，以个案授权民间组织的方式进行接触和商谈。这种应急性商谈的参与主体表面上包括了两岸的企业、民间组织等，实际上则是由两岸公权力机关在背后参与和主导。此类谈判包括1986年举行的"两航谈判"、1989年举行的"奥运谈判"和1990年举行的"红十字会谈判"等。由突发性事件引发的应急性商谈，为日后两岸制度化的两会平台的构建奠定了基础，也为两岸以民间性、事务性为主的公权力机关交往模式的开启提供了先例。2000年至2008年3月间，民进党当局拒绝承认"九二共识"，两会商谈因失去了前提和基础而被迫中断，然而，在此期间两岸间仍旧存在诸多事务性问题亟待解决。在这种现实需求的推动之下，"两岸民间业者在当局的授权下直接对谈，相关业务主管部门官员以相应民间身份参与，选择相宜地点，展开协商"[①]的"澳门模式"成为两岸解决个别事务性问题的重要补充方式。"澳门模式"是两岸在特殊政治环境下的特殊交往平台，是两岸公权力机关在两岸政治关系处于低潮时期迫不得已所采用的变通交往手段，其协商层级较低，协商内容与两岸政治关系的关联程度也较弱，在缺乏互信基础的前提下难以持续进行。两会平台与作为其替代平台的个案授权民间组织、两岸行业组织平台之间是一种历时性存在关系。前者存在于两会机制尚未形成之际，后者则是两岸在未能就一个中国问题达成共识时采取的变通交往手段。目前，两会平台的运行已经逐步实现了常态化和制度化，因而这两种替代性平台也已成为历史的陈迹，不再发挥作用。因此，本书的叙述中将不再单独涉及两岸个案授权民间组织和行业组织协商模式。

第三，国共两党主导的两岸政党对话机制。尽管从理论上讲，政党既

[①] 贺卫平：《"澳门模式"探析》，载《统一论坛》，2007年第4期。

非国家机关,也非官方组织,然而实际上它却构成了国家权力的轴心。在德国,曾有过关于政党宪法地位的争论,其中一种看法认为"政党是国家的准官方机构……它们是国家权力和政治代表的主要引擎,并以这种全能区形成与回应'人民的政治意愿'"。[1] 因此,从广义角度诠释公权力机关的含义时,政党——至少是能够影响公权力运行的主要政党——应当成为其中的一个构成部分。就两岸而言,正是2005年台湾泛蓝阵营三大政党领导人的"登陆"为两岸关系进入和平发展的新阶段奠定了基础。因此,除接受公权力机关委托的民间组织之间的交往外,两岸主要政党之间的对话机制也当属于广义上的公权力机关交往的一个组成部分。自2005年台湾岛内三大泛蓝政党领导人相继访问大陆以来,两岸政党,尤其是中共与泛蓝阵营各党派之间的对话和交往范围逐步扩大,中共与国民党、亲民党陆续举办了两岸民间精英论坛、两岸经贸论坛、两岸农业合作论坛、两岸经贸文化论坛等一系列交流活动。其中,两岸经贸文化论坛(即"国共论坛")已连续举办九届,初步实现了制度化。通过举办这些活动,两岸主要政党间就两岸共同关心的众多问题交换了意见,并为双方做出相关决策提供了众多参考意见。自2008年国民党重新在台执政以来,国共两党之间多次就两岸间一些重大问题进行深入交流,并逐步形成一些共识,其中许多共识成为两岸官方的正式意见,并最终以两岸协议或双方官方政策的形式表现出来。因此,在两岸公权力机关交往的多个平台之中,两岸政党对话机制对处于主导地位的两会协商平台起着重要的补充与推动作用。

第四,以两岸经合会为代表的两岸共同组织。自2010年ECFA签署以来,除上述几种交往形式外,两岸公权力机关形成了通过"两岸经济

---

[1] Kommers, *The Constitutional Jurisprudence of the Federal Republic of Germany*, Duke University Press (1997), pp. 210-211. 转引自张千帆:《宪法学讲义》,北京大学出版社,2011年版,第370页。

合作委员会"及其下属各小组进行交往的新平台。根据 ECFA 第十一条之规定，双方成立"两岸经济合作委员会"……委员会由双方指定的代表组成，负责处理与本协议相关的事宜。这一委员会可以根据需要设立若干工作小组，处理特定领域中与协议相关的事项。两岸经合会的成立宗旨应是构建两岸特色经济合作机制、推动两岸经济关系进一步朝制度化与自由化方向发展、充分实现互惠双赢。① 实践中，这些工作小组一般均由两岸负责相关事务的官员以"双方业务主管部门指定的联络人"名义组成。如依据 ECFA 制定的《海峡两岸海关合作协议》中明确规定，该协议"由两岸经济合作委员会海关合作工作小组负责处理本协议及海关合作相关事宜，由双方海关各自指定的联络人负责联络，并建立联络热线，以保障协议的顺利实施"（第十二条）。在实践中，海关合作小组的组成人员均为两岸海关的公务人员。因此，依据 ECFA 设置的"两岸经合会"和"工作小组"制度，成为两岸公权力机关互动的新平台。透过这一平台，两岸公权力机关组成人员得以有机会直接接触和沟通，这是一种制度化的进步。在此基础上有学者甚至提出，在"两岸经合会"的基础上，未来双方可以考虑成立"两岸共同事务委员会"，共同策划、组织、协调、控制和监督两岸共同事务的合作问题，以实现两岸的"共同治理"。②

（二）两岸公权力机关交往的两个阶段

众所周知，两岸间目前并不存在一个"超两岸"的决策机构，因此在两岸特殊的结构之下，两岸的共同行动并不依靠"多数决"的投票民主形式完成，而只能依赖于两岸间的"共识决"。③ 在两岸进行"共识决"的过程中，双方公权力机关的交往无疑扮演着核心角色。从共识的形成过程来看，两岸公权力机关在不同层次的交往行为可以被分别划入两

---

① 朱磊：《两岸经济合作委员会之我见》，载《两岸关系》，2010 年第 10 期。
② 参见刘国深：《试论和平发展背景下的两岸共同治理》，载《台湾研究集刊》，2009 年第 4 期。
③ 参见周叶中、祝捷：《两岸治理：一个形成中的结构》，载《法学评论》，2010 年第 6 期。

第三章 两岸公权力机关的交往机制

岸进行"共识决"的两个阶段,即共识的形成阶段和执行阶段。前者是指两岸通过各种渠道,选择议题,并就该议题形成足够共识,最终以规范形式予以表达的过程;后者则是指两岸就某一议题形成共识之后,以各种方式执行这一共识的过程。两岸公权力机关各种形式的交往行为都是为两岸共识的形成与执行服务。上述四类交往平台或作用于共识之形成,或作用于共识之执行,具体而言,各类平台的具体作用阶段如下:

其一,两会平台(包括在特殊时期代替两会平台发挥作用的行业组织平台)跨越这两个阶段存在,既存在于共识形成阶段,也存在于共识执行阶段。具体来说,两会通过举行各层级的事务性谈判实现两岸在具体议题上的共识之形成,并通过签订两岸协议的形式将这些共识予以规范化表述;在形成两岸协议后,两会又在其中一些协议中充当协议的联系主体,在这些规范化共识的执行阶段扮演执行主体的角色。

其二,两岸政党对话平台一般存在于共识形成阶段,基本上不涉及共识执行问题。两岸政党对话平台的主要功能在于通过两岸各政党的接触与对话,就两岸间的重大政治问题或重要的事务性问题达成原则性共识,并通过两岸各自规定,将政党间共识转化为两岸官方意志。在政党间共识实现向官方意志转化之后,政党对话平台便不再介入共识的执行。

其三,"两岸经合会"及其下设的各类工作小组属于两岸共识的执行机构,一般不参与共识的形成。它们在共识执行阶段发挥沟通、交流和协调作用,扮演监督和评估协议执行、解释协议规定、通报信息等角色。[1] 根据 ECFA 所设置的两岸经合会下属的各小组,在本质上属于两岸协议的联系主体之一,其设置目的便在于执行好两岸在 ECFA 框架下所达成的各类协议。因此,这类小组属于完全意义上的共识执行机构,并不参与共识的形成。

---

[1] 参见张冠华:《两岸经济合作框架协议的意义与启示》,载周志怀主编:《两岸关系和平发展的巩固与深化——全国台湾研究会 2012 年学术研讨会论文选编》,九州出版社,2013 年版。

（三）两岸公权力机关交往的三项特征

通过上文对于两岸公权力机关交往历程的回顾，我们认为，现阶段两岸公权力机关的交往表现出以下三项特征。

其一，从交往方式上讲，两岸公权力机关的交往表现出间接性特征。受两岸政治对立的影响，两岸互不承认对方的规定以及依据规定所建立的公权力机关，这造成了两岸公权力机关之间不能直接接触的困局。因此，不论是透过两会平台，还是通过两岸政党对话机制进行的对话与协商，两岸公权力机关之间交往与互动皆是通过此种形式进行。尽管双方近年来在具体事务的合作中已经开始了公权力机关业务部门和公务人员的直接接触，但双方在接触中仍然以各种方式回避了"官方身份"问题。

其二，从交往内容上讲，两岸公权力机关的交往表现出事务性特征。由于两岸尚未就政治关系定位形成共识，且双方意识形态迥异，政治、经济和社会制度差别巨大，在这种情况下两岸只能运用区分事务性问题和政治性问题的方法，首先集中精力解决一些事务性问题，以推进两岸关系的和平发展。因此，在两岸启动政治性谈判之前，两岸公权力机关交往的内容主要停留在事务性议题上，而几乎不会涉及政治性议题。

其三，从交往范围上讲，两岸公权力机关的交往表现出行政性特征。从权力分立理论来看，公权力的范围不仅包含行政权，还包含立法权和司法权。与司法合作和立法合作不同，基于行政的公共性理论，两岸行政机关的合作可以在一定程度上回避台湾地区政治地位和"宪法事实的确认问题"等具有高度政治敏感性的话题。[1] 但在尚无新理论支持的情况下，两岸司法机关和立法机关却无法展开交往与合作。因此，目前两岸公权力机关的交往范围基本上局限于行政性事务，而很少涉及司法事务和立法事

---

[1] 参见周叶中、黄振：《论构建两岸关系和平发展框架的行政机关合作机制》，载《武汉大学学报（哲学社会科学版）》，2012年第2期。

务，在目前两岸达成的22项两岸协议中，仅有《海峡两岸司法互助和共同打击犯罪协议》涉及两岸司法事务的合作，其余协议均属于双方行政事务合作，而至今尚没有任何一项协议直接规制两岸立法事务的合作。

二、现有公权力交往中的组织模式

在两岸关系和平发展的早期，两岸尚可以通过两会机制进行交往，但随着两岸交往的深入，涉及专业性和政治性的两岸机关的交往也会越来越频繁，现有的两岸公权力机关的交往模式是以两会平台为主导的间接交往模式，尽管这些平台在两岸关系和平发展的过程中发挥了重大推动作用，但其亦具有自身的局限性，不能应对两岸交往过程中不确定性的非常规任务。这种组织体制在一定程度上阻碍了两岸公权力机关的交往，如两岸在食品安全、标准计量、检验检疫和金融监管等议题上的分歧，应建构与两岸交往的现实需求相符的组织模式，以推动"两岸间"公权力机关的交往。改变传统的分散性、离散性、间接性和随机性的组织模式，构建两岸公权力机关交往的制度性、直接性、高效性和多样性的组织模式。两岸公权力机关交往机制的组织模式是开放的、多元的、实践的，名称并不重要，只要两岸公权力机关的交往在组织上能够以适当的名义衔接起来，建立起两岸组织性的对话机制，使两岸公权力机关的交往更稳定、更可预测、更可操作。

两岸公权力机关交往机制组织建构的最大困境在于两岸公权力机关交往的体制困境，两岸公权力机关各自的公权力组织体制的结构比较封闭和僵化。两岸公权力机关之间存在着非对称性的复合依赖关系，公权力机关的交往不能用传统权力资源来进行阐释，更不能直接施加强制力于对方，两岸公权力机关的交往只能建立在双方互信和自愿的基础上。因此，两岸之间存在着一种类结构性权力的权力，但是和结构性权力理论不同的是，两岸彼此没有一方具有能够单独决定交往方式的权力，只能够改变对方面临的选择范围，从而使对方做出某项选择，而不做出别的决定或选择。①总体来说，两岸公权力机关交往机制的组织构建并非基于也不必纠缠于主权的统一性，而应该建立在"治权"基础上或功能性的基础上，这是因为既然主权仍然为大多数国家的实践所遵循，也并没有为理论所驳倒，因此应将其暂时搁置起来。两岸公权力机关交往的组织建构对应两岸之间复杂而不确定的非常规任务，可以使两岸公权力机关在不同领域、不同层次、不同形式和不同阶段进行多元化、多层次和全方位的交往，必须具有开放、互动和流动等非均衡特征。两岸公权力机关交往的组织是一种任务型组织，其面临的环境和任务是不确定的，不同时期的国内外环境对两岸公权力机关的组织提出革新的要求，两岸在不同时期和不同阶段任务也不是一成不变的，该组织的结构随着组织任务的变化而变化，这是自然而然的趋势。两岸公权力机关的交往也不仅仅是完成组织任务和达成组织目标，还包括在交往中获得相互理解、相互支持和相互认可，二者通过自组织性达到自觉的统一。这也决定了在交往过程中交往方式的多样性和丰富性，以及交往目的的多样性，即在两岸公权力交往机制的组织是一种以组织任务为导向的具有高度自组织性和自适应性的交往结构模式。②两岸交往组织的双方各自形成一个自组织和自适应的交往子系统，可以根据两岸各自的任务环境与制度环境进行自我交往系统的整合和建构，以对两岸关系的不确定性和复杂性所提出的挑战做出回应。

三、"一元双轨多层次"组织模式的提出与释明

基于上述分析，两岸公权力机关交往机制的组织模式应是一种"一元双轨多层次"的组织模式，实现两岸公权力机关交往组织的目标结构

---

① 参见［英］苏珊·斯特兰奇：《国家与市场：国际政治经济学导论》，经济科学出版社，1999年版，第29—30页。
② 参见周雪梅：《任务型组织结构研究：生成、体系与建构》，首都师范大学出版社，2012年版，第199—200页。

与"两岸间"目标、"两岸外"目标和"两岸内"目标的互动统一,在结构上和功能上建立起基本组织目标的互补性、灵活性和可塑性。

所谓"一元"是指在组织模式中,必须由一个总的协调机构来推进两岸的交往协商,可以由两岸在适当时候建立一个两岸和平发展委员会或两岸协调委员会,作为交往的决策机构。两岸可将各自内部权力"共同体化",形成超两岸权力的机构,利益互补,两岸各自不能解决,构建让渡并共同行使某些权力的机制,这个过程是权力的让渡和共享的过程。可以建构两岸委员会,由两岸主要的政治领导人组成,决策政治性事务,对两岸的共同事务进行协商;可以建构两岸理事会,由负责两岸事务的部门首长组成,并设一名具有行政事务决策权的秘书长,作为两岸行政性事务的发动机和协调者;两岸互设办事处是两岸在对方的常驻代表,负责联络和协调以及处理日常行政事务。

所谓"双轨"则是指两岸内部也应按照各自的"宪政体制"建立相应的负责机构,落实双方协商的成果。当前,台湾方面主管两岸事务的机构是其"行政院"所属的"大陆委员会",大陆方面主管两岸事务的则是中共中央对台工作领导小组、中共中央台办和国台办。基于两岸现有的管理体制,双方可以在现有体制的基础上加以改进和发展。具体来说,双方在事务性问题的处理上可以通过互相设立办事处的方式解决,办事处在台湾可以隶属于"陆委会",而在大陆则可以隶属于国台办,与两岸委员会的工作实现顺利对接。然而,由于两岸的公权力机关体系分别建构于不同的规定基础之上,因而两岸行政机构和业务部门的设置存在着许多差异。在一些具体的两岸共识的执行过程中,两岸各自的执行部门无法实现对口合作,经常出现大陆方面多个部门与台湾方面一个部门的交往现象。这种现象的出现对于两岸共识执行效率的提升带来了十分不利的影响。因此,我们建议两岸应当探索功能性合作组织的构建,以强化双方在两岸共识执行过程中的沟通与合作。此类组织的主要价值在于为两岸存在体制差别的不同业务部门之间提供一个制度化的沟通平台,以免双方出现多头沟通,效率低下的现象。功能性合作组织的设置可由两岸通过两会事务性协议专条规定的方式实现,其成员可由两岸各自从己方与该事务相关的业务部门选出。如此一来,两岸共识执行过程中存在的体制冲突问题便可在两岸均不对各自行政组织体系进行调整的情况下得以消解。

所谓"多层次"是指两岸的公权力机关在各自领域和范围内的交往,这里包括两岸各个机关的交往,既包括国家公权力机关也包括社会公权力机关,国家公权力机关内部包括地方各级机关的交往。两岸公权力机关的合作不仅要重视行政机关之间的合作,更要重视行政机关与司法机关、立法机关的合作,否则后续可能会产生冲突和衔接问题。例如,虽然商标局与台湾"智慧财产局"之间在两岸知识产权保护上有一定的合作,如果遇到冲突和争议,应该充分尊重司法机关的决定,以避免行政和司法机关决定不一样的问题。[①] 2007年7月,漳州市中级人民法院设立维护台商合法权益法庭,2009年设立全国首个涉台案件审判庭,这一模式后来被福州市、昆山市、苏州市、淮安市等地区借鉴,2011年最高人民法院宣布推广设立涉台案件审判庭,2012年厦门市海沧区人民法院设立全国首个涉台法庭。2009年,上海市仲裁委设立大陆首个涉台仲裁专业机构——上海涉台仲裁中心,专门受理和裁决大陆地区、台湾地区和其他地区具有台湾资金的法人、台湾地区户籍的自然人等的合同与财产争议。2008年台湾商业总会理事长张平沼表示应在香港设立海峡两岸联合仲裁委员会作为解决台商投资贸易纠纷的仲裁机构,2010年台湾仲裁协会理事长李念祖呼吁两岸官方应建立商务仲裁联合调解机制。

---

① 参见林秀芹、郑鲁英:《海峡两岸商标权相互承认的法律思考——从"农友"商标侵权纠纷案谈起》,《台湾研究集刊》,2013年第2期。

第三节 两岸公权力机关交往机制的程序设计

两岸公权力机关交往的非契约性基础是程序，程序是两岸公权力机关交往的制度化基石，程序具有中立性，可以容纳先验的价值、确定的"真理"和非此即彼的意识形态。两岸公权力机关的交往具有主体间性，无论执法主体、立法主体抑或司法主体都是在平等的、参与的、协商的基础上进行交往。两岸交往初期，两岸公权力机关的交往是迫于两岸民间交往开启后产生的相关事务的需要，或是两岸某些事务上有一定的接触，在这种情况下两岸公权力机关的交往是被动的和压力型的，是为了完成一定的任务和处理共同事务的交往机制。目前，两岸公权力机关的交往是回应型的交往机制，在区域化、全球化的趋势下，以及在前期交往累积的互信基础上，两岸公权力机关发挥各自的主观能动性，基于两岸情势主动通过交往进一步建立互信，推动两岸在政治、经济、社会和文化等方面的交往。

一、两岸公权力机关交往中的机遇与挑战

自 2008 年台湾方面出现了有利于两岸关系发展的重大转折之后，两岸关系迎来一个难得的机遇期，两岸关系开始了和平发展的新阶段。在这一历史背景下，两岸公权力机关的交往亦迎来了前所未有的新阶段，双方交往密集，接触频繁。2008 年 6 月以来，两会每半年就要举行一次领导人会谈，并签署一批事务性协议；与此同时，两岸主要政党之间的交流亦进入一个新阶段，各泛蓝阵营政党领导人"登陆"已然不是新闻，绿营政党的许多重要政治人物也开始了其"登陆"行程。在当前的历史条件之下，两岸公权力机关的交往既存在着有利于双方交往开展的重要机遇，也存在着不可忽视的挑战。

(一) 机遇：来自时代条件、现实需求和务实思维的支持

通过对当前两岸关系和平发展的大局与两岸公权力机关交往的现状的检视，我们认为，有利于公权力机关交往与合作进一步深化的机遇主要有三：

其一，两岸关系和平发展的局面为公权力机关交往的进一步深化提供了良好的外部环境。回顾两岸关系变迁的60余年，两岸经历了从军事对峙到隔绝对立，再到开放交流的历程。2008年3月，台湾岛内政治形势发生重大转折，两岸关系迎来了难得的机遇期，和平发展成为海峡两岸人民的共同愿景。在两岸关系和平发展的过程中，两岸"三通"等问题得以顺利解决，两岸民间交往愈发密切。与此同时，尽管两岸间红、蓝、绿三方对于"两岸关系和平发展"这一提法的具体解读与定位存在差异，但各方对于"和平发展"本身仍然具有很大程度上的共识。然而，正是这种有限度的共识为两岸关系和平发展的不断推进提供着切实的保障。两岸关系和平发展的有利局面为两岸公权力机关的交往提供了直接的保障。

其二，两岸对双方公权力机关开展交往的现实需要为公权力机关的进一步交往提供了直接助力。利益是人们所追求的事物，它体现的是主体的需要与客体满足需要之间的关系，是主体活动的内在动力，具有导向和调节作用，决定着主体活动对象的选择。[①] 对于海峡两岸而言，现实利益亦是促使两岸对事物做出选择的重要原因。对于大陆而言，其所追求的利益在于反对"台独"势力分裂国家，实现海峡两岸和平统一，维护中华民族的福祉；对于台湾而言，其所追求的亦是台湾人民的福祉，以维护台湾人民利益为先。在两岸的利益追求之中，两岸人民的福祉，尤其是台湾人民的利益是双方利益诉求的重合点，这一重合点又可以表现为双方对海峡两岸和平、稳定现状和繁荣交往的共同追求。因此，在这种共同利益和共

---

① 高岸起：《利益的主体性》，人民出版社，2008年版，第62—63页。

同追求的支撑之下,能够对两岸各层次、各场域交往状况产生重大影响的两岸公权力机关交往的深入发展成为必要。

其三,两岸日益务实的行事思维为公权力机关的进一步交往提供了现实保障。在两岸交往的历史上,曾经经历过很长时期的"务虚"阶段,即双方在政治对立思维的影响下,对交往的名义、地位、身份等问题关注过多,而对直接关系到两岸交往实际的事务关注不够的阶段。以"汪辜会谈"为例,双方在会谈前举行的预备性会谈中将大量精力用于诸如会谈用桌的形状、座位安排等本来无关大局的形式问题中,而会谈最终成果却仅仅是达成了涉及公证书使用查证、挂号函件查询补偿等两岸间最为简单的事务性问题的协议。[1] 在这种思维模式的指引下,两岸事务性商谈的步伐在很长一段时间内停滞不前,直接关涉两岸民众交往的"三通"问题亦因台湾方面将其赋予政治色彩而一拖再拖。然而,自2008年两会复谈以来,两岸在商谈思维上日益走向务实,双方在众多重大事务性问题上迅即达成一致,在短短五年时间里解决了多项极具现实意义的事务性问题,可谓务实思维的体现。在两会平台的参与人员问题上,官员皆可以"顾问"名义直接参与对话,双方均采取默许和不排斥的态度,这亦显示出两岸日渐成熟的务实思维。[2] 两岸这种日益务实的行事思维为两岸公权力机关在现有的间接性、事务性、行政性的交往模式的基础上取得突破提供了现实保障。

(二) 挑战:来自政治、规范与制度的三重难题

尽管当前两岸公权力机关交往的发展存在着上述诸多历史机遇,但在现实中亦存在着一些不可忽视的挑战。如果不能正视并消除这些现实挑战

---

[1] 相关史料可参见郑剑:《潮起潮落:海协会海基会交流交往纪实》,九州出版社,2013年版,第110页。

[2] 参见邵宗海:《新形势下的两岸政治关系》,五南图书出版股份有限公司,2011年版,第128—129页。

带来的负面影响，两岸公权力机关的交往将面临发展中不可回避的困难。具体来说，这些现实困难主要表现在三个方面：

其一，以"承认争议"为表现形式的两岸政治对立在公权力交往的场域内表现得尤为突出。所谓"承认争议"，即大陆和台湾由于"一中"争议，在是否承认对方相关规定以及依据该相关规定所建立的公权力机关等问题上所存在的争议。[①] 这种争议衍生于两岸对一个中国原则的争议，从宪法学角度看，它主要表现为"大陆和台湾在是否承认对方各自规定以及依据该各自规定所建立的公权力机关"[②] 上的争议。近年来，尽管两岸在处理"承认争议"上已经逐步转向较为务实的处理思路，但相对于两岸民众交往而言，两岸公权力机关交往中关于"名义""身份"的争论更显突出，甚至可以被认为是制约两岸公权力机关交往中最大的"结"。正因为这个"结"的存在，两岸公权力机关只能采取间接交往的方式处理相关事务。

其二，两岸共识形成阶段，为两岸各方利益相关主体提供的表达渠道依然有限，各类意见表达渠道并未实现有效整合。在之前两岸公权力机关的交往中，参与意见表达的主体主要是两岸官方的"代言人"——两会，以及以两岸执政党为主的红、蓝两方的各政党。在这种意见表达机制之下，两个重要的利益主体——两岸民众和作为台湾最大在野党的民进党——被排除在外。这不仅涉及两岸公权力机关交往的合法性基础问题，亦为两岸公权力机关的交往热度随台湾地区政党轮替而变化埋下了伏笔。

其三，两岸共识执行阶段依然存在着体制不统一，公务人员缺乏直接接触的规范依据等问题。在两岸分离和承认争议的影响之下，两岸公权力机关在两岸共识执行的过程中，依然存在着来自行政组织体制和政治影响

[①] 祝捷、周叶中：《论海峡两岸大交往机制的构建》，载黄卫平主编：《中国当代政治报告》（第十辑），社会科学文献出版社，2012年版。

[②] 祝捷：《论两岸海域执法合作模式的构建》，载《台湾研究集刊》，2010年第3期。

在内的障碍。一方面,由于两岸的公权力机关体系分别建构于不同的规定和组织法基础之上,双方的行政机构和业务部门设置存在着许多差异。在一些具体的两岸共识的执行过程中,两岸各自的执行部门无法实现对口合作,经常出现大陆方面多个部门对台湾方面一个部门的交往现象。这种现象制约着两岸共识执行效率的提升。另一方面,实践中两岸公务人员已经从幕后走到台前,开始就双方业务合作的具体问题展开直接接触。在这种现实背景之下,尽管两岸近几年签署的两会事务性协议中规定了"主管部门指定之联络人联系实施"的联系机制,[①] 但这种协议联系机制却并未明确双方公务人员进行直接接触的名义、身份、方式等涉及两岸争议的基础性问题,基础性规定的缺失对于两岸公务人员直接接触制度的制度化极为不利。

二、两岸公权力机关交往中政治困境的消解方式

面对挑战,在可预见的时期内,两岸可首先通过现实、可行的"政治脱敏"方案化解"承认争议"带来的政治挑战,继而在多元、务实的思维下,逐步建构起较为完善的公权力机关交往机制,为两岸关系和平发展提供制度保障。

"承认争议"构成了两岸公权力机关交往的最大政治困境,在这一困境之下,两岸公权力机关的名义问题、双方各自域内法律的合法性问题都成为阻滞两岸公权力机关进一步展开交往的障碍。针对这些障碍,两岸学者多从两岸政治关系定位的角度提出各自的解决方案,其中具有代表性的观点包括大陆学者黄嘉树、王英津提出的"主权构成研究"理论,台湾

[①] 这种联系机制的规定模式首次见诸《海峡两岸金融合作协议》,该协议第八条规定,"本协议议定事项,由双方金融监督管理机构、货币管理机构指定的联络人相互联系实施。必要时,经双方同意得指定其他单位进行联系"。在此之后,《海峡两岸共同打击犯罪及司法互助协议》《海峡两岸渔船船员劳务合作协议》《海峡两岸农产品检疫检验合作协议》《海峡两岸标准计量检验认证合作协议》《海峡两岸医药卫生合作协议》《海峡两岸知识产权保护合作协议》《海峡两岸核电安全合作协议》和《海峡两岸服务贸易协议》均采用了这一模式。

学者张亚中提出的"一中三宪、两岸统合"理论，台湾学者童振源提出的"宪法各表"理论等。黄嘉树、王英津运用民法上的所有权与使用权相分离的原理，形成了"主权构成研究"，并运用这一研究工具提出了"主权所有权统一、主权执行权分离"的两岸政治关系定位模式。① 张亚中在借鉴欧洲整合经验的基础上提出了"一中三宪、两岸统合"的两岸关系发展架构，提出两岸"同意并尊重对方为宪政秩序主体"，"决定在双方同意之领域成立共同体"，并以"北京中国"和"台北中国"为双方称谓的两岸政治定位模式。② 童振源则以"宪法各表"为基础，提出了"两岸是管辖境内与境外的特殊关系，但两岸不是国内关系"的政治定位模式。③ 然而，这些理论的应用均需要两岸在短期内通过大规模调整各自政策和法律，以此完全消除两岸间的政治对立。这些理论对于两岸解决政治对立这一根本问题有着重要的参考价值，但在实际中却无法为两岸官方所接受。因此，想要在短期内完全消除两岸政治对立，使两岸公权力机关的交往完全不受政治影响是不现实的。

所谓"两岸间"的概念，是建构于将地理概念上的"两岸"作为现阶段大陆与台湾政治定位模式的基础上，借用现实主义者对欧洲一体化成果"政府间"描述，经过两岸特殊语境改造后形成的一种对两岸交往的描述性概念。"两岸"模式和"两岸间"的概念由大陆学者周叶中、祝捷提出，并将之应用于两岸公权力机关交往机制的建构。④ "两岸"模式及其下属的"两岸间"的概念能够在最大程度上容纳两岸关于政治定位的争议，既遵守一个中国框架的基本要求，又尽可能包容台湾方面提出的两

---

① 参见黄嘉树、王英津：《主权构成研究及其在台湾问题上的应用》，载《台湾研究集刊》，2002年第2期。
② 参见张亚中：《论两岸和平架构》，载《首届两岸和平论坛会议论文集》。
③ 童振源：《两岸政治关系的合情合理合宪安排》，载《首届两岸和平论坛会议论文集》。
④ 参见周叶中、祝捷：《关于大陆和台湾政治关系定位的思考》，载《河南政法干部管理学院学报》，2009年第3期。

岸"对等地位"的诉求,因而更加易于为两岸官方所接受,并成为解决两岸公权力机关交往中政治困境的基础。

在"两岸间"的概念之中,两岸公权力机关的交往并不涉及各自的管辖权变动或权力转移问题,而是在承认和正视两岸政治争议的基础上,使大陆和台湾暂不考虑对方是否为一个"政治实体",其公权力机关是否具有"合法性"等敏感问题。亦即是以对两岸现有治理权力边界的尊重为基础,将政治问题与现实中的共同治理相分离,以适应两岸现实的一种方案。"两岸间"的描述模式,能够降低两岸公权力机关交往中的政治敏感性,务实而不务虚,有助于两岸将双方交往中存在的诸如名义之争、主权之争化于无形,并在这一特定名义下继续深化合作交流。

三、两岸公权力机关交往中利益诉求表达机制的构建

两岸公权力机关的利益表达是对各自利益诉求的维护,只有建立在互利共赢基础上,厚植互利双赢的利益,才能形成一种利益和命运共同体的关系,促使两岸公权力机关交往的进一步深化。由于两岸政治对立状态已久,加上国民党统治时期的"反共"宣传,两岸在政治、经济、社会和文化等方面存在着阻隔,形成了两个独立的治理体,各自具有自身的利益。两岸交往过程中应该重视各自的利益表达,这里的利益表达不仅是执政部门间的利益表达,两岸各政党、各公权力的社会组织都应该参与,并通过一定的方式通过公权力机关表达出来,使双方能够在交往中维护自身的利益,从而激发双方公权力机关的积极性。两岸公权力机关应该构建以利益集团为单元的利益表达方式,而不能基于个人联系的非正式结构表达利益。两岸的利益表达一定是一个整体性表达,特别是在签订协议事务上,涉及众多部门,"行政院"应该整合各个部门利益,否则任何一个部门先行表达就可能被贴上"倒中卖台"的标签。

两岸公权力机关代表的是两岸人民的共同利益,在利益表达过程中不

能仅仅考虑本部门利益或局部利益,也需要考虑对方的利益,两岸要建设性予以沟通对话,更多富有诚意、善意与同理心考虑对方利益,而非梯队形抗衡,以此推进两岸的良性互动,化解隔阂误会。台湾地区与其他国家地区的交往并没有像两岸交往过程那样掀起这么多的波折,但台湾在与大陆的交往过程中处处设置障碍,只顾自身的利益,对台湾有利的就放开,如不进口大陆农产品,对陆资的限制,甚至文教、宗教交流也被某些公共机关和某些社会势力以"公共利益"之名进行规范。

两岸公权力机关应该提高自身获取和处理信息的能力,这样才能够在了解对方关切的情况下,根据自身情况提出恰当的诉求。尤其需要重视的是,两岸公权力机关的利益表达最终受益主体是两岸人民,而非部分团体,例如大陆在制定政策时应该考量台湾民众的利益,否则可能只会使台商受益;台湾公权力机关在服务贸易协议的审查上,也应该从整体性上着手,不应该拘泥于某个行业的利弊得失。

四、两岸公权力机关交往中的共识凝结

协商谈判的本质在于通过相互沟通与了解处理共同的事务,是相互理解、相互说服、相互认同、达成共识的过程。只有通过协商谈判,两岸寻求利益契合点,在互动中消除误会和隔阂,增进两岸公权力机关和民众的理解,先在若干领域上达成共识,进而可以促进社会整合。两岸是一国内对等的治理体,任何一方都不能强制要求对方,通过双方平等参与的谈判和协商比较容易形成共识。在这一过程中需要进行对话,双方提出自身的利益诉求,对彼此关切的问题进行交流。两岸公权力机关的协商谈判是一种开放的、多渠道的协商进路,双方应愿意妥协和懂得妥协艺术,基于反思理性实现双方矛盾的动态平衡化,防止实质性价值争论的激化,维护多元格局的制度框架。两岸公权力机关不应以谈判或协商为政治斗争的工具,而应该将其作为解决问题的路径,以理性、开放和弹性的态度来达成

协议，保持协商谈判过程的公开性、参与性与论辩性，在协商谈判过程中兼容多元价值，容纳和适当处理双方的异议。

两岸公权力机关的协商谈判是"两岸间"不同主体根据自己的利益和观念展开对话和说服的过程，应秉持交往理性，从多样性中重建同一性，在差异中形成价值和规范的普遍性。两岸公权力机关在协商谈判过程中，由于成本约束、信息阻隔和利益的分割性等原因，两岸达成共识和妥协比较困难，没有一个强有力的权威对纠纷做出最终裁决，因此两岸的协商谈判应更加重视妥协。详言之，第一，大陆和台湾公权力机关的地位是对等的，任何一方都不能"矮化"对方，并摆脱自我中心主义和独断论；第二，两岸公权力机关对两岸关系中不同议题的争议进行明确、清楚的表达，双方能了解对方的利益、立场和观念所在，为双方的有效谈判建立前提；第三，两岸公权力机关应对各自的主张提出具体的理由，包括对作为理由的意识形态或价值偏好的合理性也应说明，不能为坚持而坚持，也不能为反对而反对，这一过程是包容性和公共性的，是信息、理由和观点之间的对撞，而不是力量和利益的较量；第四，两岸公权力机关可以对彼此的主张和相关理由给予反驳，对自己的主张进一步阐明，并在这一过程中审视和吸纳对方的合理意见；第五，两岸公权力机关在吸纳对方意见的基础上，修正自身不足的同时寻求两岸共同认可的解决方案，在差异中寻一致，在对立中求妥协，在分歧中找共识，如果暂时不能够取得共识，可以暂缓协商谈判，但可以随时补充证据和更新观念，重启谈判，并没有任何外界的强制。[①] 因此，两岸公权力机关应建立多管道、多层次的沟通渠道，除保留海协会与台湾海基会的两会协商外，两岸其他公权力机关也就自己权限内的问题进行协商，只要相关方案是求一个中国框架之认同，求中华民族复兴之实现，求两岸利益之维护，两岸公权力机关都应为之努

[①] 参见唐桦：《两岸关系中的交往理性》，九州出版社，2011年版，第102—105页。

力。两岸内部各个公权力机关的协商甚至公权力机关和民众的沟通也很重要，不能仅仅由行政机关之间进行独自协商，大陆的公权力机关也应该加强与台湾立法部门之间的交往，构建多体系的接触管道。两岸也应该重视台湾内部的协商，否则公权力机关的共识可能受到质疑，进而引发公权力机关内部的分歧，不能急于求成，这主要是因为台湾政局的多元化，未来两岸公权力机关的交往更加复杂多元，例如最近台湾内部对服务贸易协议就受到"立法院"的阻挠，主要原因就在于台湾内部各个公权力机关之间协商不足，没有充分考虑基层民众的利益，没有与其提前协商，"立法会"在民意的压力下要求逐条审查，这影响了两岸ECFA的后续货物贸易协议的协商进程。

罗尔斯认为抽象性越高，政治各方都能基于自身立场形成对抽象原则的想象及认同，从而形成相对的、交叠的共识。[①] 而桑斯坦认为，根本的方向性问题经常会撕裂社会，但下一步向何处去却可以形成合意。对于两岸来说，和平发展是两岸目前最大的共识，但台湾内部在"国家统一"问题上则存在着割裂。如果两岸取得最终共识比较困难，可以提出各自关切的问题以及解决问题的初步方案，在这一过程看是否存在重叠性共识，无论是问题还是方案都可以，先从这些能够达成共识的问题上着手。这些问题的解决过程中可能将其他问题也就随之解决。如果部分问题没有取得整体或永久性共识，但可能存在部分或暂时性共识，先解决这方面的问题，在两岸交往过程中可以进一步消弭分歧，逐步取得共识。当然，两岸公权力机关的协商谈判是双方为追求共同利益，相互尊重对方，在平等的基础上达致共同的决策，所获得的结果至少比维持现状更好，这也符合帕累托最优。两岸即使有的问题在协商谈判过程中遇到一时难以解决的问题，可以暂时搁置起来，可以一方面创造条件，一方面增加接触交流的管

[①] See John Rawls, *Political liberalism*, *Expanded Edition*, Columbia University Press, 2005.

道和方式，不去挑战对方的核心利益，在谈判过程中累积自信，在实践中逐步克服内部的歧见和疑虑，为进一步的协商谈判做好铺垫。例如，ECFA谈判过程中也遇到这样的问题，也是通过内部沟通解决问题。

两岸公权力机关的协商谈判是政治和事务决策者层面的商谈，但现代政治已经逐渐社会化，台湾民间社会的共识对公权力机关的影响是显而易见的。两岸公权力机关必须审慎而理性地衡量自身利益，"利益冲突的存在并不排除全体一致的达成，而只是使讨论有必要一致进行到找到合适的妥协为止"。[①] 在两岸公权力机关的协商谈判模式上，大陆希望由上而下、由整体到局部进行协商，而台湾方面则是希望由下而上、由点而线到面的协商模式，两岸的协商谈判就要对双方的模式进行综合，先进行框架性谈判，在此基础上进一步完善制度设计。协商谈判是一种基于沟通理性的交往方式，要求在参与者之间建立起相互承认的关系，相互接受对方的视角，相互理解与包容，学会用他者的眼光审视自己，实现建立在信念基础上的共识。近年来，海峡两岸暨香港、澳门在司法管辖、共同打击犯罪等相关问题上的紧密协作，已经初步验证了沟通理性的效用。

两岸公权力机关共识的载体是两岸协议，现有的实施机制是一种商谈机制，应逐步实现两岸公权力机关共识合作实施的制度性。具而言之，一是法治化，即规范化进路；二是扩大参与商谈机制，提高协议的正当性。两岸的法治化建设必须基于两岸协议，一旦制定了相关的协议，即成为各自法律体系的一部分，两岸对协议的实施基于诚实信用原则要求两岸公权力机关信守承诺，其约束力是一种基于合意本身的约束力，是一种法规范约束力和实质影响力，并不同于法律的拘束力，但在协议实施方面分为自执行协议和非自执行协议，后者需要转化成各自法律体系后才能适用。除了立法实施外，两岸在司法和执法过程中也可以依据协议进行法律适用选

---

① [美] 詹姆斯·M. 布坎南、戈登·塔洛克：《同意的计算——立宪民主的逻辑基础》，中国社会科学出版社，2000年版，第279页。

择，弥补法律漏洞。只有两岸之间的共识得以切实的实行，在进一步交往过程中形成的共识才能形成实施的期待。

在现代社会，两岸公权力机关的交往面临结构性的变革，国内外环境发展变化对两岸交往提出新要求，两岸共识的实施也需要遵循形式合法性、合理性、民主性的路径，形成因认同而遵从的实施逻辑。在两岸共识的实施过程中，要强化公民参与，建构公权力机关的目的理性，以法治为中心，以合作为方式的多层次、多结构、多要素的以目标为导向的综合实施体系。两岸共识的实施过程中依然要进行商谈，主要是运用性商谈，不同于在达成共识阶段的建制化商谈。

第四节 两岸公权力机关交往机制下两岸政治性合作的前景

随着两岸交往的纵深化，政治性问题是两岸公权力机关交往过程中不可避免的，从两会层次迈向两岸层次、从事务性迈向政治性议题势在必行。总体来说，两岸公权力机关的政治性合作可以分为两层："两岸间"的政治性合作和"两岸外"的政治性合作，如在南海和钓鱼岛等问题上两岸应加强合作。如果说没有两岸公权力机关的交往机制，两岸的"大交往机制"是不全面的，不能走向制度化的轨道上，那么没有两岸公权力机关的政治性合作就注定两岸交往不可能持续、全面和深入，最终影响两岸关系的进一步发展。政治是众人之事，分歧是必然的，妥协是政治的核心。两岸公权力机关的政治性合作是多轨并进、多层次和网络状的，可以为两岸的良性互动注入更强的活力，拓宽更广的道路，直接目的是解决两岸关系和平发展过程中涉及政治方面的分歧，最终目的是实现祖国的统一。[①]

[①] 参见林劲：《关于构建两岸关系和平发展框架的若干思考》，载周志怀主编：《海峡两岸持续合作的动力和机制——全国台湾研究会2011年学术研讨会论文选编》，九州出版社，2012年版，第11页。

一、两岸公权力机关政治性合作的重大意义

两岸公权力机关的交往有赖于制度化建设，而制度化建设不可避免涉及两岸的政治关系，两岸政治议题的合作难度较大。两岸公权力机关的交往不仅是一个事务性问题，也是一个政治性问题，如两岸的军事互信就兼具政治和军事的双重性。两岸之间的很多项议题都涉及政治问题，必须对两岸之间的政治关系做出合情合理的安排，这是现在和未来可以牵动时局的重大问题。两岸交往如果没有公权力机关之间的交往将是不完整的、不全面的，同样，两岸公权力机关之间的交往如果缺少了政治领域的交往，也会降低两岸其他层次交往的实际效果，也会影响两岸交往的制度化、规范化和法治化建设。

第一，两岸政治性合作可以进一步推进两岸交往的深入。两岸问题归根结底是政治问题，政治问题是两岸冲突的根源，也是两岸关系发展的根本障碍，如果两岸公权力机关的政治性合作迟迟没有启动，两岸之间的交往和互动就会有一定的局限性。在两岸交往的初期，将政治性议题搁置有助于推进两岸在事务性领域进行全面的交往，但随着两岸事务从经济、文化和社会等方面逐渐走向政治和军事层面的交往，两岸的物资、资金和人才等方面流动频繁，两岸交往的规模、范围和方式都产生重大而深刻的变化。两岸交往机制具有整体性，受制于政治议题进展的缓慢，两岸还没有建立起直接的政治议题的沟通管道，政治性合作处于模糊和不稳定的状态。两岸的交往是建立在政治分离的前提下，经济、文化和社会等领域交流与合作的广度和深度受到政治分歧的严重影响，在某些事项上甚至寸步难行。在现代社会，政治权力与经济权力越来越难以区分，政治方面的误解和不信任，是阻碍两岸公权力机关在经济、文化、社会和军事等领域交往的最大症结所在。[1] 如两岸服贸协议在台湾内部的受阻就充分暴露了政

---

[1] 参见周叶中、祝捷：《两岸关系的法学思考》，香港社会科学出版社有限公司，2010年版，第104页。

治性问题对经济交往的重要性。一旦两岸政治性合作的制度性框架建立，两岸公权力机关直接建立沟通平台，在交往中化解分歧，累积更多的互信和善意，以加强经济合作、深化社会文化交流和构筑军事互信，推动两岸交往跃上一个新的台阶。只有建立政治层面的共识和开展政治方面的合作，对两岸在国家未统一情况下的政治关系进行合情合理的安排，即使可能会遇到很大的困难而且速度相对比较慢，但这样的政治互动会使两岸关系更加稳定和长远。可以说，政治合作与互信是两岸公权力机关交往的基础和支撑。

第二，两岸政治性合作有助于优化台湾地区的政治环境。虽然台湾地区完成了民主转型，但这种转型是不完整的，台湾社会依然处于割裂状态，"蓝绿之争""族群之争""省籍之争"和统"独"之争分裂着台湾社会，两岸议题是台湾内部绕不开的话题。长期以来，台湾民众只问蓝绿不问是非，导致台湾当局施政举步维艰，两岸议题经常被部分政治势力污名化和符号化，台湾内部的政治环境不断恶化。不过，近年来两岸议题在台湾社会已经逐渐走向理性，趋向务实，两岸议题甚至成为决定台湾政治走向的风向标，如2012年"大选"已经表明候选人在两岸问题上的态度的重要性。虽然"台独"势力依然对两岸公权力机关的交往制造事端，阻挠两岸在政治领域的合作，但民进党部分人士与大陆的政治交往已经开启。此外，台湾在国际政治中也需要大陆的支持，只有通过两岸的政治性合作，才可以对台湾的"国际空间"进行合情合理的安排。因此，两岸公权力机关的政治性交往不仅可以优化台湾地区内部的政治环境，也可以优化台湾在国际社会的政治环境。时任台湾地区领导人马英九在2013年6月份接受采访时表示两岸广义的政治协商已经开启，例如海协会与台湾海基会目前正在商讨的两岸互设办事处就是一种政治协商，里面涉及诸多的政治性内容，如探视权、挂"国旗"、"国号"等。[①] 在台湾"国际空

---

① 《马英九：广义来说，两岸政治协商早已展开》，资料来源：http://www.zhgpl.com/doc/1025/6/7/3/102567361.html? coluid=3&kindid=12&docid=102567361&mdate=0605092614，最后访问日期：2017年4月1日。

间"方面,台湾在"国际空间"问题上基本上不再单方面提出"国际空间"的诉求,大陆也不断为其创造条件,如近来台湾受邀参加国际民航组织和大陆事务委员会主委王郁琦参加 APEC 会议。

第三,两岸政治性合作是实现从和平发展到两岸和平统一的关键步骤。两岸关系的现状不仅受到 20 世纪世界潮流和革命的影响,更受制于不同政治理念和制度的纠葛,但实现中华民族的伟大复兴和完成祖国统一是两岸和平发展的最终目标。[①] 和平统一是两岸同胞的共同期盼,两岸交往的最终目的还是要实现国家的和平统一。两岸在经济、社会和文化方面的交往有助于两岸的整合,为两岸政治性合作创造条件,但两岸问题终究是政治问题,容易受到国内外政治环境的干扰。李登辉上台后一度要求大陆承认台湾为对等政治实体,放弃对台使用武力,并停止"打压"台湾的"国际空间",在这些前提下举行两岸政治协商,1995 年大陆表示两岸可以在"一个中国"前提下就结束敌对状态展开协商,1996 年李登辉表示愿意在不附加任何具体前提条件下前往大陆进行"和平之旅",1998 年汪辜在上海会谈,拉开了政治对话的序幕,两岸本来可以借此化解歧见,培养互信,进行政治谈判,但这一契机因李登辉"两国论"的抛出而中断,致使两岸关系越走越远。2015 年 11 月,两岸领导人在新加坡实现 60 余年来首次会面,为两岸政治性合作的展开提供了经典范例。只有通过政治性合作,对"两岸内""两岸间"以及两岸在国际社会上的政治性问题进行协商,才能在合作过程中解决政治分歧。政治性合作既反映了两岸的政治现实需求,又可以通过政治性合作来引导两岸的政治关系的发展,最终实现祖国的和平统一。两岸之间的政治性合作可以为亚太和平,甚至全球和平产生重大贡献,并且对其他区域性冲突的解决有所启示。

[①] 参见彭付芝:《台湾政治经济与两岸关系》,北京航空航天大学出版社,2013 年版,第 399 页。

二、两岸公权力机关政治性合作的机遇与困境

在当前两岸关系和平发展走向深入的时代背景之下,两岸公权力机关之间开展政治性合作存在着众多机遇。这些机遇表现在以下几个方面:

第一,两岸的经济互赖加深,两岸共同利益深厚,为双方展开政治合作提供了经济基础。政治与经济存在着密切的关联,两岸的经贸交流可以以经促政,增进两岸民众的了解,降低"台独"势力的政治影响力,减少个别突发性事件对两岸关系的冲击,有助于政治难题的破解,推进两岸政治性合作。[1] 台湾是外向型经济,必须实行自由的经济体才能提振经济,而大陆则是台湾摆脱经济困境的选择之一,只有与大陆在政治问题上得到协商,台湾才能进一步融入东亚经济圈和世界经济一体化的进程中,否则台湾经济可能被边缘化。

第二,随着大陆的综合实力不断上升,国际地位日益提高,两岸在部分领域的政治合作受到国际社会的肯定和欢迎,这是两岸政治性合作的外部环境。2008年以来,通过大陆的诚意和努力以及台湾当局的对外政策调整,两岸不再挖对方的墙角;台湾的"卫生署长"得以正式职衔参与世界卫生大会;其前"副总统""行政院长"数度代表参加亚太经合会非正式领袖会议;台湾获邀列席国际民航组织第38届大会。

第三,两岸公权力机关在交流主体、内容和形式上逐渐多元化,为双方展开政治性合作提供了交往基础。自2008年台湾地区领导人更迭以来,大陆领导人在各类场合与台湾各界人士会面20余次,省部级以上领导干部赴台交流30余人次,新一届中共中央政治局委员中多人曾有赴台交流的经验。连战、吴伯雄、萧万长等国民党高层多次赴大陆,密切了国共两党之间的往来,民进党谢长廷、陈菊等亦先后登陆开展交流活动。台湾各

---

[1] 参见彭付芝:《台湾政治经济与两岸关系》,北京航空航天大学出版社,2013年版,第410页。

级地方首长频繁登陆,而大陆各省市的领导也相继登岛与台湾各界交流。诸如此类的两岸公权力机关多层次交往,都为两岸公权力机关展开政治性合作提供了机遇。

第四,两岸公权力机关的交往获得两岸民众的广泛支持,为双方展开政治合作提供了民意基础。两岸的政治关系可能由于经济关系和社会文化关系的紧密结合而产生转变,加上"两岸间"全方位、多层次、机制化的交流格局形成,通过经济、社会和文化的融合强化了两岸人民的共生关系,促进台湾人民政治观念和政治认同上的转变,这是两岸和平发展和政治合作的超稳定力量。台湾竞争力论坛2013年5月9日的民调结果显示,57.5%的民众认同自己是中国人,89.3%认同自己属于中华民族,45%支持两岸签署和平协议。台湾是选举政治,当民意已经厌恶蓝绿抗争,与大陆之间交往已经成为台湾人民的共识时,台湾的公权力机关也就必然会选择与大陆的交往,特别是政治层面交往。

第五,《中华人民共和国宪法》和台湾地区"宪法"分别处于各自法律体系的最高地位,构成大陆和台湾各自两岸政策的依据,两岸各自规定关于"一个中国"的"暗合"构成两岸公权力机关交往的宪制基础。考察两岸各自规定的基本内容可见,双方关于"一个中国"的规定体现出一种"暗合"态势,在并未事先进行协商,也不可能协商的情况下,在一个中国问题上表现出某种契合。具体说来,这种"暗合"态势体现在以下几个方面:(1)两岸各自规定对两岸主权统一和国家主权范围的界定呈现出一致的态势,从而为维护一个中国框架的主权意涵奠定了宪制基础。(2)两岸各自规定均以"谋求国家统一"为处理两岸关系的最高准则,从而为两岸实现和平统一的最高目标提供宪制依据。(3)两岸各自规定在处理涉对方事务时均预留了特殊的制度安排空间,从而为在统一前和统一后处理两岸事务提供了制度基础。由此可见,两岸公权力机关的交往立基于双方各自规定之上,具有充分的基础。

然而，机遇与挑战并存，两岸公权力机关开展政治合作依然存在多项现实障碍。目前，两岸的政治分歧是两岸公权力机关在政治领域合作的主要障碍，在两岸存在着制度差异、价值多元和利益分殊的情况下，政治性合作还面临着许多困境。具体来说，目前两岸公权力机关政治性合作的困境主要有以下几个方面：

第一，台湾民众对政治议题的立场分歧严重。台湾民众对两岸关系的发展仍然抱有疑虑，台湾"主体性意识"深深植入台湾社会，台湾民众对"一个中国"的认同也逐步降低，台湾是选举政治，台湾忽变的民意会进一步影响两岸公权力机关的政治决策。

第二，两岸公权力机关对政治议题的立场分歧严重，尤其是台湾公权力机关在一些领域仍然以冷战思维或对抗思维对大陆怀有敌意或怀疑，在两岸问题上满足于两岸和平稳定的现状，只支持经济和社会方面的交流，在文化和政治领域却踯躅不前，对和平协议和军事安全互信机制等政治性问题尽量拖延。

第三，台湾岛内各政治势力对政治议题的立场分歧严重。政治过程具有一定的自主性，政治发展有时是各种政治集团冲突、竞争和博弈的结果，政治决断和妥协至关重要，政治家的主观愿望和努力显得十分重要。[①] 台湾的政治是政党政治，台湾的两大政党国民党和民进党都没有明确的"统一"的政治主张，国民党是"不统不独"，逐渐本土化和台湾化，民进党仍然坚持"台独"，在很多场合是"逢中必反"。

三、两岸政治性合作的议题选择策略

两岸政治性合作的议题是为了推动两岸的和平发展和实现国家统一而需要经过协商和谈判等方式解决的一系列问题的总称。两岸政治性合作议

[①] 参见林红：《"渐进"及"有选择的激进"：两岸关系和平发展的路径选择》，载《台湾研究集刊》，2013年第4期。

题是两岸公权力机关的政治性合作的前提和方向,其特征有四:一是议题选择的多样性和不确定性;二是议题确定的主观性与客观性并存;三是议题之间存在关联性、层次性和变迁性;四是议题的复合性和交织性。政治合作议题是已经被两岸政权内核心权威所认可的并正式启动了的作为制度性的议程,而不是两岸相关主体普遍认为值得关注并属于政府权限范围内的所有问题。具体而言,两岸政治性合作最大的问题包括以下几个方面:

一是一个中国框架问题。两岸进行政治性合作是一国内两个部分之间的协议,而不是国与国的协议,必须建立在一个中国框架下。"一个中国"是大陆对台工作的底线,是两岸政治互信的基本点,是两岸政治性合作的最大政治公约数,也是两岸各自规定所明确确认的底线。"一个中国"是最低限度的政治互信,在此基础上才能互相承认对方而不丧失自己的合法性。两岸可以在各自的治权范围内确认"一个中国"的主权没有分裂,领土完整,在承认"九二共识"的基础上,制定相应的法律确认一个中国框架,也可以由两岸直接进行谈判,签订关于确认"一个中国"的框架性协议。两岸的各自规定都认为两岸是"一个中国",大陆应正视现实,对台政策更加务实进取,正视和尊重两岸各自规定在主权领土上重叠的事实,在两岸的各自规定框架下确认一个中国框架,以化解两岸在"一个中国"问题上的"法统"争议。

二是政治性合作的程序性问题。两岸公权力机关政治性合作的路径是议题化和阶段化,前者主要是指将两岸公权力机关的政治性交往作为一项议题,由两岸通过谈判协商解决;后者是对政治性合作进行全局和全程的合理设计,根据问题的性质和领域,确定它们的实施顺序,分别在不同的阶段逐渐对需要进行合作的议题集中各方面的资源,实现在该项议题上的合作,结构性和深层次矛盾的解决尤其如此,以进一步推进两岸公权力机关在整体政治性合作方面良性发展。① 在两岸公权力机关政治性合作过程中，"议题化"和"阶段化"是基本手段。政治性合作议题的设定应包括现实和未来问题，两岸各方的侧重并不相同。两岸在政治性合作议题的选择上应遵循由易到难、由低向高、由轻到重、由缓到急、由慢到快的原则，先对低位阶的政治问题达成协议，逐步过渡到高位阶政治问题，成熟一项签署一项，循序渐进。

三是和平协议签署的问题。两岸的和平协议是一个阈值很高的政治性问题，和平协议是两岸和平发展的产物，是规范两岸和平发展的契约，主要内容是结束敌对状态，推进两岸关系的和平发展。② 大陆签署和平协议的目的在于维护祖国和平统一，而台湾签署和平协议的目的主要在于保障台湾的"主体性"和台海安全。虽然两岸大交往、大交流和大合作的趋势不可逆转，但如果两岸没有正式的政治性合作，两岸关系始终处于不稳定的状态。当然，这种合作必须建立在一个中国框架下，必须以两岸人民的利益和中华民族的整体利益为依归。两岸交流都强调求同存异，但求"同"无法化解"异"，两岸已进入必须面对差异的阶段。需要说明的是，两岸和平协议是两岸双方合意的产物，是在国家尚未统一的特殊情况下的政治安排，是两岸和平发展的框架协议，也是两岸关系和平发展的制度化。③

四是两岸政治关系定位问题。两岸的政治定位是两岸政治性合作的关键问题。在两岸政治性合作的初期，对两岸政治定位的"模糊化"处理有其必要，但进入两岸实质性的政治合作进程就必须对两岸政治定位"清晰化"，这样才能"名正言顺"地探讨具体问题。学界对两岸政治定位的观点主要有"一中各表，互不否认""整个中国，两岸统合""一中两宪，对等实体""一中框架，相互默认""一中共表，互相承认""一

---

① ［以色列］叶海尔·德罗尔：《逆境中的政策制定》，上海远东出版社，2009年版，第110页。
② 参见陈孔立：《走向和平发展的两岸关系》，九州出版社，2010年版，第120页。
③ 参见张文生：《两岸和平协议的性质刍议》，载《台湾研究集刊》，2013年第2期。

中三宪""球体理论""一国两区""一国两府""合作主权"和"多体制国家"等观点。[①] 政治定位的不明晰致使两岸无法达成统一意见,两岸存在着矛盾、冲突和分裂的对立话语,大陆是以统一为目标,任何政治定位都服从祖国统一这一大目标;台湾方面则是现状导向,要求两岸对等和事实承认,从而维护政权的安全。[②] 总体来说,两岸的政治定位应该符合一个中国原则,两岸是平等的政治实体,这是两岸政治定位的前提,在此定位下任何政治定位的确定只要不造成"一中一台"都可以谈,而欲达到一个双方都能够接受的方案或共识,还需要两岸相互体谅,不断积累善意,择机打破僵局。

虽然两岸政治性合作面临着诸多限制,但要采取正确的选择策略,以"一个中国"为框架,以和平发展为主轴,以国家统一为目的,逐步化解分歧,政治性合作也是可能实现的。两岸公权力通过在各个层面的交往,最终必然影响政治的运作。目前,两岸应按照先易后难、循序渐进和实际情况的原则选择可以突破的议题,遵照两岸关系的发展水平和台湾内部的现实情况,并将可以解决的问题解决,进行制度上的安排和设计,一些暂时不能解决的问题可以先放一放,可以进行广泛的讨论,探讨解决问题的办法,创造解决问题的条件。当然,两岸的政治性合作议题选择可以走进历史的纵深,特别是考虑1949年以来的政治变换,思考国际政治的情势,站在对方的立场上思考问题,在符合客观事实的基础上提出各自的主张,求同存异,寻找两岸的联结点、共同点和契合点。

在两岸公权力机关政治性合作的议题选择过程中,政治性议题受多方面因素的影响,两岸的政治气候尤其是台湾的政治氛围是决定议题优先顺序的决定性因素,议题的可行性与必要性也是议题选择的核心问题,两岸

---

① 参见陈孔立:《走向和平发展的两岸关系》,九州出版社,2010年版,第111页。
② 参见张晋山:《两岸政治定位话语谱系下的"一国两区"考辩》,载《台湾研究集刊》,2013年第3期。

公权力机关则是关键,因此必须重视"两岸内"和"两岸间"的不同主体沟通、协调与妥协,尽力实现各方主体利益最大化。具体而言,主要包括以下几个方面:一是民意因素,台湾是选举政治,各党派为执政需要投民众所好,民众不仅可以通过选举领导人影响两岸的关系,而且可以广泛参与和影响两岸问题的决策,因此两岸民众的认同和互信是两岸公权力机关政治性合作的基础。两岸民众虽然在政治认同上有所不同,但仍然保持着民族和文化认同,两岸公权力机关建立和增进互信也得到了两岸民众的普遍认可和共同感知。二是政党因素,台湾的政党特别是国民党和民进党有着严密的组织结构和统一的意识形态,是两岸关系发展过程中最有影响力的团体。政党对两岸关系的影响不仅在执政方面,更引导着民意的走向,台湾的"族群矛盾"和民主化改革都与政党有密切关系,因此在换届时政党轮替对两岸政治性合作产生较大的影响。三是国际因素,台湾问题深深根植在国际政治中,特别是受美国和日本的影响尤深,国际政治也决定着两岸的关系。四是事件因素,两岸政治受不同时期事件的影响,在一定程度上影响两岸的政治关切。五是大陆因素,一方面是大陆综合实力上升,经济不断增长,政治社会稳定,对台湾的磁吸效应增大,台湾对大陆的贸易依赖加大,这是推动两岸政治性合作的基础;另一方面,大陆对台政策逐渐走向坚持原则性和灵活性的统一,在坚持"一个中国"和坚持"寄希望于台湾人民"的原则下随着岛内政治局势的变化不断调整。六是公权力机关的因素,大陆公权力机关,在选择政治性合作议题时有决定权,只需要对公众进行说服,取得理解即可。而台湾经过几次"修宪",台湾地区"立法院""行政院"和"司法院"不断扩权,但相应的责任则没有明确,很多争端如服贸协议的争端实质上是"宪政"架构的问题。

四、两岸公权力机关政治性合作的法治化

2008年以来两岸已通过双方的政治宣示建立了反对"台独"、坚持

第三章 两岸公权力机关的交往机制

"九二共识"的共同政治基础,遵循"建立互信、搁置争议、求同存异、开创双赢"的交往准则,找到了"先易后难、先经后政、循序渐进、把握节奏"的发展路径。除了若干两岸协议如 ECFA 和《两岸共同打击犯罪和司法协助协议》具有一定的政治性外,两岸在其他领域如参加世界卫生组织等问题上也默契地进行政治性合作,但这种合作是非协商形式,具有不稳定性。虽然两岸有共同的历史、文化、民族纽带,有共同的或互补的经济利益,更有和平发展的共同愿景,两岸的民间政治交流已经开启,但两岸公权力机关的政治性合作曲折多变,复杂多元,稳定度比较低,突变性比较大。在这个过程中,逐渐实现两岸公权力交往的制度化显得尤为重要,因为在两岸政治性问题没有解决前,基于伦理约束的信任并不坚实,应将两岸公权力机关的信任建构在制度上。制度性信任是两岸对制度规范作为中介的信任,其保障机制是制度的权威性,因此,必须通过两岸公权力机关政治性合作的法治化来增加两岸政治性合作的可预测性与稳定性。

目前,两岸的政治关系既不是中央与地方政府的关系,也不是两个主权国家的关系,而是在各自"一中宪法"的框架下两个政治实体分治的复合关系。[①] 两岸的政治性合作在两岸分别具有一定的依据,例如《中华人民共和国宪法》和"中华民国宪法"在法理主权范围内高度重合,但大陆自废除"伪法统"后,一直否认"中华民国"的"法统",两岸政治性合作必须正视法统议题,因为两岸法统的承认、衔接和协调问题将是两岸公权力机关政治性合作的法治化的前提。两岸公权力机关政治性合作的法治化可以从"两岸内"立法做起,各自对内部关于两岸的立法进行特殊规定,虽然不能实现清晰化、条理化和程序化,但可以实现相对比较粗略的立法,在实践中进一步完善。两岸公权力机关交往的法律主要包括

---

① 参见林冈:《台湾转型与两岸关系的演变》,九州出版社,2010年版,第276页。

三个层级：各自的法律体系、合作协议、国际法。

法律作为服从规则治理的事业，法治化是衡量两岸关系发展的重要尺度之一。两岸政治性合作的法律化是两岸关系能够进一步稳定和平发展的基点，可以提高两岸交往的稳定性与可预期性。如果说加快交流合作、平等协商是手段的话，加强法制化建设则是进一步夯实政治性合作的基础和保障，法律化的政治性合作更为持久。两岸公权力机关政治性合作的法律化具有反思性、复杂性和内聚性等特征，由于两岸没有统一的"法统"，两岸关系的法治化不可能是"以合法律性支撑合法性"，而必须转向"以合意性支撑合法性"，两岸契约通过合作对两岸事项进行统筹安排，是一个从功能到组织的过程，一个从事务性契约化到政治契约化的过程，是经济、社会、文化和政治等领域全面契约化的过程。两岸契约是就两岸治理所形成并持续推进的彼此约束的法治机制，是两岸的共同性规范，对双方都有约束力，也是两岸信任建构的过程。

两岸的政治性合作是两岸治理的重要环节，两岸治理是两岸从共存、合作再到共同体的过程，并没有任何一方能够垄断暴力的合法性，只能依赖于双方的相互认同。两岸政治性合作的法律化可能在实践中存在着规范与事实的不对称，可以实践法律观为指导的，是实践的智慧，是有说服力的意见，是关系的主体，具有主体间性，在两岸交往过程中要将事实一般化，适用法律具体化和理由化，在事实和法律的相互关照中生成规范。[①]在政治合作的法治化过程中，不仅法律渊源是二元化，而且法律思维也是二元化，协调和平衡规范和事实，不必拘束于文本的规则和概念的逻辑，通过有逻辑、合目的的考量，实现大陆与台湾地区有关规定体系的稳定和开放，成为两岸法的母体和价值的依归。

[①] 参见郑永流：《实践法律观要义——以转型中的中国为出发点》，载《中国法学》，2010年第3期。

第四章　两岸法制的形成机制与实施机制

自"构建两岸关系和平发展框架"的战略思考提出以来，历经多年的研究与探讨，学界与政界对于法治思维在构建两岸关系和平发展框架方面的作用已有清晰认识，对该框架应当包括并且主要体现为法律机制已基本达成共识。但是，宏大地、抽象地研究法律在构建两岸关系和平发展中的意义，早已不能满足实践的需求。尽管有学者注意到两岸协议构成两岸和平发展的法治化形式这一特点，[①] 但在总体上，学界对于调整和规范两岸关系和平发展的法律到底指涉为何并无清晰的认识，体现为两岸关系和平发展框架的法律机制究竟是仅存在于理论形态或观念形态中，还是已经初现端倪这一根本性问题仍未获得解决。

第一节　两岸法制的概念和渊源

我们提出"两岸法制"的概念，作为统摄两岸各自处理涉对方事务的法律规范以及两岸透过两会事务性商谈机制形成的协议的总括性概念，为更加深入和准确地探讨法律在两岸关系和平发展中的地位与作用提供智识资源。

一、两岸法制的概念与功能

基于法律机制在构建两岸关系和平发展框架中的作用，[②] 可以给两岸

[①] 参见杜力夫：《论两岸和平发展的法治化形式》，载《福建师范大学学报》，2011年第5期。
[②] 参见周叶中：《论构建两岸关系和平发展框架的法律机制》，载《法学评论》，2008年第3期。

法制做一个描述性的定义：两岸法制是调整和规范大陆和台湾在两岸关系和平发展过程中各类行为的规范和制度的总称。显然，描述性的定义没有揭示出两岸法制的特点，也没有对实践中两岸法制所遭遇的困境和诘问做出回应，远远不能满足两岸关系和平发展的需要。因此，有必要以两岸关系和平发展框架自身的特点以及对制度的需求为基础，对两岸法制的概念做更加精准的分析。

台湾地区学者苏宏达在分析欧盟形成的原因时指出，欧洲各国基于自利原则都不愿意为了欧洲整合而让渡主权，欧洲整合的动力来自整个欧盟的结构性制约和导引。[①]据此，他提出了一个有意义的结论：欧洲整合的动力在于它的"不可瓦解性"，当欧洲整合面临"共同体既有成果"受到威胁，对欧盟结构可能被动摇甚至瓦解的恐惧时，可以进一步刺激整合的深化，此即欧洲动力系统。[②]尽管欧盟模式不具有可移植性，[③]且欧盟与两岸关系也无必然联系，但苏宏达对欧盟的研究成果对两岸关系具有极为重要的参考意义。类似于欧盟动力系统，大陆和台湾亦形成了两岸动力系统，其任务是为两岸关系和平发展框架提供持续的推动力。依循两岸动力系统的特点，两岸法制对于构建两岸关系和平发展框架的意义可以从两个方面来加以解读：其一，两岸法制将为构建两岸关系和平发展框架提供制度动力；其二，两岸法制将保证两岸结构的稳定性，从而为两岸动力系统提供具有"不可瓦解性"的结构。本书将尝试以两岸动力系统为分析工具，对两岸法制的概念进行探讨。

（一）制度动力：两岸法制对两岸关系和平发展的推动作用

两岸动力系统的动力主要来自两个方面：其一，中国传统文化中的大

[①] 参见苏宏达：《以"宪政主权建造"概念解释欧洲统合之发展》，载《欧美研究》，2001年第3期。

[②] 参见苏宏达：《以"宪政主权建造"概念解释欧洲统合之发展》，载《欧美研究》，2001年第3期。

[③] 参见王泰诠：《欧洲联盟之本质及其形式》，载施正峰：《欧洲统合与台湾》，台北前卫出版社，2003年版，第46页。

一统观念以及由此形成的对中国统一的追求,这是两岸动力系统的历史动力;其二,维护台海地区稳定以及两岸人民福祉构成了两岸动力系统的现实动力。这两种动力在当前的实现方式主要是:历史动力被解读为两岸对于统一的民族情感和对中国符号的认同,因此,历史动力的实践方式主要集中于对中华文化的散播性宣传以及对一个中国原则的反复宣告;现实动力则被理解为对两岸民众经济利益的满足,尤其是在当下两岸政治对立的情势下,现实动力更加被理解为大陆通过优惠政策向台湾单方面的利益输送。

两岸动力系统的上述实现方式效果非常明显。至少自 2008 年后,对中华民族和"九二共识"两个符号的运用以及大陆一系列的惠台政策,对两岸关系和平发展起到了至关重要的推动作用。然而,在台湾地区充斥"族群""省籍"议题的非理性政治场域中,此种实现方式能否持续也令人质疑。以 2012 年台湾地区立法机构选举为例,从大陆惠台政策中直接受益的一些选区的选情并未因现实利益而发生正面变化,相反,蓝营在几乎所有的大陆采购区都遭遇了选票下滑的现象。同样,国民党对于"九二共识"的坚持在相当程度上也被选民理解为两岸关系和平稳定的必要途径,而"九二共识"所具有的"一中性"意涵则并未获得台湾民众的足够认可。由此,寻求两岸动力系统的新的实现方式显得尤为必要。

法律这一制度性因素可以发挥民族情感、国家认同乃至经济利益无法发挥的作用。在历史动力的实践方面,法律可以将有关民族认同和国家认同的共识规范化,运用规范的明确性、稳定性和强制性维护共识的权威性和有效性。在欧洲整合运动中,流行一时的"宪法爱国主义"就是将人们对国家的认同寄托于宪法,以论证欧洲制宪的必要性。[①] 贾庆林在第八届两岸经贸论坛的讲话中提出:"一个中国框架的核心是大陆和台湾同属

---

① 参见王展鹏:《宪法爱国主义与欧洲认同:欧盟宪法的启示》,载《欧洲研究》,2005 年第 10 期。

一个国家,两岸关系不是国与国的关系。两岸从各自现行规定出发,确认这一客观事实,形成共同认知,就确立、维护和巩固了一个中国框架。"这一讲话肯定了法律规范在确认民族认同和国家认同方面的重要性。因此,合适的法律规范可以合理地表达两岸共识,尽量减少两岸因主权和国家而产生的"概念之争",从而最大限度地体现共识。在现实动力的实现方面,可以发挥法律作为社会关系调整器的功能,将两岸之间的利益关系转变为权利义务关系,用权利义务机制肯定和保障人们对现实利益的需求与实现。当前大陆的惠台措施主要体现为政策形式,因而在灵活性有余的同时也有规范性和稳定性不足的问题。政策与法律的落差导致了政策在台湾地区的接受度和信任度并不尽如人意。应该将现实利益予以法制化,推动现实利益的权利化,以肯定和保障权利的方式消除现实利益的不稳定性,从而持续地、稳固地满足相关主体的利益需求。

两岸动力系统的目的是为两岸关系和平发展提供持续的推动。类似于欧洲动力系统,两岸动力系统的持续推动力也来自两岸关系和平发展的"不可瓦解性",而此种"不可瓦解性"不可能仅仅来自一种处于持续变化状态的认同与情感、一种不稳固的现实利益,同时也必须来自制度透过对规范的实施和保障而产生的驱动。两岸法制的提出,切合了两岸动力系统的需求,为构建两岸关系和平发展提供了制度动力。

(二)制度依赖:两岸法制对两岸关系和平发展框架的保障机理

更进一步,两岸动力系统不仅要透过法制来驱动两岸关系的和平发展,而且需要将两岸关系和平发展转化为一种稳固的结构,透过结构的稳定性来强化两岸关系和平发展的"不可瓦解性"。此种结构就是政策话语所表述的两岸关系和平发展框架,两岸关系和平发展框架也因此可以被理解为是为强化两岸对和平发展的制度依赖而构建的结构。

考察两岸关系的历史与现状,两岸关系是否和平发展对于人的因素有着较大的依赖。即两岸关系的发展状况与两岸政治人物、主要党派乃至两

第四章 两岸法制的形成机制与实施机制

岸所处的国际背景都有着密切的联系。这一现象表明,两岸关系和平发展在相当程度上依循着一种"人治型"的模式。在"人治型"的发展模式下,两岸关系和平发展的前途、步骤都是依赖于人的意志,尤其是台湾地区领导人的统"独"观点、个人品性在两岸关系中成为具有决定性的因素。这种"人治型"的发展模式已经不止一次被证明不利于两岸关系和平发展的大势:政治人物的行为、党派的政策调整可以从根本上改变两岸关系的总体局面,甚至于 2008 年后两岸关系和平发展的良好局面与台湾地区发生有利于两岸关系和平发展的政治局势变化也有着密切的关系。政党轮替在台湾地区已经呈现出常态化的样貌,将两岸关系和平发展的希望寄托于台湾地区的某一个党派甚至某一个人是不现实的。克服两岸关系和平发展中的偶然性,关键是要消除两岸关系和平发展中的"人治"思维,建立法治型的两岸关系和平发展框架,借由制度的稳定性来弱化、消除两岸关系和平发展的偶然性,从而提升其必然性。

然而,进一步的问题是:两岸并不存在一个类似于欧盟之于欧洲各国的"超两岸"框架,亦即两岸法制事实上并不具有强制适用的效力。那么,法治型的发展模式如何透过两岸法制保障两岸关系和平发展框架的构建呢?在大陆,依靠公权力机关与民众对国家统一事业的追求与认同即可为两岸法制提供足够的效力源泉,而在台湾地区,答案却不会如此简单。对此,可以用台湾学者吴玉山提出的"选票极大化策略模式"理论加以解释。

吴玉山认为,台湾当局的两岸政策包括两个面向:其一是统"独"争议,即"认同面向";其二是经济与安全的冲突,即"利益面向"。这两个面向构成了台湾地区两岸政策的"议题空间"。[①] 根据台湾地区近年来民意调查的结果,"维持现状后再谈"或"永久维持现状"已经超过了

---

① 参见吴玉山:《台湾的大陆政策:结构与理性》,载包宗和、吴玉山:《争辩中的两岸关系理论》,台北五南图书出版股份有限公司,1999 年版,第 180 页。

统或"独"而成为台湾民众的主要选择。可以说，在"认同面向"和"利益面向"构成的议题空间内，台湾地区民众的选择出现趋中现象。所谓趋中的现象是指台湾民众在统与"独"之间选择维持现状，在经济与安全之间选择和平发展。两岸法制体现了两岸关系和平发展的价值取向，也透过两会框架的制定程序充分体现了两岸共识，落脚于台湾民众可以接受的议题空间内。在"选票极大化"的驱动下，台湾地区政党和政治人物必须根据自身选票最大化来决定政策的倾向，因而会对两岸法制产生制度上的依赖。政治力在形成两岸法制时也自觉地进入了两岸法制所设定的规范框架，并且产生了对两岸法制的依赖，为两岸法制所限制，即必须服从于两岸法制，而不能与之相违背。随着此种依赖的加深，两岸法制将通过制度依赖强化两岸关系和平发展框架的"不可瓦解性"。

立基于以上讨论，两岸法制概念可以从三个层次加以理解：在外在表现层面上，两岸法制体现为调整和规范两岸交往中各类关系的规范体系；在方法论层面上，两岸法制构成了推动两岸关系和平发展的制度动力，是固化两岸关系和平发展成果的规范方法；而在本体论层面上，两岸法制嵌入了两岸关系和平发展框架的结构，起着强化这一结构功能的作用，是保障两岸关系和平发展框架的制度因素。

二、两岸法制的渊源形式

法的渊源，即法律的表现形式。所谓两岸法制的渊源，就是指两岸法制的表现形式，也就是体现两岸法制的规范载体。两岸法制主要体现为两岸各自制定的涉对方事务法律和两岸以共识形成创制的两岸协议，因此，两岸法制的主要渊源亦由这两部分构成。

（一）大陆涉台工作立法体系的基本构成和主要内容

在大陆的法律体系中，涉及两岸事务的法律规定主要包括现行《宪法》《反分裂国家法》、其他部门法、地方性法规以及最高人民法院的司法解释等。

第一，我国现行《宪法》对两岸事务的规定。我国现行《宪法》是我们处理台湾问题的根本法律依据，它不仅规定了国家和公民统一台湾的义务，体现了"和平统一、一国两制"的基本方针，还是大陆各项对台立法和规定的基本依据。[①]《宪法》对于两岸事务的规定主要包括以下内容：（1）宪法的规定为一个中国框架提供了法律依据。1982年宪法序言第九自然段规定，"台湾是中华人民共和国的神圣领土的一部分。完成统一祖国的大业是包括台湾同胞在内的全中国人民的神圣职责"。1982年宪法第52条规定，中华人民共和国公民有维护国家统一和全国各民族团结的义务。上述两个条文的规定既有政策宣示的意义，又为包括台湾同胞在内的全国人民设定了宪法上的完成和维护国家统一的义务，表明1982年宪法的效力不仅适用于大陆，也适用于台湾地区，构成了一个中国框架的根本依据。（2）《宪法》为两岸实现统一提供了法律依据。为贯彻"和平统一、一国两制"的方针，1982年宪法第31条规定了"特别行政区"制度，这一制度是1982年制宪时为和平统一台湾所预留的制度安排。在规定和平统一方式的同时，《宪法》也为以非和平方式解决台湾问题提供了依据。1982年宪法第29条、62条、67条和89条等规定了国家运用武装力量的基本规则，规定了以非和平方式解决台湾问题的执行机关等问题。

第二，《反分裂国家法》对两岸事务的规定。《反分裂国家法》是大陆为处理台湾问题颁布的宪法相关法。自2005年生效实施以来，《反分裂国家法》对于遏制"台湾法理独立"、构建两岸关系和平发展框架起到了重要作用，其主要内容包括以下三点：（1）《反分裂国家法》对解决台湾问题的政治基础和前提进行了规定。一个中国原则是我们解决台湾问题必须坚持的基本原则，这一原则构成了我们解决台湾问题的政治基础和前

[①] 参见周叶中、祝捷：《构建两岸关系和平发展框架的法律机制研究》，九州出版社，2013年版，第12页。

提。《反分裂国家法》第二条对一个中国原则的法理内涵进行了详尽的阐释。该条规定,"世界上只有一个中国,大陆和台湾同属一个中国",这一规定将党和国家在新时期有关对台政策上升为法律,构成了我们解决台湾问题的基本法律原则。需要指出的是,《反分裂国家法》对一个中国原则的具体表述与《宪法》第九自然段不尽相同,这一规定在实际上构成了对宪法"台湾是中华人民共和国的神圣领土的一部分"规定的无形修改。① 该条规定在对一个中国原则表述既因应了两岸关系发展中的实践,也体现出大陆方面制定对台政策时日益务实的行事思维。(2)《反分裂国家法》对祖国实现和平统一的具体方式、途径等进行了规定。《反分裂国家法》第五条、第六条和第七条对和平统一的基本原则、国家促进两岸关系和平发展的具体措施、两岸举行协商谈判的主题等进行了规定。该法明确规定了两岸和平统一的前提和统一后台湾实行的政治制度等,为国家实现"和平统一、一国两制"提供了法律依据。同时,该法还规定了国家为维护两岸关系和平发展而提出的鼓励两岸人员、经济、文化往来,促进双方事务性合作等具体政策,为推动两岸各层次交往的发展提供了法律依据。最后,该法还规定了两岸为实现和平统一可采取的具体方式,为两岸通过协商和谈判解决和平统一过程中出现的各类问题提供了法律依据。(3)《反分裂国家法》对以非和平方式实现祖国统一的条件、原则、实施主体和具体程序进行了规定。《反分裂国家法》第八条规定,当出现"'台独'分裂势力以任何名义、任何方式造成台湾从中国分裂出去的事实,或者发生将会导致台湾从中国分裂出去的重大事变,或者和平统一的可能性完全丧失"三种情况时,国家得使用非和平方式解决台湾问题。这一规定即为国家以非和平方式实现祖国统一设定了启动条件。同时,该条还规定以非和平方式解决台湾问题时,国务院、中央军委和全国人大常

---

① 参见周叶中、祝捷:《构建两岸关系和平发展框架的法律机制研究》,九州出版社,2013年版,第24页。

委会等国家机关的具体权限。为保护台湾同胞和在台外国人在国家以非和平方式解决台湾问题时的正当权益，《反分裂国家法》第九条还明确规定了国家将尽最大可能保护他们合法权益的基本原则。

第三，其他部门法对两岸事务的规定。除《宪法》和《反分裂国家法》外，我国还制定了《台湾同胞投资保护法》《中国公民往来台湾地区管理办法》等法律法规，初步形成了一套对台工作法律体系。[①] 考察这些涉台工作立法的具体内容可以发现，其对两岸事务的规定主要集中于以下三个方面：(1) 关于台湾同胞在大陆地区投资保护问题的相关法律规定。1994年颁布实施的《台湾同胞投资保护法》是首部由全国人大常委会制定的涉台立法，该法的颁布充分体现出大陆方面积极鼓励和保障台湾同胞在大陆投资利益的决心，也奠定了我国涉台工作立法体系的基础。除《台湾同胞投资保护法》外，还陆续颁布实施了《厦门经济特区台湾同胞投资保障条例》《台湾同胞投资保护法实施细则》《福建省实施〈台湾同胞投资保护法〉办法》等一些关于台湾同胞在大陆投资保护问题的法律法规。(2) 关于台湾同胞在大陆地区接受行政管理的相关法律规定。为规范在大陆台湾民众的行为、保障台湾同胞合法权益，大陆方面制定了一系列涉及台湾同胞入出境、文化教育、新闻采访、职业资格等方面的行政管理事务的法律规定，如《中国公民往来台湾地区管理办法》《台湾香港澳门居民在内地就业管理规定》《台湾地区居民参加国家司法考试若干规定》等。(3) 关于两岸同胞之间民事法律关系的相关法律规定。除上述两类法律规定外，大陆方面制定了部分调整两岸同胞之间的婚姻、收养等民事法律关系的法律法规，如《大陆居民与台湾居民婚姻登记管理暂行办法》《关于去台人员与其留在大陆的配偶之间婚姻关系问题处理意见的

---

① 根据国务院台湾事务办公室选编的《台湾事务法律文件选编》，大陆目前调整涉及台湾事务的法律、法规、规章及规范性文件共107件，其中法律、行政法规、行政规章、地方性法规约为20件。参见国务院台湾事务办公室编：《台湾事务法律文件选编》，九州出版社，2011年版。

通知》等。

第四，最高人民法院司法解释对两岸事务的规定。除宪法、法律、地方性法规等涉台法律法规之外，最高人民法院还针对涉台民商事案件的审理、台湾地区有关规定在大陆的适用等问题出台了若干司法解释，这些司法解释也在实践中构成了大陆涉台工作法律体系的重要组成部分。自1998年至今，最高人民法院就涉台审判问题相继出台了《关于人民法院认可台湾地区有关法院民事判决的规定》《关于涉台民事诉讼文书送达的若干规定》《关于人民法院认可台湾地区有关法院民事判决的补充规定》《关于人民法院认可台湾地区有关法院民事判决的补充规定》《关于人民法院办理海峡两岸送达文书和调查取证司法互助案件的规定》等。这些司法解释的内容涉及三个方面：一是两岸司法互助问题，包括文书送达、调查取证等问题；二是关于两岸区际法律冲突中的台湾地区有关规定在大陆的适用问题；三是关于大陆方面认可台湾地区法院民事判决问题。这些司法解释对于解决司法实践中涉台立法的适用和涉台事务的法律适用问题有着重要的现实意义。

（二）台湾涉陆工作立法体系的基本构成和主要内容

台湾地区对大陆事务的规定，主要体现在台湾地区现行"宪法""台湾地区人民和大陆地区人民关系条例"（以下简称"两岸人民关系条例"）、部门法以及多件"大法官解释"等规范性文件中。

第一，台湾地区现行"宪法"及其"增修条文"对大陆事务的规定。[1] 台湾地区现行"宪法"是在1946年"宪法"的基础上，经过七次"宪政改革"后修正的台湾地区"宪制性"规定。[2] 自1990年以来，台湾

---

[1] 为便于区分，本书将1946年于南京制定的"中华民国宪法"简称为1946年"中华民国宪法"，而将20世纪90年代开始在台湾地区经多次"宪政改革"修改后的"中华民国宪法"简称为台湾地区现行"宪法"。

[2] 以"宪制性规定"一词定义台湾地区现行"宪法"的观点参见周叶中、祝捷：《论宪法资源在两岸政治关系定位中的运用》，载《法商研究》，2013年第5期。

第四章　两岸法制的形成机制与实施机制

地区的"宪政改革"对1946年"宪法"确立的政治体制做出了重大调整，但这一调整却并没有改动1946年"宪法"第4条关于"中华民国固有疆域"的表述。同时，在"宪政改革"的过程中，台湾当局亦因应两岸关系的发展，以"一国两区"的理论对两岸关系进行定位，在"增修条文"中增加了相应的规定。为因应"一国两区"理论的相关需要，台湾地区现行"宪法"对"国家统一""一国两区"、两岸关系等问题均做出了明确规定。一是，在"增修条文"前言中，明确说明"增修条文"的"修法"目的，在于"因应国家统一前之需要"，以此说明在此状况下台湾地区现行"宪法"发生变化的根本原因，亦肯定了"两岸最终统一"的根本目标。二是，"宪政改革"体现了"一国两区"的指导思想。从第一次"宪政改革"开始，"宪法"增修条文的适用范围就被限定在"自由地区"，以之与"大陆地区"相对，将大陆人民和"自由地区"人民分开规定，实际上是以法律形式肯定了其治权限缩、两岸分离的状态。[①] 在"一国两区"这一基本框架的指引下，台湾地区现行"宪法"相应地规定了台湾地区正副领导人的产生方式，两岸事务的处理方式以及对1946年"宪法"中某些条款的冻结处理方式。然而，这些条款的设置并未否认"一个中国"的存在，反而将"一个中国"的事实以法律形式进行了确认，由此确立了台湾地区有关规定中一个中国框架的法理根基。

第二，"两岸人民关系条例"及部分部门立法对大陆事务的规定。为适应两岸日益密切的交往需要，台湾当局于1993年制定了"台湾地区与大陆地区人民关系条例"（以下简称"两岸人民关系条例"），作为其"宪法"之下调整涉陆事务的综合性基本立法。概言之，"两岸人民关系条例"对大陆事务的规定主要涵盖以下几个方面：（1）对两岸事务性协商机制法律地位的规定。"两岸人民关系条例"总则部分除对该"条例"

[①] 参见周叶中、祝捷：《台湾地区"宪政改革"研究》，香港社会科学出版社有限公司，2007年版，第377页。

相关用语加以解释外，主要对两岸事务性协商机制的相关问题做了规定。"两岸人民关系条例"第4条等条文对"行政院"指定的"处理台湾地区与大陆地区人民往来有关之事务"机构的组织构成做了规定；第4-2条、4-3条等条文对上述机构"与大陆地区相关机关或经其授权之法人、团体或其他机构协商签署协议"的程序、权限、人员以及协议接受台立法机构审议监督等问题等做了规定。这些规定成为台湾方面通过授权民间机构与大陆签署协议的规范依据。(2) 对大陆赴台居民法律地位的规定。"两岸人民关系条例"第二章"行政"和第四章"刑事"部分对大陆赴台居民在台的法律地位问题做出了规定，包括大陆居民在台基本权利的限制、大陆人民在台从事犯罪活动的处罚问题。"条例"第二章有关条款就大陆赴台人民的入出境、户籍管理、定居条件、就业、担任公职、学历认证、纳税、在台投资等方面权利的行使做了大量的限制性规定。"条例"第四章有关条款对大陆人民在台犯罪的处罚问题做出了规定。这些规定一方面确立了大陆赴台民众在台湾地区有关规定地位问题的基本框架，另一方面又以"确保台湾地区安全与民众福祉，规范台湾地区与大陆地区人民之往来"为名对大陆赴台民众的基本权利做了一定的限制，构成了大陆在台民众法律地位的规范依据。(3) 对两岸民间交往问题的规定。"两岸人民关系条例"第二章"行政"和第三章"民事"部分对两岸民间交往中出现的若干问题做了规定，其中第二章对两岸船舶航行、台湾人民在大陆任职、台湾人民在大陆从事商业行为、大陆货币在台湾地区的使用、两岸入出境物品管制等问题做出了规定，第三章对两岸民事纠纷的法律适用、两岸人民婚姻、继承、收养、捐助等问题做出了规定。这些规定构成了台湾方面规制两岸民间交往有关问题的规范依据。

第三，台湾地区"司法院大法官解释"对两岸事务的规定。在台湾地区当前的政治体制中，"司法院大法官"扮演重要角色。在谋求"台湾法理独立"的过程中，"台独"分裂势力曾多次试图通过"司法院大法官解释"（以下简称"大法官解释"）造成"两岸分治永久化"的局面。[1] 近年来，随着两岸关系和平发展的不断深入和两岸各层次交往的不断发展，两岸居民在台湾地区权利保障问题日趋凸显，"大法官解释"亦在这一问题上扮演着越来越重要的角色。截至2014年10月，台湾地区"司法院"作成的"大法官解释"共725件，其中有关两岸关系的共20件。从解释的具体内容来看，这些"大法官解释"主要涉及以下两类问题：一是围绕台湾当局"法统"和台湾内部政治制度运行问题展开的，涉及台湾当局公权力运转中出现的各类问题。此类"解释"或是为消弭因内战引起的台湾当局统治"合法性"不稳的困境，保障台湾当局正常运转而作成，或是为解决台湾当局政治制度运行过程中因各方面原因出现的政治困局而作成。此类解释涉及的内容往往与两岸关系的发展密不可分，如对"立法委员"延任、"国民大会代表"任期、递补资格、"汪辜会谈"四项协议法律性质、台湾省法律地位、"福建省"法律地位等问题的解释。此类解释包括"释字第31号""第85号""第117号""第150号""第261号""第328号""第329号""第467号""第481号解释"。近年来，随着台湾地区"宪政改革"的完成及其政治架构的日趋完善，此类解释的数量呈减少趋势。二是围绕大陆居民在台湾地区基本权利限制与保障问题展开，即以两岸政治关系对立这一特殊政治背景为依据，对大陆赴台居民在台湾地区入出境、婚姻、继承、担任公职等权利进行一定程度的限制，以实现"确保台湾地区安全、民众福祉暨维护自由民主之宪政秩序"[2] 之目的。此类解释包括"释字第242号""第265号""第475号""第479号""第497号""第558号""第618号""第644号""第692号""第710号"和"第712号解释"。尽管此类解释往往以大陆赴台居

---

[1] 参见周叶中、祝捷：《论我国台湾地区"司法院"大法官解释两岸关系的方法》，载《现代法学》，2008年第1期。

[2] 参见"司法院大法官""释字第618号解释"解释理由书。

民基本权利保障的问题为解释对象,但在其解释文和部分"大法官"出具的意见书中却不时体现出对两岸政治关系的立场和态度。① 从目前已有的解释文来看,尚未出现明显的违背台湾地区现行"宪法"及其"增修条文"对两岸关系"一国两区"政治定位的表述,但通过"释宪"方式改变台湾方面涉陆规定的政治立场的方式存在一定的隐蔽性,应当引起我们的关注。近年来,随着两岸民间交往的日益密切和台湾地区"司法院大法官""释宪"水平的提升,此类解释数量呈增长趋势。

(三) 两岸协议体系的基本构成和主要内容

两岸协议,意指海峡两岸之间,经过海协会和台湾海基会商谈,签署对两岸均有一定约束力的规范性协议。截至 2015 年 9 月,两岸在两会框架下共达成相关协议 32 项,其名称包括"协议""共识""共同意见"等多种类型。② 尽管目前两岸协议体系化程度不高,但从两岸协议的发展,以及两岸关系和平发展的趋势看,两岸协议正朝着体系化的方向发展。我们认为,两岸协议体系的结构主要包括基础性协议和事务性协议。

第一,两岸协议体系中的基础性协议。两岸协议要成为完善的体系,就必须有基础性协议为整个两岸协议体系提供效力来源,并对两岸协议的接受、效力、联系主体、解释等共同的程序性问题进行规范。我们认为,海峡两岸和平协议应当作为两岸协议体系的基础性协议,成为两岸协议的效力来源。类比以宪法为基础的内国法律体系,和平协议相当于两岸协议体系中的"宪法"。和平协议及依据其所产生的两岸协议,构成两岸间的规范体系。鉴于和平协议尚未达成,现阶段两会所形成的一系列两岸协议,在和平协议达成之后,如果不与和平协议相抵触,则可以继续有效;

---

① 如以大陆人民入境、定居台湾地区相关规定的"合宪性"为解释对象的"释字第497号解释"解释文中即明确指出,("两岸人民关系条例")"为国家统一前规范台湾地区与大陆地区间人民权利义务之特别立法"。这一表述即出现了"国家统一前"的表述,对"两岸同属一个中国"持肯定态度。

② 参见中共中央台湾工作办公室、国务院台湾事务办公室网站,资料来源:http://www.gwytb.gov.cn/lhjl/,最后访问日期:2017年2月20日。

如果有与和平协议相抵触的内容，则可根据两会有关程序进行变更。两岸关系和平发展是一个动态的过程，两岸协议体现出了软法的某些特征。[①]对于两岸协议的接受、效力、联系主体、解释等共同的程序性问题，两会可以在适当的时候，以现有两岸协议所确定的模式为基础，制定规范程序性问题的协议来确定，或者以习惯或惯例的方式确定。

第二，两岸协议体系中的事务性协议。事务性协议是两岸协议体系的主体部分，也是两岸关系和平发展框架法律机制的重要组成部分。如果说基础性协议是两岸协议体系中的"宪法"，那么事务性协议可以看作两岸协议体系中的"部门法"。由于两岸协议作为两岸治理工具的特殊性，按传统部门法的划分来对两岸事务性协议进行分类并不能体现两岸协议的特点。我们认为，根据两岸事务性协议要解决问题的性质，两岸事务性协议包括三类：

一是两岸事务的实体性协议。两岸事务的实体性协议，是指直接调整两岸间政治、经济、社会和文化等事务的协议。两岸事务的实体性协议可将两岸交往过程中经常发生、双方域内制度规定基本相同且两岸能就此达成一致的事项，以实体性规范规定下来，两岸及两岸人民在这些领域的交往中，能直接依据该实体性规范。两岸事务的实体性协议规定的一般是两岸交往中最为重要的事务，主要包括航运、邮政、经贸合作、旅游观光、智慧产权（知识产权）保护、跨海峡婚姻、赡养、收养、继承、劳务交流等。当然，我们这里所说的两岸事务的实体性协议并不具有直接代替两岸域内实体法的效果，而仅在上述事项跨海峡发生时产生效力。

二是两岸事务的程序性协议。两岸事务的程序性协议，是指规定两岸间公权力部门合作、联系和共同处理某项事务程序的协议。两岸事务的程序性协议主要适用于在两岸间虽有进行某些交往的现实需要，但由于两岸

[①] 参见周叶中、祝捷《两岸治理：一个形成中的结构》，载《法学评论》，2010年第6期。

相关制度区别较大或暂时无法形成共识，只能通过两岸相互合作、联系，或共同处理的事务。由于两岸域内法律制度大部分区别较大，在两岸尚无法达成共识的前提下，两岸事务的程序性协议将构成两岸事务性协议的主要内容。现阶段，两会已经签订的协议，如《海峡两岸金融合作协议》《海峡两岸共同打击犯罪及司法互助协议》《海峡两岸农产品检疫检验合作协议》《海峡两岸标准计量检验认证合作协议》《海峡两岸核电安全合作协议》《海峡两岸海关合作协议》等均属于这一类协议。

三是两岸区际法律适用协议。两岸区际法律适用协议，是指解决两岸民商事法律适用问题的协议。两岸属于不同法域，民商事法律冲突的问题由来已久，虽然有学者不断主张建立所谓区际冲突规范或两岸适用国际私法来解决民商事法律冲突，[1]但由于种种原因未能成行，其中之一便是台湾地区有关规定的地位问题。但是，大陆方面自 1987 年后，从未明确规定不准适用台湾地区有关规定。以广东省高级人民法院印发的《关于涉外商事审判若干问题的指导意见》为例，该意见第 41 条规定：当事人如果选择适用台湾地区有关规定的，在属于台湾地区民商事规定、不违反一个中国原则、不违反大陆社会公共利益条件下可以适用，但必须称为"台湾地区某某法"。[2] 2010 年，最高人民法院颁布的《最高人民法院关于审理涉台民商事案件法律适用问题的规定》第 1 条第 2 款明确规定"根据法律和司法解释中选择适用法律的规则，确定适用台湾地区民事法律的，人民法院予以适用"。[3] 该司法解释正式明确了台湾地区民事相关规定在大陆司法审判中的可适用地位。然而台湾地区现行的规范相关问题的制度却不够开放，有大陆学者研究指出，台湾地区用于解决两岸民商事法律适用问题的"台湾地区与大陆地区人民关系条例""开放没到位、限

---

[1] 参见韩德培主编：《国际私法问题专论》，武汉大学出版社，2004 年版，第 147 页。
[2] 《广东省高级人民法院关于印发〈关于涉外商事审判若干问题的指导意见〉的通知》（2004年）第 41 条。
[3] 《最高人民法院关于审理涉台民商事案件法律适用问题的规定》（2010 年）第 1 条。

制不放松、缺乏前瞻性"。① 因此，根据具体情况，将具有跨海峡性但又不适于统一实体性协议或程序性协议调整的事务，通过两岸区际法律适用协议予以调整，是两岸的最佳选项。这类协议可以涵盖民事主体的行为能力法、侵权行为法、物权法、合同法、公司法以及部分商事法律等领域。

两岸协议是两岸关系和平发展框架法律机制的重要组成部分，也是两岸关系和平发展的重要制度保障。在两岸交往日益深化的今天，构建两岸协议体系对于推进两岸关系和平发展，促进平等协商，加强制度建设，进一步巩固现阶段两岸关系发展的制度成果，具有重大而现实的意义。

第二节 两岸涉对方事务立法的完善与实施

两岸法制经由两岸各自域内的涉对方事务立法和两岸协议及其体系化的尝试，已经初具雏形，对于构建两岸关系和平发展框架以及规范和调整两岸交往行为起到了重要的作用。然而，距离法治型的两岸关系发展模式对于制度的需求，当前的两岸法制还有着相当的差距。尤为重要的是，当前的两岸法制，无论是两岸涉对方事务的法律，还是体系化的两岸协议，更多的是在"两岸法制"这一概念统摄下的学理描述，因而并不是两岸基于两岸关系和平发展对于法律和制度的需求而进行的主动行为。构建两岸关系和平发展框架，需要两岸以更加积极的心态，从自发地"形成"两岸法制转变为自觉地"构建"两岸法制，用法律的语言规避政治的争议，用法律的权威克服政治的盲动，形成法治型的两岸关系发展模式。两岸涉对方事务立法是两岸法制的初阶形态，在构建两岸法制的过程中，两岸积极完善各自涉对方事务法律体系、签订两岸宪制性协议、完善两岸造法机制，以及积极推动对方法律、法律文书和裁判的互认机制的构建等

---

① 裴普：《"一国两制"架构下海峡两岸区际私法构想——兼评台湾"两岸人民关系条例"》，《重庆大学学报》（社会科学版）2004年第2期。

等，都可以作为具体的方法加以运用。

一、两岸涉对方事务法律体系的比较

尽管两岸涉对方事务立法是大陆和台湾地区两个法域内部的立法，具有各自法域相关立法的特点，但二者依然在许多重要问题上保持着相当程度的一致。具体来说，二者的相同点主要体现在以下三个方面：

第一，尽管在具体表述上存在一定的差异，但两岸涉对方事务立法均体现出"一中性"的特点。在大陆涉台立法中，这种"一中性"体现为直接表述出的一个中国原则，其内涵在于"两岸同属一个中国"，相关涉台立法的法律效力不仅在事实上及于大陆，而且在法理上及于包括台湾在内的海峡两岸。大陆涉台立法的"一中性"不仅体现为贯穿整套立法体系的基本原则，更体现为法律设定的两岸关系和平发展的政治基础和前提。如《反分裂国家法》第五条即明确规定，坚持一个中国原则是实现祖国和平统一的基础。在台湾涉陆立法中，这种"一中性"体现为间接表述出的一个中国原则，其表述方式包括台湾地区现行"宪法"增修条文中的"因应国家统一前之需要""两岸人民关系条例"中的"大陆地区指台湾地区以外之中华民国领土"等，其内涵亦在于"大陆和台湾同属一个中国"，通过对"一中"的确认，为"中华民国"的"主权性"提供"合法性"依据。尽管两岸涉对方事务立法中"一中性"的表述方式、法理内涵等不尽相同，两岸政治人物也能够从这种"一中性"的表述中发掘出不同的政治含义，但一个中国原则客观现实地存在于两岸各自规定之中的事实却是不容置疑的。

第二，尽管两岸涉对方事务立法的完善程度存在差别，但两岸均已形成一套较为完整的涉对方事务立法体系，这表现出两岸均已产生和形成了以法制维护两岸交往秩序的基本态度。对二者的比较可以看出，目前大陆涉台立法所调整的主要对象集中于遏制"台独"分裂势力、台湾同胞投资和有关涉台事务行政管理等个别领域，而在许多重要领域已然缺乏法律法规的规制，其立法的完善程度依然较低。尽管如此，随着两岸交流与合作不断向纵深方向发展，大陆方面积极加强涉台法制建设，努力建构与两岸关系发展要求相适应的法制环境，其涉台立法体系已经初见规模。[①] 与大陆涉台立法相比，台湾涉陆立法体系的完善程度更高，其涉陆立法体系不仅在规制密度上远远高于大陆立法，且其法律规范内部之间的关联性和逻辑性亦强于大陆方面。总之，随着两岸交往的不断深入，作为两岸交往活动参与者的两岸民众和两岸公权力机关对两岸涉对方事务立法的需求程度不断提升，两岸尝试运用法律取代政策作为两岸关系调整工具的意图也愈发凸显。在这一背景之下，两岸涉对方事务立法也会在初具体系的基础上进一步完善和发展。

第三，尽管在具体待遇的规定上存在一定的差别，但两岸涉对方事务立法均对对方居民持区别对待、区别管理态度。两岸涉对方事务立法的一个重要构成即是两岸对对方居民在己方领域内法律地位的相关规定。在大陆，台湾居民在法律上具有"中国人"的身份，在实践中享有"视同公民"，即与大陆人民相当的法律地位，基本上享受到"国民待遇"，在个别领域还享有"超国民待遇"。[②] 但是，受到两岸政治对立的影响，台湾居民在大陆入出境、居住、就业、就学时仍受到一定程度的"区别管理"，因而其所享有的权利也在一定程度上受到限制。在台湾，台湾当局以"确保台湾地区安全与福祉"为由，对大陆赴台居民的基本权利进行了一定程度的限制，从而确立了大陆人民在台有别于台湾人民的法律地位。总之，尽管两岸在对待对方居民待遇问题上的具体规定存在差别，大陆方面往往出于"惠台"之目的，给予台湾居民以较高的法律待遇，台

---

① 参见彭莉：《试论近年来两岸法律事务处理方式的变化》，载《台湾研究》，2011年第4期。
② 参见陈动：《台湾居民在大陆的法律地位》，载《两岸关系和平发展制度化学术研讨会论文集》，2014年9月。

湾方面出于维护自身利益之目的，给予大陆居民以较低的法律待遇，但大陆和台湾在对待对方居民法律地位问题上的态度是一致的，即通过法律规定上的区分，将对方居民与己方居民加以区别对待、区别管理。

两岸涉对方事务立法因大陆和台湾的立法传统、立法意图的差异表现出一些不同的特点。具体来说，这些不同点主要可以概括为以下两点：

第一，两岸涉对方事务立法的立法模式不同。从立法模式上看，两岸涉对方事务立法之间存在着单行性立法模式和综合性立法模式之分。大陆方面制定的20余部涉台立法、100余部涉台规范性文件主要采取单行立法模式，即每一部法律法规及其他规范性文件都仅就某一具体的涉台法律问题加以规定。① 与大陆方面的单行性立法模式不同，台湾方面制定的涉陆立法采取了综合性立法模式，即以一部"法律"规范对各方面涉陆法律问题加以规定，"两岸人民关系条例"即是此种综合性立法模式的产物。从立法成本、法律的实施效果等方面来看，这两种立法模式各有其利弊之所在，单行性立法模式有着立法成本低的优势，但亦存在着体系化程度低、内部逻辑自洽性不强的劣势，而综合性立法模式尽管立法成本较高，但其内部逻辑较为严密，整体实施效果也较单行性立法模式更好。两岸涉对方事务立法在立法模式上的差异体现出两岸法制传统、立法思维上的差异，也在一定程度上体现出两岸涉对方事务立法体系完备性上的差别。

第二，两岸涉对方事务立法的立法重点不同。从立法重点上看，两岸涉对方事务立法之间存在着一定差别。大陆方面制定的涉台立法的重点集中于"反独""惠台"两个目标，其中前者以《反分裂国家法》为代表，后者以《台湾同胞投资保护法》为代表。除此之外，大陆方面其他涉台法律法规或是围绕这两个重点目标，或是为配合这两大重点目标之实现而制定。台湾方面制定的有关涉陆立法的重点则集中于"确保台湾地区安

---

① 参见陈向聪：《涉台法律规范体系若干问题研究》，载《海峡法学》，2010年第4期。

全与民众福祉"这一重点,作为涉陆综合性"法律"的"两岸人民关系条例"即是围绕这一重点制定的一部规制两岸人民交往、限制大陆人民在台权利的法律规范。除此之外,在为数众多的涉陆"大法官解释"中也有许多围绕这一立法重点的表述,如"释字第618号解释"对大陆人民在台任公职条件限制问题的解释文即表述为(相关限制规定)"为确保台湾地区安全、民众福祉暨维护自由民主之宪政秩序,所为之特别规定,其目的洵属合理正当"。两岸涉对方事务立法重点上的差别充分体现出两岸对待对方人民权利的不同态度,也体现出大陆和台湾对两岸关系和平发展这一目标的不同态度。

二、两岸涉对方事务法律体系的完善

法的制定是一项十分严肃的事情。两岸各自涉对方事务法律的本质上仍然属于两岸各自的域内法,目前,就两岸而言,其各自涉对方事务法律体系之中,皆存在一些不利于推进两岸交往和两岸关系和平发展的因素,亟待完善与修正。就大陆而言,这一问题表现为目前尚缺乏一部系统的涉台基本立法;就台湾而言,这一问题则表现为"两岸人民关系条例"之中存在大量与两岸关系发展现实不符的内容,亟待修改。

(一)大陆涉台基本立法的缺位与创设

尽管两岸关系和平发展在过去几年间取得许多重要成果,但自2014年以来,两岸关系发展过程中却暴露出许多问题。随着台湾地区内部政治局势的变化,2016年后两岸关系虽不至走向全面对抗状态,但可能呈现出的新常态是,未来两岸关系和平发展态势难以改变,但发展频率、节奏、内涵则可能调整。[①] 在这一阶段,如何保障两岸关系和平发展成果不

---

① 参见倪永杰:《"九合一"选举牵动台湾政局与两岸关系嬗变》,载《台湾研究》,2015年第1期。

因台湾地区政治局势的变化"得而复失",如何使两岸关系不因台湾地区执政者的变化而发生倒退,已成当务之急和现实之需。毫无疑问,要解决上述问题,既要依靠政治手段,也要依靠法律手段。基于这一判断,结合大陆对台立法工作现状与两岸关系和平发展的阶段性特征,我们认为,当前,制定一部调整两岸关系和平发展阶段相关问题的综合性法律极为必要。

第一,制定一部调整两岸关系和平发展阶段的综合性法律,是完善我对台立法体系,构建维护两岸关系和平发展制度框架的必然要求。当前,怎样"旗帜鲜明地反对一切损害两岸关系政治基础的言行,绝不能让来之不易的台海和平和两岸关系和平发展成果得而复失"[1] 已成为摆在我们面前的重要命题。可以说,唯有推进两岸关系和平发展走向制度化,才能夯实政治、经济、文化和社会基础,保证两岸关系的正确发展方向,使两岸关系和平发展成为不可逆转的趋势。[2] 我们认为,运用法治思维,强化制度建设,通过构建维护两岸关系和平发展的制度框架,实现两岸关系从对个别政治人物和个别政党的依赖,向对制度依赖的阶段性转变,是解决这一命题的必由之路。从我对台法律体系的制度化程度而言,自 2005 年《反分裂国家法》颁布实施以来,大陆方面已初步建立一套对台立法体系,但这套立法体系却存在一定程度的缺漏。现有对台立法体系的立法重点,集中于反对"台独"分裂活动、规制台湾同胞在大陆入出境、投资、旅游活动等个别领域,却缺少对台湾地区居民在大陆个人权利保障、两岸公权力机关事务性交往机制等存在于两岸关系和平发展阶段的若干重大现实问题的规制。[3] 因此,应及时制定一部能够切实解决两岸关系和平发展

---

[1] 参见新华网:《习近平总书记会见中国国民党主席朱立伦》,资料来源: http://news.xinhuanet.com/politics/2015-05/04/c_1115169416.htm, 最后访问日期: 2017 年 4 月 22 日。
[2] 参见刘佳雁:《两岸关系和平发展制度化刍论》,载《台海研究》,2015 年第 2 期。
[3] 参见段磊:《海峡两岸涉对方事务立法体系的构成、比较与启示》,载《西安电子科技大学学报(社会科学版)》,2015 年第 3 期。

过程中现实问题的综合性法律,以达到完善我对台立法体系的目的。

第二,制定一部调整两岸关系和平发展阶段的综合性法律,是全面贯彻"以法制法"对台战略的要求。台湾问题既是政治问题,也是法律问题,而政治问题法律化是人类社会发展的必然趋势,也是人类政治文明成果的结晶。① 因此,通过法律手段应对台湾方面提出的相关主张,应成为大陆方面制定对台战略的重要组成部分。目前,台湾方面正在其既有立法基础上进一步完善其涉陆事务立法,其近期的立法重点包括制定"两岸协议监督处理条例"、修改"两岸人民关系条例"等,若这些相关立法活动得以完成,则台湾方面的涉陆法律体系将日趋完善。与之相对应的是,我方目前的涉台立法依然较为薄弱,尤其是缺乏宏观性、综合性法律,这种薄弱的立法现状已无法适应两岸关系和平发展现状。因此,要全面贯彻"以法制法"的对台战略,掌握对台斗争主动权,就应在密切关注台湾方面有关立法进程基础上,尽快完善我有关涉台立法。

第三,制定一部调整两岸关系和平发展阶段的综合性法律,是构建"法治型"两岸关系和平发展新模式,积极保障两岸关系和平发展不可逆的必然要求。自 2008 年 5 月以来,两岸关系进入和平发展的新阶段,大陆和台湾在短短数年间实现了从改善关系到深入交往的转变。然而,2014年以来,台湾地区内部政治局势的变化,却使各界对两岸关系和平发展的未来走向迅速转向怀疑与观望状态,这充分体现出两岸关系发展中依然存在着较强的人治色彩。习近平同志指出,当前两岸关系虽然面临一些新情况新问题,但和平发展的大趋势没有改变。② 在两岸关系和平发展大趋势不会改变的背景下,我们应构建以"法治"这一为两岸共同认可的社会

---

① 周叶中:《台湾问题的宪法学思考》,载《法学》,2007 年第 6 期。
② 参见新华网:《习近平总书记会见台湾和平统一团体联合参访团》,资料来源:http://news.xinhuanet.com/politics/2014-09-26/c_1112641354.htm,最后访问日期:2017 年 4 月 22 日。

治理方式和核心价值为核心的"法治型"两岸关系和平发展新模式。① 制定一部两岸关系综合性法律，正是我们贯彻法治精神，构建"法治型"两岸关系和平发展新模式的重要步骤。

综上所述，大陆方面亟待创设一部较为完整、系统的处理对台关系和涉台事务的综合性法律，并以这部法律为基础，就两岸事务发展的需要，进一步创设若干特别法，逐步形成一个涉台法律系统。针对域内配套立法完善这一命题，于大陆方面而言，首先需要创设一部调整两岸关系的基本法律，以这部法律弥合当前大陆在处理两岸关系和两会商谈机制中存在的各种合法性之缝隙，并给予当前大陆处理两岸关系问题上过多的"特殊情况"以合理合法之解释。在基本法律创设完成之后，应当在这一法律的指导下创设和完善一系列涉台法律规范，最终形成一个中央与地方立法相结合，人大立法与行政立法相结合的涉台立法体系。

就这部预想中的涉台基本立法（以下简称"涉台基本法"）而言，其基本内容应当至少包含以下三点：一是明确规定与台湾地区就两岸和平交往中的相关事务展开商谈的机关之法律地位，明确其授权之法律依据。二是明确两岸协议在大陆法域内的适用方式。三是确立各个国家机关在处理涉台问题上所应遵循的基本原则，为涉台特别立法提供法律依据。

（二）台湾地区"两岸人民关系条例"的过时与修正

自 1992 年，台湾地区"立法院"通过了"两岸人民关系条例"后，这部"法律"便作为台湾地区处理两岸关系和涉陆事务的基本"法律"。在 20 多年的时间里，"两岸人民关系条例"历经多达 14 次大小修改，但这些修改多是技术性、补漏性的修正，没有改变基本的立法原则与程序。由于这部"法律"制定于 20 世纪 90 年代，彼时彼刻两岸关系仍处于对

---

① 参见周叶中、段磊：《论"法治型"两岸关系的构建》，载《福建师范大学学报（哲学社会科学版）》，2015 年第 6 期。

立情绪较为严重的时代,故该"条例"中所体现的依然是严格限制两岸交往的基本精神。这部"两岸人民关系条例"的基本精神体现在以下几个方面:其一,仍然坚持"中华民国"的正统性,延续某些内战思维;其二,仍然坚持"一国两区"的基本理论;其三,坚持"主权治权"划分的基本方法;其四,坚持内战和冷战思维,这种对立思维对于两岸交往的进一步发展有着明显的阻碍作用。以"两岸人民关系条例"为代表的台湾地区"涉陆法律"对两岸和平交往所产生的法律障碍主要涉及经贸投资方面、人员往来方面、刑事和司法协助方面等诸多方面。[①] 因此,台湾地区应当及时根据两岸关系的发展进步,以及相关两岸协议的签署修改不合时宜的"法律",以消除其造成的两岸交往中存在的法律障碍。

针对域内配套立法完善这一命题,对于台湾地区而言,其涉陆基本"法律"——"两岸人民关系条例"亟待进一步修改和完善,以期进一步拆除阻碍两岸人民交往的樊篱,促进两岸和平交往的进一步深化发展。我们认为,"两岸人民关系条例"的修正应当遵循一些基本的原则:一是应适度放宽对两会商谈的相关限制,二是应在既有两岸协议的基础上,前瞻性地放宽对两岸人民民间交往的法律限制,三是应当放弃一些明显不合时宜的法律条文。

当然,由于台湾地区岛内政治形势的复杂性,要求台湾地区在短时间内大幅度地修改"两岸人民关系条例"是不切实际的。尽管台湾地区前领导人马英九曾声称"要配合现在时空环境全盘翻修'两岸人民关系条例'",[②] 但实际上国民党并不具备推进这一全面翻修进程的政治能量。即使是孤立条款的逐一检修也会遭遇岛内族群政治与政党政治的强大阻

[①] 参见周叶中、祝捷主编:《构建两岸关系和平发展框架的法律机制研究》,九州出版社,2013年版,第98—100页。
[②] 网易新闻:《马英九:通盘检讨修正"两岸人民关系条例"》,资料来源:http://news.163.com/12/1010/22/8DG5B87300014JB6.html,最后访问日期:2017年4月22日。

力。① 因此本书所提出的三项修改原则仅仅是一种远期的展望，而并不能成为短期内的立法计划。可以预见的是，台湾地区"两岸人民关系条例"的修改，必然将继续依照其孤立条款逐步推进的模式进行。

三、两岸涉对方事务法律法规的适用性之考量

在两岸法制的形成机制中，承认是指两岸相互承认对方的一些法律、文书和法院判决等的效力，包括承认这些文件在对方法域内的效力和在己方法域内的效力问题。然而，由于两岸间目前存在的以"承认争议"，两岸很难在短时间内完全消除政治对立造成的影响，因此双方也很难做到在短时间内承认对方的相关规定，乃至于公法。然而，以"意思自治"为核心精神的民商事法律与公法具有一定的差别，两岸对对方指定的民商事法律法规的承认也并不构成其对对方政权合法性的承认。因此，迄今为止，两岸对于对方指定的法律法规的承认，依然局限于民商事法律法规及由此衍生出的民商事判决。

（一）从回避到承认，从间接承认到直接承认：大陆对台湾地区民商事规定的适用之态度

自 20 世纪 80 年代中期至今，大陆对台湾地区民商事规定的适用，经历了从回避到承认、从间接承认到直接承认的过程。

第一阶段：《涉外经济合同法》及其司法解释（已失效）的回避态度。1985 年颁布的《涉外经济合同法》首次规定了涉外法律适用问题，规定，"合同当事人可以选择处理合同争议所适用的法律。当事人没有选择的，适用与合同有最密切联系的国家的法律"。② 1987 年，最高人民法院在《关于适用〈涉外经济合同法〉若干问题的解答》中规定，"当事人

---

① 田飞龙：《两岸人民关系条例的历史考察与修改展望》，载《台湾民情》，2012 年第 6 期。
② 《涉外经济合同法》第 5 条。

选择的法律,可以是中国法,也可以是港澳地区的法律或者是外国法",①这一规定仅涉及了港澳地区的法律适用问题,却没有涉及台湾地区有关规定,持一种刻意的回避态度。尽管《涉外经济合同法》及其司法解释早已随着《合同法》的颁布而失效,但其回避对台湾地区民事规定适用的态度,却影响着大陆地区的司法实践。直至2006年,深圳市中级人民法院在一起涉台商事案件中依然以"我国法律未明确承认台湾地区民商事规定的效力"②为由,拒绝适用当事人约定适用的台湾地区有关规定。

第二阶段:以承认台湾地区民事判决效力为表现的间接承认态度。尽管大陆长期以来拒绝承认台湾地区民商事规定在大陆的适用,但自1998年以来却开始承认台湾地区法院民事判决的法律效力。③ 2008年通过的《关于涉台民事诉讼文书送达的若干规定》开始了两岸的司法互助历程。④ 2009年最高法院又颁布了《关于人民法院认可台湾地区有关法院民事判决的补充规定》,将原规定的适用范围扩展至商事、知识产权、海事等民事纠纷案件,以及台湾地区有关法院民事裁定、调解书、支付令,以及台湾地区仲裁机构裁决。⑤ 台湾地区法院的民事判决自然是依据台湾地区现行规定做出的,因此承认台湾地区法院做出的民事判决的法律效力,提供送达诉讼文书协助,实际上是大陆对台湾地区民事规定在大陆地区效力的间接承认。

第三阶段:从间接承认最终走向直接承认。2008年以来,两岸关系逐渐回暖,两岸间的交流日益密切,大陆出现的涉台民商事案件越来越多,其中牵涉的民商事规定也越来越复杂。在这种背景下,仅仅承认台湾

---

① 《关于适用〈涉外经济合同法〉若干问题的解答》第2条第2项。
② 广东省深圳市中级人民法院(2006)深中法民四初字第173号民事判决书。
③ 《关于人民法院认可台湾地区有关法院民事判决的规定》第10条规定,人民法院审查申请后,对于台湾地区有关法院民事判决不具有本规定第9条所列情形的,裁定认可其效力。
④ 《关于涉台民事诉讼文书送达的若干规定》第1条规定,在"遵守一个中国原则和法律的基本原则,不违反社会公共利益"的前提下,人民法院可接受有关当事人和台湾地区有关法院的送达请求。
⑤ 《关于人民法院认可台湾地区有关法院民事判决的补充规定》第2条。

地区法院民事判决已经很难处理好这些复杂案件。因此，直接承认台湾地区有关规定在相关案件中的适用已经势在必行。2010年最高人民法院《关于审理涉台民商事案件法律适用问题的规定》的出台，实现了大陆对台湾地区民事规定的适用效力从间接承认到直接承认的转变，① 这对于解决两岸交流中产生的各类纠纷，明确法律适用问题，具有重大实践意义。认可台湾地区法院的民事判决，允许在发生区际法律冲突时适用台湾地区有关规定，并不意味着违反一个中国的原则，也不意味着大陆对于台湾地区公权力机关合法性的承认。最高人民法院对台湾地区民事规定效力的承认，实际上是将台湾地区有关规定重新视为"一个中国"法律体系的一部分，将大陆法律与台湾地区有关规定之间发生的冲突，视为"一个中国"之下两个不同法域的区际法律冲突。两岸之间存在的民商事法律冲突属于一国主权范围内的区际法律冲突。在区际私法中，适用其他法域的民商事法律，只是为了保护私人的民商事利益，并非对该法域国际政治和法律地位的认同。

（二）特定名义下的有限承认：台湾对大陆民商事法律的承认之考量

在台湾方面，迄今为止，台湾地区的涉大陆事务立法主要是在民商事领域承认大陆的法律，这主要体现在"两岸人民关系条例"的规定中。该"条例"在第三章第四十一条第二款中明确规定，大陆及其与外国人间之民事案件，除另有规定外，适用大陆地区之规定，从而以概括的方式间接地承认了大陆地区民商事法律的有效性，当然前提是案件发生在大陆人民相互之间或者大陆人民与外国人之间。如果案件发生在台湾地区人民与大陆地区人民之间，除另有规定外，适用台湾地区之规定。如果细究"两岸人民关系条例"的用词，会发现其第四十一条第一款用的是"台湾

---

① 《关于审理涉台民商事案件法律适用问题的规定》第1条规定，根据法律和司法解释中选择适用法律的规则，确定适用台湾地区民事法律的，人民法院予以适用。

地区之法律"的"法律",而第二款用的是"大陆地区之规定"的"规定"。从"法律"与"规定"用词的区别上可以看出,该"条例"并没有明确承认大陆方面法律的有效性,但实际上其确实间接地承认了大陆方面法律在特定主体之间的有效性。

台湾地区的涉大陆事务立法主要是"两岸人民关系条例"。该条例对台湾地区法院对涉大陆事务案件的审理规定了两种情况:第一种情况,案件是发生在大陆人民相互之间或者大陆人民与外国人之间的民商事案件,根据该条例的规定,台湾地区法院在审理这类案件时,可以适用大陆法律进行审判;第二种情况,案件是发生在大陆人民与台湾地区人民之间的民商事案件,根据该条例的规定,此时,台湾地区法院在审理这类案件时,适用台湾地区有关规定的规定。台湾地区法院所进行的上述两类判决,无疑会给大陆人民在台湾的旅游、出差或者生活等带来较大影响,因而构成两岸法制的重要组成部分。此外,台湾地区"司法院大法官"对台湾地区现行"宪法"和法律所做的解释,特别是那些有关两岸关系的解释,在台湾地区域内法体系中占据重要地位,因而是两岸法制的重要组成部分。

第三节 两岸协议体系的完善与实施

"法治型"的两岸关系和平发展模式对于制度的需求有两种方式:一种是借由立法者立法,以提供制度;另一种是通过主体之间的相互协商,以形成制度。显然,大陆和台湾之上没有一个"超两岸"的主体,[①] 因而也就不存在为两岸制定共同规范的"超级立法者"。立基于此认识,对两岸关系和平发展进行制度供给,必须依赖大陆和台湾之间的协商,两会框架亦因此而成为两岸制度供给的主要来源。就现实层面而言,大陆和台湾

---

① 参见周叶中,祝捷:《论两岸关系和平发展框架的内涵》,载《时代法学》,2009年第1期。

通过协商创制制度的主要形式是两岸协议。体系化的两岸协议使得两岸协议已经具备了类似于域内法的规范特征和体系特征。两岸协议以规范性文件的形式将两岸共识予以制度化，从而为两岸关系和平发展提供了规范依据。因此，较之两岸所制定的涉对方事务的法律规定，两岸协议能够更加充分地运用法律规范表现两岸共识，因而也更加有利于规范和调整两岸交往行为。① 本部分就两岸协议的完善与实施展开论述，主要内容包含两岸协议的接受、联系主体、解释与修改。

一、两岸协议的接受

两岸协议的接受是指两岸立法机关将两岸协议接受成为其域内法的行为。讨论两岸协议的接受②问题，必须承认大陆和台湾是两个不同的法域。依照通说，"法域"是指一个具有或适用独特法律制度的区域，"法域"与"国家""主权"等概念无关，一个主权国家也可以有多个法域。③ 大陆和台湾是两个不同的"法域"，不仅符合两岸关系的现实，也为大陆学界所公认。④ 在承认大陆和台湾是两个不同法域的前提下，两岸协议的接受，就是指大陆和台湾在两岸协议签订后，使两岸协议成为其各自域内法法律体系一部分的过程。

两岸协议成为两岸各自域内法的过程，也就是"共识决"接受"民主决"检验的过程，在这个过程中，两岸协议可能会被两岸各自的立法机关所接受，并成为两岸各自的域内法，也可能不被两岸各自的立法机关所接受，从而被束之高阁。两岸协议包括两岸协议和将来两岸公权力机关直接接触之后所制定的协议。由于两岸协议的制定主体海协会和海基会的

---

① 参见祝捷：《论两岸法制的构建》，载《学习与探索》，2013年第7期。
② "接受"一词的用法，参见李浩培：《条约法概论》，法律出版社，2003年版，第314页。
③ 参见韩德培主编：《国际私法问题专论》，武汉大学出版社，2004年版，第117—118页。
④ 早有学者指出，两岸在客观上形成两个法律制度完全不同的区域，可以称为两个法域。参见韩德培主编：《国际私法新论》，武汉大学出版社，1997年版，第447页。

民主正当性较弱,距离两岸各自的代议机关较远,受其影响也较小,所以海协会和海基会所签订的两岸协议的内容可能不太符合两岸各自代议机关的要求,从而被代议机关拒绝接受。相对于海协会和台湾海基会来说,两岸公权力机关无疑具有更强的民主正当性,受代议机关的影响较大,在与对方公权力机关进行平等协商的过程中,会在更大程度上将各自代议机关的意见融入所制定的协议中,从而利于协议被代议机关所接受。到目前为止,由于两岸公权力机关尚未进行过直接接触,未制定过任何两岸协议,所以关于两岸协议的接受,在此主要介绍两岸接受两岸协议的实践。

(一) 两岸协议本身关于"接受"的规定模式

大陆和台湾自 1990 年开始正式事务性协商后,已经以海协会和海基会的名义签订了一系列的协议,这些协议被称为"两岸协议"。两岸协议主要有两种形式:第一种是以"协议"为名的两岸协议,如《海峡两岸关于大陆居民赴台湾旅游协议》等;第二种是以"纪要"为名的两岸协议,如《海峡两岸包机会谈纪要》等。虽然这些协议不是"国与国"之间签订的条约,但是在分析两岸对于两岸协议在各自管辖区域内的适用问题上,可以在理论层面用国际法的相关理论进行类比分析。

按照通行的国际法准则和国际法理论,国家有落实条约的义务,至于落实的方式,一般有两种:若条约包含直接适用的内容,则条约无须转化立法,而直接以并入方式接受为国内法的一部分;[1] 若条约不包含直接适用的内容,则缔约国应采取措施,使条约得适用于国内。条约的接受是采取直接适用的方式,还是不直接适用的方式,完全以条约自身如何规定为依据。[2] 对于不包含直接适用内容的条约,有两种适用方式:第一种是将条约的规定转化为国内法;第二种是将条约的规定纳入国内法。所谓转化

---

[1] 参见余敏友、陈卫东著:《欧共体围绕 WTO 协定直接效力问题的争论及其对我国的启示(一)》,载《法学评论》,2001 年第 3 期。
[2] 参见黄异:《国际法在国内法领域的效力》,元照出版公司,2006 年版,第 37 页。

为国内法，是指为了使条约能在国内有效地加以适用，通过其立法机关，将条约有关具体规则融入国内法，用国内法的形式表现出来；所谓纳入国内法，是指为了使条约能在国内适用，一般做出原则性的规定，从总体上承认条约为国内法的一部分。

具体到两岸协议，根据两岸协议的文本，两岸协议的生效先后采取过四种模式。第一种是签订后定期间后生效，即两岸协议在双方签订后经过一定期间，待该期间届满后才产生效力。该模式第一次出现于《汪辜会谈共同协议》，该协议第5条规定"本共同协议自双方签署之日起三十日生效实施"。该模式主要为20世纪90年代所签订的两岸协议所采用，比如《两会联系与会谈制度协议》等。第二种是待双方确认后定期日生效，即两会在确认两岸协议内容后，在一个确定的日期生效。该模式常用于两会复委托其他组织或者个人签订的两岸协议中。比如《港台海运商谈纪要》第4条规定"本商谈纪要经海峡两岸关系协会、财团法人海峡交流基金会核可并换文确认，于今年（1997年）7月1日起正式生效"。第三种是签订后定期间内生效，即两岸协议在两会签订该协议后一定期间内产生效力，但在实践中一般为期间届满之日起生效。该模式为两会在2008年11月签订的四份协议所采用。比如《海峡两岸空运协议》第13条规定"本协议自双方签署之日起四十日内生效"。第四种是最长过渡期后生效，即两岸协议规定一个最长过渡期，由双方进行相应的准备工作，待准备工作完成后生效，但不得超过给定的最长过渡期。比如《海峡两岸金融合作协议》第12条规定"本协议自签署之日起各自完成相关准备后生效，最迟不超过六十日"。

前两种模式都是两岸协议在20世纪90年代所采用的模式，本部分讨论的重点因而在2008年后采用的第三种模式和第四种模式。由于第三种模式对给定的期间没有做出明确的界定，导致两岸对此理解不一：大陆方面认为，该给定期间为"生效缓冲期"，即便任何一方没有完成接受程序,协议也应自动生效;台湾方面认为,该给定期间应是两岸依照各自域内法律的规定批准协议的期限,如果有任何一方在此期间内做出不批准协议的决定,则该协议不产生效力。上述争议归结到一点,就是两岸协议的生效,是否必须经过有形的接受程序。下面举一例子予以说明。[①] 2008年11月12日,台湾地区"立法院"将当月4日海协会和海基会领导人签订的四项协议交付有关委员会审查。根据台湾地区"立法院职权行使法"第8条之规定,"交付有关委员会审查"属于"立法院"进行"议案审议"的"一读程序",亦即被"交付相关委员会审查"的议案并不必然产生效力。但是,台湾地区"立法院"将上述四项协议交付有关委员会审查时,其中的《海峡两岸食品安全协议》已经距离签署日过去了七日,根据该协议第8条的规定,该协议已经生效。这就产生了《海峡两岸食品安全协议》的规定与台湾地区"立法院"的工作程序相矛盾的情形,即台湾地区"立法院"将依照其自身规定已经生效的《海峡两岸食品安全协议》交付有关委员会审查,是否意味着两岸协议非经台湾地区有关规定所规定的程序就不具有法律效力?

正是因为意识到了第三种模式的缺陷,两岸发展出了第四种模式,并将其首先运用于2009年4月签订的三份两岸协议中。与第三种模式相比,第四种模式不仅明确将"给定期间"界定为"生效缓冲期",而且对两岸在生效缓冲期内的工作也作了相应的规定,即双方应在缓冲期内完成"相关准备工作"。这里的"准备工作"一词具有深刻的内涵:第一,准备工作当然包括人员、物资、装备等工作,也包括两岸以合适方式,使两岸协议成为其各自域内法律体系的一部分,也就是对两岸协议的接受;第二,"准备工作"一词并非严格意义上的法律用语,其含义具有相当的模糊性,可以有效回避"批准""接受"等国际法学意义上的词语,确保两

---

① 参见祝捷:《海峡两岸和平协议研究》,香港社会科学出版社有限公司,2010年5月版,第353页。

岸协议的"一国性",防止因协议文本的缺陷,引发所谓两岸协议"条约化"的问题。

(二) 大陆关于接受两岸协议的实践

大陆关于两岸协议的接受并没有制度化的规定,根据大陆接受两岸协议的实践,官方认为两岸协议具有直接适用性质,因而以两岸协议的直接适用为基础,形成三种具体的适用方式:

第一,直接适用方式。该方式是指两岸协议在依据其自身规定生效后,即成为大陆法律体系的一部分,自然具有法律效力。按照大陆接受两岸协议的具体实践,这种"直接适用"具有广泛的内涵:其一,在对象上,"直接适用"指两岸协议适用于包括公权力机关在内的所有公民、法人和其他组织;其二,在方式上,"直接适用"不仅是有关部门处理具体案件的规范依据,而且是制定规范性文件的依据。例如根据司法部1993年颁布的《海峡两岸公证书使用查证协议实施办法》第1条的规定,司法部制定这一实施办法的目的就是"为履行《两岸公证书使用查证协议》"。因此,可以说,两岸协议在大陆至少可以作为行政立法上的依据。

第二,先行立法适用方式。该方式是指大陆在两岸协议签订前,先行制定相关法律,并以该法律为调整两岸协议所涉事项的依据。例如,国家旅游局、公安部和国台办早在2006年就制定了《大陆居民赴台湾地区旅游管理办法》,但直至2008年6月才由两会协商签订《海峡两岸关于大陆居民赴台湾旅游协议》。

第三,纳入适用方式。该方式是指大陆有关部门在两岸协议签署后,以"印发""通知"等形式,将两岸协议纳入法律体系中。例如国台办、公安部和海关总署于1995年联合下文,以"通知"形式将《两会商定会晤人员入出境往来便利办法》印发给各地台办、公安机关和海关,要求上述单位遵照执行。

(三) 台湾关于接受两岸协议的规定

与大陆肯定两岸协议的直接适用性相比，台湾地区对两岸协议的直接适用性持否定态度。台湾方面认为对两岸协议的接受应经过有形的批准或审查程序，但以何种程序接受两岸协议在台湾地区产生过争议，争议的原因是台湾地区一部分政治人物和学者基于台湾地区的"国家"属性，认为大陆和台湾签订的两岸协议是"两国间的条约"。1993年，陈建平等84名台湾地区"立法院立法委员"针对"汪辜会谈"签订的四项事务性协议，认为"何种协定应送立法院审议、何种协定仅须送立法院备查，涉及……有关'条约案'之意义与范围之厘清"，故声请台湾地区"大法官"解释。① "大法官"针对陈建平等84人的声请，作成"释字第329号解释"。在该解释的解释理由书中，"大法官"明确指出："台湾地区与大陆地区间订定之协议，因非本解释所称之国际书面协议，应否送请立法院审议，不在本件解释之范围，并此说明"，② 从而否定了两岸协议的"条约性"。"释字第329号解释"是台湾地区有关两岸协议接受的法源，在法律层面解决了两岸协议是否是"条约"的问题。依照该解释的意旨，对两岸协议的接受，不应按照条约的接受程序为之，而应依据"两岸人民关系条例"的有关规定进行。

"两岸人民关系条例"对两岸协议的接受进行了制度化的规定。该条例对两岸协议接受的规定可分为两个部分。第一部分是界定"协议"的概念，以明确两岸协议接受机制的适用对象。根据"两岸人民关系条例"第4-2条第3项的规定，台湾方面将"协议"定义为"台湾地区与大陆地区间就涉及行使公权力或政治议题事项所签署之文书"，"协议之附加议定书、附加条款、签字议定书、同意记录、附录及其他附加文件，均属

---

① 参见陈建平等84人的"释宪声请书"。
② 参见台湾地区"司法院大法官""释字第328号解释"解释理由书。

构成协议之一部分。"根据该定义,一项两岸协议要想适用"两岸人民关系条例"规定的接受机制,必须涉及公权力之行使或政治议题事项。由于两岸协议的实施至少涉及台湾地区公权力的行使,当然适用"两岸人民关系条例"所规定的程序。第二部分是将两岸协议依其内容是否涉及台湾地区有关规定之修改或法律保留事项,分别规定不同的接受程序。根据"两岸人民关系条例"第5条第2项的规定,两岸协议之内容"若涉及法律之修正或应以法律定之","协议办理机关应于协议签署后三十日内报请行政院核转立法院审议",反之,若两岸协议之内容"未涉及法律之修正或无须另以法律定之者,协议办理机关应于协议签署后三十日内报请行政院核定,并送立法院备查"。在本项规定中,有四个词需要注意,即"核转""审议""核定"和"备查"。其中,"核转"和"备查"不具有实质性的审查意义,仅具有形式上的"转交""备案"等意义,而"核定"和"审议"则具有实质性的审查意义。①"行政院"经由"核定"程序、"立法院"经由"审议"程序,可以对两岸协议作成实质性的决定,也就是说,两岸协议在这两个阶段有被否决的可能。由此可见,两岸协议的接受机制是:若协议之内容涉及台湾地区有关规定之修正或法律保留事项,两岸协议应经由"立法院"审议,在"立法院"审议通过后,才在台湾地区法域内生效;若协议之内容不涉及台湾地区有关规定之修正或有关规定保留事项,则由"行政院"核可,经"行政院"核可后,两岸协议即在台湾地区法域内生效。

根据"两岸人民关系条例"第5条第1项的规定,两岸协议在签订前,必须经过台湾地区"行政院"同意,因此,若台湾地区对两岸协议的接受适用"行政院"核定、"立法院"备查的方式,则被接受的机率较大。因此,真正能产生两岸协议被否决效果的,主要是适用"行政院"

---

① 参见祝捷著:《海峡两岸和平协议研究》,香港社会科学出版社有限公司,2010年5月版,第359页。

核转"立法院"审议的方式。然而问题的关键在于如何判断两岸协议是否涉及台湾地区有关规定之修改或有关规定保留事项。比如，针对两会于2008年11月签订的《海峡两岸海运协议》，台湾地区"行政院"和"立法院"就产生了争议。"立法院"认为该协议涉及台湾地区"商港法"的修改，应由"立法院"审议；而"行政院"则认为该协议不涉及"商港法"的修改。①

二、两岸协议的联系主体

作为一种两岸共同政策，两岸协议体现出强烈的"两岸间"色彩，这直接决定了两岸协议的实施必须由两岸共同进行。双方或须依照两岸协议修改各自域内立法，以消除其各自立法与协议之间的冲突，或须依照两岸协议的要求，就议定事项采取共同立场、共同措施。然而，在两岸共同实施两岸协议时，必然会遇到因两岸的意志差别而引起的双方实施协议行动的不一致。此时，两岸协议在两岸的有效实施，就有赖于双方以特定渠道进行沟通协调，以达到协议议定事项实现的目的。目前，在现有的两岸协议中，两岸共同设计了"联系主体"制度，以协议联系主体作为双方就协议议定事项进行沟通的对象，从而实现了协议实施中双方立场和行动的有效协调。

（一）两岸协议联系主体制度的表述类别

自《两岸公证书使用查证协议》始，各项两岸协议对于协议的联系机制均有相应规定，其具体规定中涉及的负责"联系"的主体包括以下两种类别：

一是负责协议"议定事项"的联系主体。两岸协议实际上是两岸公

---

① 参见祝捷著：《海峡两岸和平协议研究》，香港社会科学出版社有限公司，2010年5月版，第360页。

权力机关就两岸共同事务进行协调、处理等事宜进行规制的文件,故其主要内容必然会涉及两岸公权力机关职责范围内的具体业务。这些具体业务往往具有较高的专业性和技术性,因而两岸协议往往会规定负责协议"议定事项"的联系主体。"议定事项"一词是两岸协议针对联系主体制度所使用的专门用语,其所指代的正是两岸协议中规定的具有较高专业性和技术性的具体业务。在两岸协议中,与"议定事项"相类似的表述还包括ECFA中所称的"与本协议相关的业务事宜"和《两岸公证书使用查证协议》《两岸挂号信函查询、补偿事宜协议》中所列举的业务事宜等。① 因此,两岸协议一般确定大陆和台湾负责从事相关业务的机构负责协议的联系。亦即是说,此类"议定事项"的联系主体,往往也是协议在两岸领域内的实施者。两岸协议中对负责协议"议定事项"的联系主体的表述模式,主要有以下几种:其一,部分协议中规定由两岸各自设置的民间机构为协议议定事项的联系主体。其二,部分协议规定两岸业务主管部门指定的联络人(包括其指定的其他单位)为协议议定事项的联系主体。其三,除上述两种联系主体外,ECFA的后续协议均规定,由"两岸经济合作委员会"相关下属小组和两岸业务主管部门指定的联络人共同构成的联系机制。

二是负责协议其他相关事宜的联系主体。除协议"议定事项"外,两岸协议还规定了负责协议"其他相关事宜"的联系主体。② 在两岸协议中,其他相关事宜的联系主体一般为海协会和海基会。而所谓"其他相关事宜"的范围,协议并未明确规定。然而,从两岸协议的整体内容来

---

① 《两岸公证书使用查证协议》规定,关于寄送公证书副本及查证事宜,双方分别以中国公证员协会或有关省、自治区、直辖市公证员协会与财团法人海峡交流基金会相互联系;《两岸挂号函件查询、补偿事宜协议》规定,挂号函件之查询由中国通信学会邮政专业委员会与财团法人海峡交流基金会或其指定之邮件处理中心(航邮中心)相互联系。此处出现的联系主体亦属此处所称的"议定事项"联系主体。

② 《海峡两岸包机会谈纪要》和《海峡两岸空运补充协议》并未规定"其他相关事宜"的联系主体。

看，所谓"其他相关事宜"，应当是除协议规定的具有专业性、技术性的"议定事项"以外的，其他与协议规定事项相关的事宜。

在两岸事务性协商过程中，两会还定期对既有两岸协议的执行效果进行检讨和回顾。在2011年之前，两岸协议的成效检讨，主要通过每次的两会高层会谈进行。如第六次"陈江会谈"之中，双方即针对两会已签署的14项协议的执行情况进行重点回顾和检视，双方亦就两岸旅游、空运、共同打击犯罪、食品安全等协议的进一步强化和改善交换了意见。在完成回顾和检视之后，双方决定对《海峡两岸空运协议》中涉及的春节班机的班次进行调整，对《海峡两岸关于大陆居民赴台湾旅游协议》中涉及的大陆旅客来台方式进行了调整，允许大陆游客以自由行方式来台，并对大陆游客来台配额进行了调整。2011年后，两会达成协议，将定期举办"两岸协议成效与检讨会"，专门对两岸协议的执行效果进行检讨。迄今为止，两岸两会共举行过两次"两岸协议执行成效检讨会"，协议成效检讨已经形成定期机制。对两岸协议的执行成效进行共同检讨和回顾，构成两岸协议联系主体共同进行的一项重要工作。我们认为，这项工作即属于两岸协议中规定的"其他相关事宜"。需要指出的是，ECFA及其后续协议并未规定"其他相关事宜"的联系主体，而是将所有协议事项的联系职能，交给了两岸经合会下属小组和两岸业务主管部门指定的联络人。

（二）两岸协议联系主体运行的实践叙述

两岸协议联系主体对于两岸协议的实施有着重要的制度功能。相对于协议的创制、接受、适用等程序性内容而言，联系主体机制实际上是对两岸协议实施过程中的主体进行规制。在实践中，两岸协议联系主体在协议实施中起到了重要的现实作用。总体而言，联系主体的实践作用体现在以下两个方面：

第一，各类联系主体均可作为两岸沟通、交流相关信息的有效管道。

在两岸协议联系主体中，依照其能否直接以自己的名义采取相关措施，参与实施协议，可分为两种类别：一是只负责联系，而不负责实施的相关主体；二是既负责联系，又负责实施的主体。前者是指上文所述的作为协议议定事项联系主体的两岸各自设置的民间机构和作为协议其他事项联系主体的海协、海基两会；后者则是指两岸业务主管部门（其指定的联络人）、两岸经合会等机构。二者的区别在于，前者无法直接以自己名义在两岸各自域内组织实施两岸协议，但其仍可协助两岸就相关信息进行沟通和交流。后者既可透过联系主体制度实现双方信息互通和交流，也可直接以自己名义在两岸各自域内组织实施两岸协议。尽管前一类联系主体只负责协议实施过程中的"联系"，而不负责"实施"，但其仍然是两岸沟通、交流相关信息的有效管道。海协、海基两会是两岸协议中最典型的，仅负责"联系"而不负责"实施"的联系主体。在2007年7月发生的"胜大和号"事件中，台湾"胜大和号"渔船因违反大陆方面有关休渔公告而遭到扣押，为解决这一事件，海基会致函海协会，希望双方能够共同维护海上和谐气氛，防止此类事件一再发生，对两岸关系造成不利影响。[1] 在"胜大和号"事件发生后，两岸两会扮演了沟通、协调的角色。

第二，作为议定事项联系主体的两岸业务主管部门，往往直接参与协议的实施，在实施协议的过程中实现双方有效联络。正如上文所言，两岸协议的真正实施主体乃是两岸各自的公权力机关，即两岸协议中表述的"两岸各自业务主管部门"，因而，作为议定事项联系主体的两岸业务主管部门，往往既能够作为联络窗口，与对方实现信息沟通，又能有效主导相关协议在己方领域内的实施。因此，在实践中，作为议定事项联系主体的两岸业务主管部门，往往能够结合本部门在实施两岸协议过程中的具体实践，在必要时与对方进行联系。

---

[1] 参见祝捷：《论两岸海域执法合作模式的构建》，载《台湾研究集刊》，2010年第3期。

以《海峡两岸食品安全协议》为例，协议设置了信息（讯息）通报、协处机制等具体制度，协议的议定事项联系主体，为双方食品安全等业务主管部门指定的联络人。① 在协议实施过程中，两岸食品安全业务主管部门依照协议的规定，在上述制度的运行过程中均进行过有力的实践，实现了信息的及时通报，对两岸业务主管机关就相关事件做出预先处理起到了重要作用。2011年5月，台湾发生的食品遭受塑化剂污染事件，两岸业务主管部门通过协议联系机制，相互通报了问题产品的流向等重要信息，为控制事件造成的不良影响起到了重要作用。据台湾当局陆委会统计，在事件处理期间，台湾方面向大陆方面通报信息17次，共涉及60件产品，大陆方面则就本案向台湾方面通报信息4次，大陆质检部门就入境口岸实施检疫时，针对台湾产品塑化剂含量判定不合格信息，共向台湾方面通报信息30次，一共涉及37件产品。② 两岸透过食品安全协议设置的业务联系机制，建立起顺畅的食品安全联系窗口，使台湾塑化剂事件对大陆的影响获得全面有效控制，将双方的损失降到较低程度。

又以《海峡两岸农产品检疫检验合作协议》为例。该协议规定，协议议定事项，由双方业务主管部门指定的联络人相互联系实施。根据这一规定，两岸检疫检验业务主管部门建立起了农产品贸易检疫检验联系平台。通过这一平台，两岸均为对方提供各自的检疫检验规定、标准、程序和个案等信息的查询服务。根据台湾当局陆委会公布的数据，截至2014年1月底，大陆方面与台湾方面通过已经建立的官方业务联系机制，已查询、不合格案件通报、讯息回复及联系案件累计871件，包括不合格案件通报401件，产品输入以及检疫规定查询67件，业务联系案301件，讯

---

① 参见武汉大学两岸及港澳法制研究中心编：《海峡两岸协议蓝皮书（2008—2014）》，九州出版社，2014年版，第116页。

② 参见台湾陆委会：《两岸十九项协议执行成效》（2014年2月），资料来源：http://www.mac.gov.tw/ct.asp?xItem=102611&CtNode=7526&mp=1，最后访问日期：2017年4月22日。

息回复案 102 件。① 《海峡两岸农产品检疫检验合作协议》所创制的两岸业务主管部门的联系制度，对两岸增进彼此相关业务的了解，解决两岸业务主管部门及时处理相关个案发挥了显著作用。

三、两岸协议的解释

自 1993 年"汪辜会谈"之后，海峡两岸透过授权民间团体海协会和海基会签订了一系列事务性协议。在过去的 20 余年里，尤其是 2008 年 3 月以来，两岸通过两会事务性商谈机制就两岸"三通"和经济合作等诸多重要问题达成了多项协议，这些协议对两岸关系和平发展框架的构建起到了重要的推动作用。② 两岸协议的解释，是指有权解释主体，适用一定的解释方法与解释规则，通过对既有两岸协议文本正确含义的阐释，使两岸协议得以有效适用的过程。

（一）两岸协议解释机制的制度功能

正如拉伦茨所言，"解释乃是一种媒介行为，借此解释者将它认为有意义文字的意义，变得可以理解"。③ 法的解释正是在法律适用过程中，由有权者对法律文本中文字的含义加以说明和阐释，以便于它能够为适用者所理解的过程。就两岸协议而言，协议解释机制正是一个使协议文本能够为人们理解的制度安排，这一机制的制度功能主要体现在以下四个方面：

第一，两岸协议解释机制具有释明协议内容，方便两岸正确适用协议之功能。法律是概括的、抽象的，只有经过解释，才能成为具体行为的规范标准。④ 两岸协议表现为概括、抽象的文本，它以确定的文字表达出两

---

① 资料来源：台湾当局陆委会网站，www.mac.gov.tw，最后访问日期：2017 年 4 月 22 日。
② 周叶中、段磊：《海峡两岸公权力机关交往的回顾、检视与展望》，载《法制与社会发展》，2014 年第 3 期。
③ ［德］卡尔·拉伦茨：《法学方法论》，陈爱娥译，商务印书馆，2003 年版，第 85 页。
④ 张文显主编：《法理学》，高等教育出版社，2007 年版，第 281 页。

岸的共同意志,以达到为两岸范围内普通民众和公权力机关设定行为标准之目的。因此,在协议适用的过程中,当出现具体的个体、个别的行为时,协议的适用就有赖于适用者将概括、抽象的文本转化为具体的行为规范,即对两岸协议的文本加以解释。因此,两岸协议解释机制的首要制度功能便在于通过一定的制度安排使协议适用者了解协议内容,以实现正确适用协议之目的。

第二,两岸协议解释机制具有协调两岸关系和平发展的多变性与两岸协议文本的稳定性之功能。两岸协议是两岸两会依照有关部门的授权协商签署的行为规范,其权威性和稳定性应当受到两岸的共同维护。[①] 然而,两岸协议所调整的社会关系却在不断地变化发展,两岸关系发展和变化速度远远超过一般社会事务,因而现实与文本之间的紧张关系将会更快显现。法的解释正是一种在不改变法律文本的前提下,赋予法律规范以新的含义,使之适应社会关系发展变化需要的方法。因此,要缓解两岸协议与两岸关系发展变化之间的这种紧张关系,同时照顾到协议文本的稳定性,协议的解释便成为一种必要的方法。

第三,两岸协议解释机制具有补充协议漏洞之功能。由于人类理性之有限,任何立法活动都难以做到完美无缺,因而在法律适用的过程中亦会出现因法律内容阙失、表述模糊、结构矛盾等问题导致的障碍。此时,为了既能够保证法律的稳定性,又能够及时弥补漏洞,人们往往选择以解释的方式达到补充漏洞的目的。作为人们理性创制的结果,两岸协议亦是如此。要达到既不修改协议文本,又有效补充协议实施过程中出现漏洞的目的,唯有通过一套协议解释机制方可实现。

第四,两岸协议解释机制具有解决两岸争议之功能。由于两岸协议是大陆和台湾两个处于政治对立的主体之间达成的协议,因此两岸协议的解

[①] 国台办发言人曾多次表示"两会受权协商所达成协议的权威性应该得到维护"。参见《国台办新闻发布会辑录(2014-04-16)》,http://www.gwytb.gov.cn/xwfbh/201404/t20140416_6026239.htm.最后访问日期:2017年4月22日。

释机制不仅承担着解决协议适用和补充协议漏洞等功能，还承担着通过解释化解两岸协议实施中双方争议的功能。当两岸在协议实施过程中对协议文本的含义出现争议时，双方即可以通过解释协议的方式解决这种争议。尽管目前在两岸协议的实施过程中，尚未出现需以协议解释方式解决的争议情况，但我们不得不承认的是，这种"无争议"现象的出现，与2008年3月以来国民党持续在台执政有着很大关系。随着台湾地区政治局势的变化，政党轮替现象再度发生，民进党再次执政，两岸协议的实施过程中很可能出现争议，此时协议的解释问题便会浮出水面。因此，在当前两岸关系和平发展持续深入的时代背景下，对两岸协议解释问题的研究不能不说是未雨绸缪，为未来可能出现的争议情况做好准备。

总之，作为一种成文的制度规范，两岸协议无法避免成文法存在的固有局限，因此构建一套行之有效的两岸协议解释机制成为两岸协议实施和发展的过程中的一种必然需要。法律解释机制作为一种法律技术，它能够在不断进行的解释中，发展两岸协议的内容，使协议能够随着两岸关系和平发展的不断推进变得更加充实、丰富。

（二）两岸协议解释机制的规范叙述

在已签署的两岸协议中，除《海峡两岸空运补充协议》《海峡两岸经济合作框架协议》《海峡两岸投资保护和促进协议》和《海峡两岸服务贸易协议》外均未直接对协议的解释问题进行规定，但大部分协议均设置了"争议解决"条款，潜在地规定了协议解释的相关内容。目前，两岸协议文本对协议的解释机制主要通过三种方式做出规定：

第一，大部分两岸协议通过"争议解决"条款规定协议的解释问题。当两岸在实施协议的过程中出现争议时，大陆和台湾地区自然会对同一协议产生不同的解释倾向，协议解释上的争议由此产生。协议实施中产生的争议，其本质是解释上的争议。[①] 因此，两岸协议中出现的"争议解决"

---

① 祝捷：《海峡两岸和平协议研究》，香港社会科学出版有限公司，2010年版，第395页。

条款自然包含了对"解释争议"的规制。在两岸协议中，有 22 项协议规定了"争议解决"条款，其表述模式有两种：一是规定"因适用本协议所生争议，双方应尽速协商解决"，自《两岸公证书使用查证协议》起，包括《两岸挂号函件查询、补偿事宜协议》《海峡两岸空运协议》《海峡两岸海运协议》《海峡两岸食品安全协议》等在内的 21 项协议均采此模式；① 二是规定"因执行本协议所生争议，双方应尽速协商解决"，《海峡两岸金融合作协议》采此模式。尽管二者在文字表述上有"适用"与"执行"之别，但因二者均属"实施"协议之范畴，因而其本质均属于对协议实施中的争议之解决。根据"争议解决"条款之规定，协议解释仅能在双方就协议"适用"或"执行"发生争议之时进行；当需要进行协议解释时，需由双方"协商解决"。

第二，部分两岸协议以"协商解释"条款规定协议的解释问题。《海峡两岸空运补充协议》是首次提及"解释"一词的两岸协议，亦是 20 余项两岸协议中唯一设置专门条款规定协议解释问题的协议。根据该协议第 13 条"实施方式"第 2 款之规定，双方对协议的实施或者解释发生争议时，由两岸航空主管部门协商解决。据此，我们可以对这一条款做如下解读：其一，这一条款明确了该协议的解释主体。与以往协议中规定的"双方"这一模糊化的争端解决主体不同，该项条款明确规定了"两岸航空主管部门"为协议的解释主体。② 其二，这一条款明确了该协议的解释权属。该项条款明确规定了协议解释须有双方"协商解决"，亦即是说确

---

① 以此种模式规定"争议解决"问题的协议包括：《两岸公证书使用查证协议》《两岸挂号函件查询、补偿事宜协议》《海峡两岸关于大陆居民赴台旅游协议》《海峡两岸海运协议》《海峡两岸空运协议》《海峡两岸邮政协议》《海峡两岸食品安全协议》《海峡两岸共同打击犯罪及司法互助协议》《海峡两岸渔船船员劳务合作协议》《海峡两岸标准计量检验认证合作协议》《海峡两岸和点安全合作协议》《海峡两岸农产品检疫检验合作协议》《海峡两岸知识产权保护合作协议》《海峡两岸医药合作协议》《海峡两岸气象合作协议》和《海峡两岸地震监测合作协议》。

② 需要指出的是，在《海峡两岸空运补充协议》中，两岸航空主管部门亦为该协议的联系主体。《海峡两岸空运补充协议》第 12 条规定，双方同意两岸航空主管部门建立联系机制，视必要随时就两岸航空运输的相关事宜进行沟通并交换意见。

定了协议解释权由双方共同享有，解释权的行使方式是协商行使。其三，这一条款明确了协议的解释方式。该项条款明确规定双方对协议解释须为"双方对协议的实施或解释问题发生争议时"，即协议解释的前提是双方发生争议，因而该协议的解释只能是被动解释，而非主动解释。

第三，《海峡两岸经济合作框架协议》（ECFA）及其后续协议均以"争端解决"及"机构安排"条款规定协议解释问题。除以"争议解决"和"协商解释"方式规定两岸协议的解释问题外，2010年两岸签署的ECFA首次确立了该协议框架下所有后续协议的解释机制，并首次设置了"两岸经济合作委员会"作为协议的解释机构。在ECFA中，有两个条文涉及协议的解释问题，即第10条争端解决条款和第11条机构安排条款。从这两个条文的规定来看，ECFA确立了解释协议的三种方案：一是尽快建立争端解决程序，通过该程序完成协议的解释；二是由双方协商解决；三是通过"两岸经济合作委员会"解决。在方案一设置的争端解决程序建立之前，由两岸共同决定采取方案二或方案三解决协议的解释问题。目前，两岸尚未就争端解决问题达成协议，因而ECFA的解释仍采取方案二或三的制度进行。ECFA对于协议解释问题规定的复杂程度远超其他两岸协议，它既明确了协议解释的主体（即双方协商解决或由经济合作委员会解决），又明确了解释的方式（既可以在出现争端时解释，又可以不附加条件解释），可谓两岸协议解释机制的一次重大进步。ECFA之所以设置了如此详尽的协议解释机制，一方面是由于两岸协议制定技术的提升，另一方面则是由于该协议的调整对象涉及两岸经济合作的各个领域，这使得两岸就协议内容发生争议的可能性远远高于其他协议，因而必须建构一套较为恰当的协议解释机制。在《海峡两岸投资保护和促进协议》《海峡两岸服务贸易协议》等ECFA后续协议中，均规定协议的解释应依照ECFA之规定处理。从ECFA与其后续协议的效力关系来看，未来两岸就相关问题签署的协议亦将会采取这种准用性规则模式加以规定。

四、两岸协议的修改

两岸协议的修改,是指有权修改主体,根据两岸关系发展的现实情况对既有两岸协议的内容进行变更、补充的过程。在现有的两岸协议文本中,协议的修改机制往往以"协议的变更"和"未尽事宜"两种形式加以表述,前者系指狭义上对协议内容的修正,后者则指对协议的补充。为方便叙述,本书将这两类条款统一归入两岸协议的修改机制之中。现有两岸协议多对协议本身的修改(包括未尽事宜的补充)问题做出规定。在2008年以来的两岸关系实践中,亦出现了多次的协议修改实践。因此,要对两岸协议修改机制进行进一步叙述,就应当首先对协议修改的规范与实践加以总结,以便为我们进一步做出分析论证提供理论素材。

(一)两岸协议修改的规范叙述

与解释条款"稀有"的现状不同,在现已签署的两岸协议中,绝大部分均设有协议的变更条款与补充条款。现有两岸协议关于协议变更和补充问题的规定主要包括以下三种表述模式,即针对协议整体变更的表述方式、针对具体事项表述方式和针对协议未尽事宜的表述方式。

第一,针对协议整体变更的表述方式。两岸协议中,一般以专项条款对协议的变更制度加以规定。这种条款的效力范围一般及于协议的全部内容,因此我们称之为"针对协议整体变更"的规定。在两岸协议中,这种条款的表述一般有两种方式,一是"协议变更……经双方协商同意",这种表述模式见于"汪辜会谈"时签署的《两岸公证书使用查证协议》《两岸挂号函件查询、补偿事宜协议》和《两会联系与会谈制度协议》;二是"协议变更……经双方协商同意,并以书面形式确认",这种表述模式见于2008年6月两会复谈之后的两岸协议。[①]

[①] 首次提出"双方协商同意,并以书面形式确认"的是《两岸关于大陆居民赴台旅游协议》,自此以后的各项协议均遵循此种模式。

第二，针对具体事项变更的表述方式。在部分两岸协议中，协议就某些特定事项规定了可以变更的具体内容。这种条款一般规定于协议的某一特定条款之中，其效力范围仅及于该项条款，因此我们将其称之为"针对具体事项变更"的规定。在两岸协议中，有6项协议存在这种"针对具体事项变更"的条款。其中4项协议出现在附件的表述中，2项协议出现在协议正文的表述中。这些条款往往以"调整""增加""增减""继续磋商"等用语对协议"具体事项变更"的问题做出规定。

第三，针对协议未尽事宜的表述方式。除上述两种对协议的变更之规定外，两岸协议还规定了对"未尽事宜"的补充制度。自《两会联系与会谈制度协议》开始，各项两岸协议均就"未尽事宜"设置了专项补充条款。该条款的具体表述是"本协议如有未尽事宜，双方得以适当方式另行商定"。

（二）两岸协议修改的实践叙述

在两岸协议的实践中，两岸两会依照相关协议的规定，曾对两岸协议及其附件进行多次修改活动。其中，上述三种规范模式所涉及的协议，均有过修改的实践。这些修改实践，为我们观察现行两岸协议修改机制的运行方式，发现和解决其中存在的问题和矛盾有着重要的现实意义。

第一，在实践中，根据"针对协议整体变更"条款完成对协议变更的情形共出现过一次，即两会通过换函确认《海峡两岸关于大陆居民赴台湾旅游协议修正文件一》，对《大陆居民赴台湾旅游协议》进行了部分变更。2011年6月21日，两会通过换函确认《海峡两岸关于大陆居民赴台湾旅游协议修正文件一》，将原有协议中"双方同意赴台旅游以组团方式实施，采取团进团出形式，团体活动，整团往返"的规定，变更为在此基础上"开放大陆居民赴台湾个人旅游"，即开放大陆居民赴台"自由行"。《修正文件一》分别就大陆居民赴台"自由行"的开放区域、开放人数、停留时间、申办程序、旅行安排、逾期停留和实施方式进行了相应规定。同时，需要指出的是，《修正文件一》首次援引原协议第九条的变更条款，明确了该文件与原协议的法理关系。

第二，在实践中，根据"针对具体事项变更"条款对协议进行修改的情形出现过两次：一是《海峡两岸空运补充协议》对《海峡两岸空运协议》部分条款的变更；二是《海峡两岸渔船船员劳务合作具体安排修正文件一》对《海峡两岸渔船船员劳务合作协议》附件部分条款的变更。2009年4月26日，两会签署《海峡两岸空运补充协议》，依据《空运协议》第一条、第三条和第四条之规定，将原有《空运协议》所规定的"客运包机常态化安排"[①] 改为"开通两岸定期客货运航班"，并在原有协议规定的航线基础上，"开通南线和第二条北线双向直达航路"，[②] 实现了两岸空运业务正常化。尽管《空运补充协议》名为"补充协议"，但根据其内容判断，该项协议实际上是对《空运协议》内容的变更。2011年3月1日，两会通过换函确认《海峡两岸渔船船员劳务合作具体安排修正文件一》的方式，完成了对《海峡两岸渔船船员劳务合作协议》附件"海峡两岸渔船船员劳务合作具体安排"的变更。该《修正文件一》对原有"具体安排"第四条证件查验的规定进行了变更，将原有规定的"近海船员须持登轮作业证件领取当地查验证件"，变更为"近海船员须持登轮作业证件或旅行证件领取当地查验证件"；对第七条接驳船舶的规定进行补充，新增了一款规定，"双方同意海峡两岸海运协议许可的海上客运船舶，可搭载持各自主管部门发给许可/旅行证件的船员，往返两岸直航港口履行本协议"。

第三，在实践中，根据"未尽事宜"条款对两岸协议进行修改的情形总共出现过11次。具体来说：一次是针对《两岸公证书使用查证协议》中的文本种类进行补充，增加相互寄送涉及税务、病历、经历、专

[①] 《海峡两岸空运协议》第六条。
[②] 《海峡两岸空运补充协议》第一条。

业证明等四项公证书复本种类；七次是针对《海峡两岸空运补充协议》附件"海峡两岸航路及航班具体安排"部分进行补充，分别调整和增加了相应的航班班次、直航点等；三次是针对《海峡两岸渔船船员劳务合作协议》及其附件"海峡两岸渔船船员劳务合作具体安排"进行补充，对原有的"契约（合同）要件""权益保障""证件查验""接驳船舶""旅行证件"等内容做了补充。需要说明的是，除《海峡两岸公证书使用查证协议》的补充是通过两会分别致函对方，确认完成修改之外，其他十次协议补充均是由两会换函完成修改。

第五章　法治型两岸关系发展模式与两岸交往制度依赖的形成

考察两岸关系的发展历史可见，就两岸交往与关系和平发展这一问题，两岸均制定了诸多重要政策，政策主导下的两岸关系存在各种不可预测的变数，但长期以来两岸关系的发展过程，恰恰就是缺乏一套完善的以（法律）规范为表现形式的制度安排。因此，要促进两岸关系的长期稳定发展，就必须运用法治思维，强化制度建设，实现两岸关系从对个别政治人物和个别政党的依赖到对制度依赖的阶段性转变，形成法治型两岸关系发展新模式。本章拟通过梳理两岸涉对方事务政策的脉络，分析其两岸关系和平发展政策依赖现象的成因与弊端，并将其与两岸交往机制相结合，探索两岸交往机制与两岸关系和平发展阶段的转变，构建以（法律）规范为表现形式的两岸关系和平发展制度框架，维护两岸关系和平发展的稳定性，确保两岸关系和平发展的不可逆趋势。

第一节　两岸涉对方事务政策之脉络叙述与评析

在两岸关系发展的过程中，大陆和台湾均形成一系列涉对方事务政策，这些政策的制定与实施均对两岸关系发展与两岸交往产生重要的现实影响。因此，在探索两岸交往机制和两岸关系和平发展的制度走向时，极有必要对两岸涉对方事务的政策加以回顾和评析，以便对其进行进一步的理论分析。

一、大陆方面对台政策的脉络叙述

1949年蒋介石在内战中失败，率领残部退往台湾，与大陆隔海对峙，台湾问题由此形成。自1949年至1978年，两岸处于军事对峙时期，双方在各方面的交往几乎全面中断。在这一时期，大陆和台湾的政治关系定位模式都是"合法政府对叛乱团体"，只不过由于大陆和台湾各自所处立场不同，因而对该模式含义的界定有所区别。[1] 大陆认为，1949年10月1日，随着中华人民共和国的成立，中华人民共和国政府取代了中华民国政府成为中国的合法政府，而退往台湾的"中华民国政府"则是由据守台湾的国民党残部组成的叛乱团体；台湾认为，大陆是所谓的"沦陷区"，中共领导的人民政权是所谓的"叛乱团体"。在这种针锋相对的政治定位之下，两岸处于绝对的对峙状态，两岸公权力机关之间不存在任何交往，两岸民众间的交往也极为罕见，而两岸在国际社会则进行着以所谓"汉贼不两立"原则为指导的"法统争执"。在这一时期，大陆的对台政策体现为"武力解放台湾"，台湾的大陆政策则体现为所谓的"光复大陆"。

20世纪70年代末，国际国内形势发生了一系列重大变化，1979年中美建交和全国人大常委会发表《告台湾同胞书》被认为是大陆对台政策转变的"最重要的一次分水岭"[2]。从国际上看，新中国国际空间的缓和为解决台湾问题提供了十分有益的助力，中美建交消除了解决台湾问题最为重要的国际障碍因素；从国内形势看，1978年中共十一届三中全会的召开为解决台湾问题提供了一个长期稳定的国内环境。在这一复杂的历史背景之下，为进一步贯彻中共十一届三中全会精神，全国人大常委会于

---

[1] 周叶中、祝捷：《关于大陆和台湾政治关系定位的思考》，载《河南政法干部管理学院学报》，2009年第3期。

[2] 邵宗海：《两岸关系》，台湾五南图书出版股份有限公司，2006年版，第175页。

第五章 法治型两岸关系发展模式与两岸交往制度依赖的形成

1979 年元旦发表了《告台湾同胞书》，宣布停止对金门的炮击，倡议两岸商谈结束军事对峙状态，并提出两岸应当为恢复双方正常的交往做出考量，"双方尽快实现通航通邮，以利双方同胞直接接触，互通讯息，探亲访友，旅游参观，进行学术文化体育公益观摩"[①]。《告台湾同胞书》的发表，标志着中国共产党对台政策的重大改变，并为未来"一国两制"科学构想的提出奠定了基础。

"和平统一、一国两制"的科学构想，是大陆在新时期对台政策的核心思路，邓小平在这一思路的形成过程中起到关键作用。1983 年 6 月 26 日，邓小平在会见美国客人杨力宇时，首次详细阐明了两岸实现统一的六条构想（即所谓的"邓六条"）。邓小平指出，"祖国统一后，台湾特别行政区可以实行同大陆不同的制度……司法独立，终审权不许到北京，台湾可以有自己的军队……大陆不派人驻台，不仅军队不去，行政人员也不去"，[②] 并提出了"建议两党平等会谈，实行国共第三次合作，而不提中央与地方谈判"[③] 的观点作为实现统一谈判的主要方式。邓六条以"一国两制"的基本理论为和平解决台湾问题设定了基本框架，也为未来大陆方面的对台政策提供了基本思路。"一国两制"构想清晰地勾画出了和平统一祖国的最佳蓝图，开辟了积极稳妥地解决台、港、澳问题、实现祖国和平统一的可行途径。[④] 尽管随着两岸形势，尤其是台湾地区政治形势的变化，"邓六条"中提出的一些具体措施可能已经不再适用于解决台湾问题，但其中一些原则性观点依然可以有效地适用。可以说，开拓出"一国两制"的台湾模式是摆在我们面前的重要使命。

在 1995 年 1 月 31 日，江泽民同志发表了《为促进祖国统一大业的完成而继续奋斗》的重要讲话，提出关于推进祖国和平统一的八项主张，

[①] 第五届全国人大常委会：《告台湾同胞书》，新华社，1979 年 1 月 1 日电。
[②] 《邓小平文选》（第三卷），人民出版社，1993 年版，第 30—31 页。
[③] 《邓小平文选》（第三卷），人民出版社，1993 年版，第 31 页。
[④] 李松林、祝志男：《中共和平解决台湾问题的历史考察》，九州出版社，2012 年版，第 139 页。

简称"江八点"①。这八项主张十分明确地阐述了祖国大陆对于台湾问题的基本方针、政策,就大陆方面对两岸关系发展中的重大问题的基本态度做出了说明,并提出了许多建设性意见,对两岸关系产生了重大影响。"江八点"中的核心内容在于重申了中共十四大报告中提出的"在一个中国前提下,什么问题都可以谈"的基本观点,在强调一个中国原则的同时,进一步驳斥台湾地区当时出现的"阶段性两个中国"等分裂观点,并对"一个中国"的内涵加以弹性表述,而不再强调一个中国就是中华人民共和国这一提法。同时,"江八点"还着重强调了两岸经济文化交流、中华文化对于两岸实现统一的重要意义、赞同两岸领导人举行会晤等主张。针对台湾地区当时开始突显的"省籍矛盾","江八点"也做出回应,明确指出"二千一百万台湾同胞,不论是台湾省籍还是其他省籍,都是中国人"。"江八点"是党和国家的第三代领导集体在继承"叶九条"和"邓六条"的基础上,根据两岸关系发展的现实情况,提出的一项重要对台政策,它承前启后,对于两岸关系和平发展局面的形成有着重要意义。

新世纪新阶段,面对国际国内形势复杂多变的宏观背景,胡锦涛同志在坚持继承"叶九条""邓六条"和"江八点"的同时,适时对对台工作做出调整和部署。"胡四点"和"胡六点"相继发布,提出了一系列对台工作的新主张、新举措,赋予对台工作方针政策新的内涵,推动两岸关系的发展。"胡六点"的新主张主要体现在以下几个方面②:一是对"一个中国"认识的深入阐释,并对两岸间的历史事实和现状进行了客观的描述,在坚持"世界上只有一个中国,中国主权和领土完整不容分割"的基础上,首次提出"台湾和大陆""尚未统一"的原因是"中国内战遗留并延续的政治对立",更加清晰地界定了"一个中国"的内涵。二是对

---

① 下列引述"江八点"具体内容的部分,均来源于江泽民:《为促进祖国统一大业的完成而继续奋斗》,新华社,北京,1月30日电,下文不再一一标注。

② 下列引述"胡六点"具体内容的部分,均来源于胡锦涛:《携手推动两岸关系和平发展 同心实现中华民族伟大复兴》,新华社,北京,2008年12月31日电,下文不再一一标注。

第五章 法治型两岸关系发展模式与两岸交往制度依赖的形成

新形势下两岸关系进一步发展的基本走向做出安排,提出两岸应当"推进经济合作""弘扬中华文化""加强人员往来",指出两岸可以签订"综合性经济合作协议""文化教育交流协议",并首次提出"只要民进党改变'台独'分裂立场,我们愿意做出正面回应"的看法。三是提出了两岸应当在维护国家主权、结束敌对状态方面有更多的作为。一方面,"胡六点"提出大陆方面"台湾同胞对参与国际空间问题的感受"表示理解,并愿意就台湾地区参与国际活动进行协商。另一方面,"胡六点"还重申了两岸签订"和平协议"的立场,以和平协议为基点,构建两岸关系和平发展框架。

党的十八大以来,台海风云变幻,两岸关系和平发展受到严峻挑战。2014年台湾地区"九合一"选举之后,尤其是2016年台湾地区领导人选举之后,拒绝承认"九二共识"的民进党在台湾地区全面执政,两岸关系面临新的重大挑战。面对日趋复杂的台海局势,以习近平同志为核心的党中央提出一系列关于台湾问题和两岸关系的新论述、新战略和新理论。习近平总书记针对台湾问题和两岸关系概括凝炼了一系列标识性概念,围绕这些标识性概念的理论言说、政策铺陈和策略展开,构成习近平总书记对台重要论述的基本方法论。在这些标识性概念中,"两岸一家亲"构成政策基础,"两岸命运共同体"构成核心理念,两个标识性概念精准定位、相互联系,为新时期对台工作奠定了思想基础。总的说来,习近平总书记的对台重要论述,既体现其一以贯之的语言风格与特点,又结合台湾问题和两岸关系的具体情况,具有针对性、启发性和指引性。例如,在坚持、丰富和发展以"一个中国"为核心的"九二共识"上,习近平总书记将坚持"九二共识"、反对"台独"的共同基础,比喻为"两岸关系之锚",并且提出"锚定了,才能任凭风浪起、稳坐钓鱼台"。[①] 这确定了坚

---

① 参见《习近平:共圆中华民族伟大复兴的中国梦》,资料来源:http://news.xinhuanet.com/tw/2014-02/19/c_126157576.htm,最后访问时间:2017年4月22日。

持"九二共识"、反对"台独"在两岸关系中的基础地位。2015年11月7日的"习马会"上,关于两岸关系政治基础,习近平总书记表示:"希望两岸双方共同努力,两岸同胞携手奋斗,坚持'九二共识',巩固共同政治基础……"[①]"习马会"上两岸双方领导人的直接对话,进一步夯实了两岸关系政治基础。在坚决反对一切形式的"台独"分裂活动上,为了彰显大陆反对"台独"的坚强决心,习近平总书记在纪念孙中山诞辰150周年大会上,用"我们绝不允许任何人、任何组织、任何政党、在任何时候、以任何形式、把任何一块领土从中国分裂出去"的"六个任何"表明立场。[②]"六个任何"对于分裂势力、分裂活动、分裂形式的列举,都是近年来最为严厉、最为全面的,将中国政府和人民反对"台独"、维护国家统一的坚强决心与信心展现无遗。在倡导"两岸一家亲"、鼓舞和凝聚两岸民心上,在习近平总书记的重要论述中,已经将两岸民众的心灵契合,提高到与形式统一同等重要的位置,不仅是实现国家统一的过程性目标和价值,而且具有了结果意义的价值意涵。两岸民心是两岸关系发展的根本方向,如何鼓舞和凝聚两岸民心,是对台工作的重要环节,也是坚持寄希望于台湾人民方针绝不动摇所必须,对于如何通过两岸交往实现心灵契合,习近平总书记用平凡的话语直指人心。总之,习近平总书记对台重要论述已经构成习近平治国理政思想的重要组成部分,为对台工作构建了思想基础和行动指南。

二、台湾方面大陆政策的脉络叙述

1979年两岸军事对峙局面结束以后,由于维系统治合法性的需要,台湾当局仍维持其以"光复大陆"为目标的大陆政策。随着两岸实力的

---

① 《习近平"习马会"致辞全文》,资料来源:中国网,2015年11月7日,http://www.china.com.cn/news/2015-11/07/content_37005398.htm,最后访问时间:2017年4月22日。

② 参见《习近平:在纪念孙中山先生诞辰150周年大会上的讲话》,资料来源:http://cpc.people.com.cn/n1/2016/1111/c64094-28854791.html,最后访问日期:2017年4月22日。

第五章 法治型两岸关系发展模式与两岸交往制度依赖的形成

变化和台湾地区政治转型的启动,在蒋经国执政晚期,国民党当局已经开始逐步淡化其"反攻大陆"的政策。尽管直至 20 世纪 90 年代初期,台湾当局仍然坚持其针对大陆的所谓"不接触、不谈判、不妥协"的"三不"政策,但其对两岸关系发展的基本判断已经发生了变化,不仅在私下肯定了国共两党对等谈判的可能性,还于 1987 年 11 月开始,开放台湾民众赴大陆探亲的限制,打开了两岸民间交往的大门。

1988 年,李登辉在蒋经国去世后继任台湾地区领导人,在其任内,两岸关系的发展发生重大变化。在李氏执政台湾的 12 年时间里,其大陆政策可以分为两个阶段,前一阶段尚可坚持一个中国原则,与大陆展开对话,后一阶段却抛出"两国论"的"台独"论调,直接导致了两岸关系走向冰点。(1) 在李登辉继任台湾领导人之初,其大陆政策基本上延续了蒋经国执政时期的基本观点,即坚持一个中国原则,他曾明确表示"台湾是中国的一部分,在未来中华文化的发展上,必将居于关键性的地位,故绝无独立的可能","台湾人是中国人,是中华民族的一分子,这是不容否认的事实","中国人的血脉断难分离,中国人的命运终为一体"[1]等。然而,基于两岸政治形势的变化,李氏开始放弃蒋经国时代对大陆以"叛乱团体"的政治定位,而代之以"一国两区""一国两体"的定位,承认中共在大陆执政的合法性。1991 年通过的"国家统一纲领"中明确提出,"海峡两岸应在理性、和平、对等、互惠的前提下"[2]最终实现统一。直至 1995 年,李登辉在"国统会"改组后第一次会议上的谈话仍然承认"大陆与台湾均是中国的领土,促成国家的统一,应是中国人共同的责任"[3]。上述言论至少说明,在李登辉执政的前期,其对一个中国原则的肯定和对两岸统一目标的认同。当然,与这种肯定和认同相联

---

[1] 杨梓:《李登辉大陆政策思想研究》,载《台湾研究》,1994 年第 1 期。
[2] "国家统一纲领"前言。
[3] 《李登辉在"国统会"改组后第一次会议上的谈话》。

系的还有台湾谋求与大陆"对等地位",要求大陆承认"两岸分治"的观点。在李登辉执政时期,两岸突破了原有的绝对隔绝状态,开始了有限制的自发交往。两会的相继成立、"九二共识"的达成和1993年"汪辜会谈"的展开都与李登辉执政前期的大陆政策息息相关。(2) 随着台湾地区"宪政改革"如火如荼地进行,李登辉所"坚持"的一个中国原则却逐步弱化。根据台湾"司法院大法官""释字第261号解释",所谓"万年国大"于1991年12月31日停止行使职权,"中央民意代表"由"全国不分区"的选举产生,然而这种所谓"全国不分区"的选举仅限于在"自由地区"举行。① 根据1994年8月1日通过的第三个"宪法"增修条文之规定,"总统、副总统由中华民国自由地区全体人民直接选举之",1996年台湾举行了首次地区领导人直接选举。如此一来,台湾在政治权力的配置上与大陆的关联完全被切断了。同时,在李登辉执政时期,台湾籍人士在台湾政局中扮演的地位越来越重要,"政治本土化"过程逐步加快,所谓"台湾主体意识"随之增强,并最终压倒了"大陆籍国民党多年来刻意培植的中国意识"②。(3) 在李登辉执政后期,其两岸政策终于实现重大转变,原本隐藏着的"台独"政策逐渐暴露。1999年7月,李登辉在接受"德国之声"专访时就两岸政治定位问题抛出了"两国论"的分裂观点,他声称"一九九一年修宪以来,已将两岸关系定位在国家与国家,至少是特殊的国与国关系。而非一合法政府,一叛乱团体,或以中央政府,一地方政府的'一个中国'的内部关系"③,并提出"两岸关系定位在特殊的国与国关系,所以没有在宣布台湾独立的必要"的观点,公然暴露出其制造"两个中国",分裂中国的"台独"观点。李登辉的

---

① 参见周叶中、祝捷:《台湾地区"宪政改革"研究》,香港社会科学出版社有限公司,2007年版,第26页。
② 参见林冈:《台湾政治转型与两岸关系的演变》,九州出版社,2010年版,第185页。
③ 李登辉接受"德国之声"专访时的谈话,资料来源:www.president.gov.tw,最后访问日期:2017年3月17日。

第五章　法治型两岸关系发展模式与两岸交往制度依赖的形成

"两国论"不仅违背了"一个中国"的基本事实，而且与台湾地区"宪法"规范相矛盾，最终并没有因势利导被修正为国民党大陆政策的主轴。① 然而，"两国论"的提出却直接导致了两岸关系跌入谷底，原定的海协会会长汪道涵访问台湾的计划取消，两岸公权力交往全面中止。

2000 年台湾地区发生第一次政党轮替，民进党籍候选人陈水扁当选台湾地区领导人。与李登辉的大陆政策类似，陈水扁执政时期，其大陆政策亦可以 2002 年 8 月其提出"一边一国论"为界，分为前后两个阶段。在前一阶段，陈水扁所提出的大陆政策以其本人在 2000 年 5 月的"就职演说"中所提出的"四不一没有"为核心展开。所谓的"四不一没有"，是指陈水扁提出的，"只要中共无意对台动武，本人（陈水扁）保证在任期内，不会宣布独立，不会更改国号，不会推动两国论入宪，不会推动改变现状的统独公投，也没有废除国统纲领与国统会的问题"② 的政策宣示。有部分学者认为陈水扁的这一政策宣示是某种意义上的对大陆"示好"——随着"四不一没有"的提出，陈水扁也做了一些有利于两岸交往的具体政策安排，诸如改变了李登辉时代"戒急用忍"的政策，提出了"积极开放，有效管理"的两岸经贸政策等等。但是，这种以"负面排除"的方式做出的政策表示是值得探讨的。一方面，所谓"四不一没有"刻意地回避了"一个中国"的基本原则，③ 绕开了两岸是否属于同一国家这一关键问题；另一方面，负面的表示也给其可能的"台独"政策倾向留下了一定的空间。事实上，2002 年 8 月，陈水扁在向东京"世界台湾同乡年会"发表视讯讲话时提出了其"一边一国论"，即"台湾与对

---

① 邵宗海：《两岸关系》，台湾五南图书出版股份有限公司，2006 年版，第 103 页。
② "中华民国"第十任"总统"陈水扁"就职演说"，资料来源：www.president.gov.tw，最后访问日期：2017 年 3 月 17 日。
③ 陈水扁在 2000 年 8 月 "出访" 中美洲时举行记者招待会，表示 "两岸关系的走向，台湾二千三百万人民应有最终选择权与决定权……'国统纲领'是否必须以'统一'为唯一及最后的选项。应该值得进一步探讨"。参见《中国时报》，2000 年 8 月 18 日，第一版。足见在陈水扁看来，两岸走向统一不再是其两岸政策的终极目标，而沦为一个"选项"。

岸中国是一边一国，要分清楚"①的"分裂"论断。可以说，这一论断继承了李登辉"两国论"的"台独"论调，在事实上取代了陈水扁自己提出的"四不一没有"政策，成为民进党执政时期大陆政策的核心内容。在此之后，陈水扁更是开始以对内"去中国化"、对外"入联"等方式挑衅两岸关系、分裂国家，不断鼓噪"宪改""公投"等活动，以期实现"台湾法理独立"，"宪法"和"法律"已经成为"台独"分子谋求"台独"的重要手段。②

2008年3月，台湾地区发生第二次政党轮替，在野达八年之久的国民党再次成为台湾地区执政党。国民党籍候选人马英九当选台湾地区领导人，这为两岸关系和平发展带来了重大机遇。积极主张改善两岸关系的国民党获得执政权，并控制了"立法院"四分之三以上的席位，充分说明了广大台湾民众对于民进党大陆政策的厌恶甚至是唾弃，也表明了两岸关系和平发展是两岸人民的共同心愿，是两岸民心所向。马英九的两岸政策主要体现为：主张在"宪法一中"和"九二共识"的基础上，维持"不统、不独、不武"的台海现状，以两岸经贸往来与文化交流全面正常化为起点，以双方"和解休兵"为第二阶段目标，而将两岸问题的最终解决留待未来。③一方面，马英九当局坚持在"九二共识"基础上发展两岸关系，为两岸恢复协商提供了前提条件。在马英九2008年的"就职演说"中，他指出"我们今后将继续在'九二共识'的基础上，尽早恢复协商"④，以对大陆所秉持的两岸协商的基础——"九二共识"的承认，实现了台北方面对李登辉"两国论"和陈水扁"一边一国论"的纠偏，

---

① 陈水扁在东京"世界台湾同乡年会"上的视讯讲话，资料来源：www.president.gov.tw，最后访问日期：2017年3月17日。
② 参见周叶中：《台湾问题的宪法学思考》，载《法学》，2007年第6期。
③ 林冈：《台湾政治转型与两岸关系的演变》，九州出版社，2010年版，第208页。
④ "中华民国"第十二任"总统"马英九"就职演说"，资料来源：www.president.gov.tw，最后访问日期：2017年3月17日。

第五章　法治型两岸关系发展模式与两岸交往制度依赖的形成

为两岸重开协商大门，实现各层次、各领域交往的持续繁荣和有序化提供了有利的政治支持。另一方面，马英九以台湾主流民意为依托，提出所谓"不统、不独、不武"的两岸关系主张，以维持台海现状为其政策的主要目标。所谓"不统"是指"任内不谈统一""未来公投统一"。这一政策主张充分彰显了马英九维持现状的取向。在海峡两岸维持现状是台湾岛内的主流民意，在选举政治主导下的台湾，受选票极大化策略的影响，很少有政党会违背这一民意导向。所谓"不独"是指"反对法理台独""捍卫中华民国"。对于两岸政治关系的定位问题，马英九曾多次表示，两岸"是一种特别的关系，但不是国与国的关系"，以此否定了民进党当局曾抛出的"台独"主张。马英九所坚持的"一个中国"乃是指"中华民国"，它的"有效统治区域是台澎金马，但根据宪法固有疆域还包括中国大陆"[①]，即所谓"宪法一中"的观点。所谓"不武"是指"反对武力解决台湾问题""采取'防卫固守、有效吓阻'的军事守势战略"和"台海和平符合两岸人民和国际社会的共同期待"。同时马英九认为，台海地区的和平符合两岸人民和国际社会的共同期待，他曾公开表示"两岸应该要和平相处、共创繁荣，我们现在做的正是这件事情，我的两岸政策中非常重要的一环，就是'不统、不独、不武'"。[②] 两岸在"九二共识"这一政治共识的基础上，在众多事务性问题上取得了具体共识，两岸关系正处于60年来最好的时期。然而，在这些共识以外，两岸间的政治分歧依然存在，所谓"一中各表"的两岸政治定位表述就凸显了这一点。两岸依然存在着"承认争议"这一重大分歧，并因此而导致了一系列重大问题无法得以解决。正所谓"冰冻三尺，非一日之寒"，两岸关系的发展并非一日之功，但至少马英九的上台和国民党的执政为两岸关系和平发展

[①] 《马：九二共识 可反对但不能否定》，资料来源：http://www.stnn.cc/taiwan_forum/200804/t20080402_756305.html，最后访问日期：2017年3月17日。

[②] 环球时报：《马英九接受英媒专访 重申"不统不独不武"》，资料来源：http://news.21cn.com/domestic/taihaijushi/a/2011/0308/15/8160190.shtml，最后访问日期：2017年3月17日。

开启了大门,两岸关系和平发展走向新的发展阶段。

2016年,台湾地区发生第三次政党轮替,民进党籍的蔡英文当选台湾地区领导人,两岸关系再次面临严峻的挑战。从蔡英文参选台湾地区领导人以来的两岸政策主张来看,其已打造出一套由"普遍民意""中华民国宪政体制"等概念构建的话语体系。这套体系的要旨体现在两个方面:一方面,以所谓"普遍民意"为依托,拒斥大陆方面倡导的"九二共识"或其核心意涵,为自身施行的"隐性台独"政策提供所谓"合法性基础";另一方面,以可做出多种解读的"中华民国宪政体制"等话语为包装,迷惑大陆方面,更为其在日后调整两岸政策预留进退空间。然而,蔡英文的这套两岸政策体系本质上却是以"维持现状"为名,行破坏两岸关系政治基础、推动"隐性台独"之实。一方面,从岛内舆情结构来看,由民进党制造的"台独""反中"等话语噱头在民粹化的舆论氛围下,已经被包装为一种"政治正确"。只有"台独"民粹化操作的声音才能在岛内大势发声,而民众对两岸关系和平发展的期盼,却只能被这种"政治正确"所湮没,成为"沉默的多数"。另一方面,从台湾地区内部,尤其是民进党内部的政治话语体系来看,"中华民国"早已成为其争取选票、推行"台独"分裂活动的"遮羞布"。① 从蔡英文执政以来的言行看,两岸话题是其使用"中华民国""中华民国宪政体制"等话语最多的场合。毫无疑问,这种政策话语选择的目的即在于,通过一套看似对大陆带有"善意"的话语体系,对抗"九二共识"或其核心意涵,甚至使大陆对其两岸政策产生误判。

在岛内,蔡英文当局通过继续推动"去中国化"活动,在政治、历史、文化等层面进一步割裂台湾地区与大陆之间的联系,推动以"中华民国台湾化"为核心的"台独"政策体系进一步走向完善。在两岸长期

---

① 参见王英津:《论两岸政治关系定位中的"中华民国"问题(下)》,载《中评月刊》,2016年2月号。

第五章　法治型两岸关系发展模式与两岸交往制度依赖的形成

处于政治对立的历史背景下,"中华民国"被广大台湾民众视为其"国家认同"的主要对象,也被视为岛内主要政治力量的"最大公约数"。因此,蔡英文当局选择充分利用"中华民国"这块招牌,通过对"中华民国"政治意涵的解构与重构,形成由"中华民国是主权独立的国家"——"中华民国就是台湾"—"台湾是主权独立国家"构成的"三段论"式"台独"逻辑链条。在这一逻辑链条中,"台湾化的中华民国"无疑构成其核心论证部分。而蔡英文当局所欲推行的政策体系,正是围绕"中华民国台湾化"展开的。有学者认为,20世纪90年代台湾地区"宪政改革"构成所谓"中华民国台湾化"进程的开端[1],而此后民进党大力推动的所谓"去中国化"运动,则使这一进程走上"快车道"。当前,蔡英文当局推行的这套以"中华民国台湾化"为核心的政治话语,在台湾本土势力的长期推动下,已具有一定社会基础。而这套彰显"台独"分裂主张的意识形态在日益盛行的民粹主义催化下,无疑将更具影响力。

在国际上,蔡英文当局试图打破两岸形成的"外交休兵"默契,通过积极贯彻以"台湾"弱化和取代"中华民国"的对外政策,积极迎合美、日等国的遏华政策,以试图获取外部力量的支持。海峡两岸在很长一段时期内,尤其是李登辉、陈水扁担任台湾地区领导人期间,在台湾地区参与"国际空间"问题上,长期处于所谓"外交鏖战"状态,双方以零和博弈方式,不断展开"外交攻防"。直至2008年后,两岸有识之士认识到,"外交鏖战"对双方均已产生极为不利的影响,更是严重损害了中华民族的国际形象。由此,双方逐渐在"九二共识"基础上,达成"外交休兵"的政治默契,使两岸在台湾地区参与"国际空间"问题上的摩擦大大减少。[2] 然而,从蔡英文执政以来的对外政策看,其已开始通过以

---

[1] 参见[日]若林正丈:《战后台湾政治史——中华民国台湾化的过程》,洪郁如等译,台湾大学出版中心,2014年版,第214页。
[2] 参见祝捷:《两岸关系定位与国际空间》,九州出版社,2013年版,第207页。

"台湾"淡化"中华民国"(R.O.C)中"中国"(China)因素的方式，破坏两岸达成"外交休兵"政治默契的基础。如蔡英文在巴拿马活动时用英文署名"台湾总统（中华民国）""President of Taiwan（ROC）"①，而非马英九执政时期对外使用的"中华民国总统（台湾）""President of ROC（Taiwan）"，即充分体现出民进党当局意欲在对外交往中，以"台湾"弱化甚至取代"中华民国"，以实现其"外交台独"目标的政策倾向。除此之外，蔡英文当局在东海、南海问题上，不惜以模糊话语回避自身权利主张的方式，积极迎合美、日等国的相关政策，以达到寻求外部支持的目的。这无疑为两岸共同维护中华民族的整体利益设置了障碍。② 综上所述，蔡英文当局自执政以来，已经走上一条背离"九二共识"或其核心意涵，宣扬"台独"分裂活动的错误道路，两岸关系不得不再次面临极为严峻的挑战。

自20世纪90年代台湾实现其政治转型之后，尤其是1996年台湾地区实现首次领导人"直选"之后，选民的选票对于领导人竞选者们的政策的选择显得至关重要。在台湾，两岸关系长期以来都是各党派进行"选战"时的重要议题之一，甚至在某些时期可以左右整个选举形式。因此，不论是李登辉从高喊"自由、民主、均富统一中国"到公开将两岸关系界定为"特殊的国与国关系"，还是陈水扁提出的"一边一国论""入联公投"，又或是马英九上台后承认"九二共识"，以促进两岸经济、文化交流为近期目标，以实现两岸"和解休兵"为中期目标，奉行"不统、不独、不武"的中间路线③，再到蔡英文执政以来，背离"九二共识"，宣扬推动"中华民国台湾化"和建构"中华民国宪政体制"，从一定意义上讲都是出于对选举的考量。只不过四位地区领导人对不同时间段

---

① 中评社：《蔡英文签 President of Taiwan》，资料来源：http://www.crntt.com/doc/1042/8/3/6/104283694.html?coluid=0&kindid=0&docid=104283694，最后访问日期：2017年3月18日。
② 参见张亚中：《蔡英文执政的困境》，载《中评月刊》，2016年6月号。
③ 参见林冈：《台湾政治转型与两岸关系的演变》，九州出版社，2010年版，第181页。

内的岛内主流民意的判断和解读存在差异,才导致其两岸政策的差异如此之巨大。然而,正是这种基于领导人判断和解读上的差异,却直接导致了两岸关系在过去20年间出现了难以想象的曲折。在两岸关系发展严重依赖于政策的时代,稳定的两岸关系或许只能是人们的一种美好愿望,却难以在长期成为现实。

三、两岸涉对方事务政策流变的主要特点

从上述回顾中,我们可以看出,两岸涉对方事务政策的流变过程之中表现出以下几个主要特点:

第一,大陆方面表现出一以贯之与灵活弹性相结合。自1979年发布《告台湾同胞书》以来,"和平统一"取代"武力解放台湾"成为大陆解决台湾问题的主要策略。这一策略在过去30年的时间内一以贯之,并未改变。同时,在大陆的对台政策中,一些基本的立场与原则,始终坚定不移。例如,在对台政策中,尽管大陆可以接受表述模糊的"九二共识",并以此作为两会商谈的基础与前提,但却从未改变对一个中国原则的坚持。尽管大陆可以表现出对"台湾主体意识"的尊重,却始终未改变反对"台独"的基本立场。这些变化中保持不变的基本立场与原则是大陆对台政策一以贯之的重要表现。然而,大陆方面长期坚持"和平统一"的基本思路并不意味着这一思路的僵化。随着两岸形势的不断变化,大陆的对台政策也充满着灵活性,并逐步以弹性的方式加以表述,为台湾问题的解决留下了充足的政策空间。具体而言,这些富有弹性的政策变动主要表现在以下两个方面:(1)关于"一个中国"的表述的变化。在1992年之前,两岸处于对"中国"正统的争议阶段。在这一阶段,大陆所主张的一个中国原则是指"世界上只有一个中国,是中国的一部分,中华人民共和国是中国的唯一合法政府",此即所谓一个中国原则的肇始含义。1992年两会达成"九二共识",两岸在坚持一个中国的原则之下,各自表

述"一个中国"的含义。在这一阶段,大陆所称的"一个中国"的表述则演变为"世界上只有一个中国,台湾是中国的一部分,中国的主权和领土完整不能分割"[①],这一表述中不再提"中华人民共和国是中国的唯一合法政府",此即所谓"一个中国"三段论Ⅱ。到2000年,大陆所称的"一个中国"含义进一步发生变化,即"世界上只有一个中国,大陆和台湾同属一个中国,中国的主权和领土完整不容分割"。这一表述为之后的中共十六大、十七大、十八大报告所确认,并写入《反分裂国家法》,成为大陆的官方表述,此即所谓"一个中国"三段论Ⅲ。变化中的"一个中国"表述的内涵因应着两岸关系的发展与变化,同时也具有了更大的包容性,以便为两岸展开对话,形成共识提供足够的政策空间。(2)关于统一后台湾地区实行的制度问题的表述变化。在第二代、第三代领导集体所提出的解决台湾问题的基本主张中,"一国两制"是和平解决台湾问题的主要途径,甚至被认为是唯一途径。这一思路也被写入《宪法》之中,即《宪法》第三十一条"国家在必要时得设立特别行政区"的规定。然而,在2005年颁布的《反分裂国家法》中,国家统一后台湾地区实行的制度问题却不再表述为"特别行政区制度",而是代之以"国家和平统一后,台湾可以实行不同于大陆的制度"(《反分裂国家法》第五条第三款)。这一条文并未使用宪法所规定的"特别行政区"制度,因而具体实行什么制度,留有一定的空间。[②]

第二,台湾方面,从坚持"一个中国"到"台独"意识的逐渐增强。与大陆的一以贯之不同,台湾方面在过去30年,尤其是1990年以来的20余年里,其大陆政策和统"独"观念发生了较大的变化。在两蒋威权统治时期和李登辉成为台湾地区领导人的初期,台湾方面尚能坚持一个中

[①] 钱其琛:《在首都各界纪念江泽民主席〈为促进祖国统一大业的完成而继续奋斗〉重要讲话发表三周年座谈会上的讲话》。

[②] 周叶中、祝捷主编:《构建两岸关系和平发展框架的法律机制研究》,九州出版社,2013年版,第24页。

第五章 法治型两岸关系发展模式与两岸交往制度依赖的形成

国原则,坚决维护"中华民国""法统",反对"台独"。但是,随着岛内政治形势的变化,一些"台独"分裂分子借机鼓吹所谓"台湾主体意识",这一理念随着 2000 年民进党的执政而在台湾产生了越来越大的影响。因此,随之而来的是台湾当局在很长一段时间内对两岸政治定位的调整,甚至出现了所谓的"两国论"和"一边一国论"等分裂表述。尽管随着 2008 年国民党重新获得台湾地区执政权,台湾当局对两岸关系的定位又回到一个中国框架之内,但统一不再成为台当局所确立的两岸关系发展的唯一目标,而降低为"一个选项"。因此,在过去 30 年内,台湾方面的政策取向发生了重大变化,"统一"在岛内的呼声不断下降,这对两岸关系和平发展是极为不利的。

第三,大陆和台湾双方政策互动从无到有,双方实现从"独白"到"共识"的转变。在两岸关系的发展过程中,两岸政策的变迁各有其特征,但总体而言,两岸政策之间出现了从"独白"到"对话"的演变,双方政策之间亦开始从全无互动,各说各话,到以各种方式展开了对话。自 1979 年全国人大常委会发表《告台湾同胞书》起,直到 1992 年两岸开始借助两会平台进行事务性商谈为止,两岸虽各自均对两岸关系的定位等重要问题提出过政策,但这种政策之间几乎不存在任何互动,即使有互动,也是以"隔空喊话"的形式进行间接互动。[1] 因此,在这一阶段两岸之间的政策话语并不存在"对话",故可称之为"独白"时期。1992 年两岸达成"九二共识"是两岸关系发生转折的重要事件,在此之后,两岸逐步展开以"两会平台"为主的事务性商谈。在两会商谈的过程中,两岸各自政策逐渐开始以"对话"形式加以表现,在两会商谈之外,两

---

[1] 如 1982 年,时任全国人大常委会副委员长的廖承志曾在 1982 年 7 月 25 日的《人民日报》上发表《廖承志致蒋经国的公开信》,呼吁蒋经国放弃"三不政策",并提出国共两党展开第三次合作等建议。当年 8 月 17 日,身居美国的宋美龄亦通过媒体发表了《宋美龄致廖承志的公开信》予以回应。然而,双方的"来往"书信却是各说各话,并未处于同一话语体系之内。因此,这一阶段,两岸各自政策之间几乎不存在直接性的互动。

岸各自政策也开始逐步走向互动,而非绝对意义上的"各说各话"。政策互动现象的出现,一方面表现出两岸关系和平发展过程中两岸交往和沟通增多,敌对意识有所减少,这对于两岸关系的长远发展有着重要意义;另一方面也表现出两岸在制定各自涉对方事务政策的过程中,开始逐步考虑对方的现实情况,以便于己方政策能够得到有效实施。

第二节 两岸关系和平发展的政策依赖及其弊病

从上述回顾可知,在两岸关系发展的过程中,两岸各自涉对方事务政策对两岸关系的发展有着重要影响。这种影响在一定程度上导致两岸关系和平发展体现出一种随两岸领导人个人意志的改变而改变,因台湾地区政治局势的变化而变化的"制度依赖"现象。如何从理论上诠释这种"政策依赖"现象,如何克服这种现象对两岸关系的负面影响成为我们在构建两岸交往机制时不得不认真思考的问题。

一、两岸关系和平发展的政策依赖的理论意涵

政策是一个政治学概念,这一概念在许多政治学文献中与"公共政策"通用,它一般是指"针对一定环境下的问题和机会,个人、组织或政府为实现一个目标、目的或宗旨而采取的一系列行动"[①]。从这个意义上讲,政策是法律的一个上位概念,即法律也是公共政策的一种表现形式。本书所指的"政策"是从法学角度进行界定的,它并非法律的上位概念,而是一个与法律相对应的概念。在我国,政策一般是指政党的政策,即政党为实现一定政治目标、完成一定任务而做出的政治决策,它是政党执掌国家政权,管理国家政治、经济、社会、文化等各项事业的重要

[①] Anderson, *Public Policy Making*, 4th ed. Boston, MA: Houghton Mifflin Company, 2000, pp.4-8, 转引自华世平主编:《政治学》,中国人民大学出版社,2007年版,第227页。

第五章　法治型两岸关系发展模式与两岸交往制度依赖的形成

措施，是执政党进行整治活动的主要方式。[1] 长期以来，我国都是一个政策社会，即依靠政策实现国家和社会治理的社会。政策的特点主要表现在以下几个方面[2]：

第一，决策的果断性。执政党政策的决策者一般限于党内领导层中的少数几个个人，政策的制定也并不需要遵循严格的程序，因此它可以在短时间内为解决一些特定问题而被迅速制定出来。从这个意义上说，政策的制定过程可以非常短，往往是一个会议就可以制定出一项政策，而不需要纠缠于繁杂的制定程序。然而，由于缺乏严格的程序限制，政策的决策过程很难保证对恣意的限制，也很难保证决策选择的理性，[3] 这意味着政策果断决策的背后可能是缺乏理性的恣意选择，它可能缺乏公正合理的外在保障。

第二，灵活性。政策的灵活性表现在两个方面：一是制定政策的灵活性，即政策可以随着形势的变化而迅速做出调整，甚至是重大调整，而不需要受制于复杂的程序，因此，人们往往认为执政党的政策具有多变的特点；二是适用的灵活性，即由于政策的表述往往具有原则性和宏观性的特点，因此，在它的适用过程中，执行者可以根据形势的差别，在一定范围内自行做出解释和调整，运用起来十分灵活。然而，与灵活相对应的稳定性恰恰是政策所缺乏的。由于制定过程和适用过程都十分灵活，政策很难像法律一样保持较长时期内的稳定性，"朝令夕改"的现象在政策领域常常出现，这对于保证政策的权威性有着严重的不利影响。

第三，执行效应快。在我国，政策的执行效率十分之高，这是由两方面的原因决定的：一方面，由于政策的表述多具有原则性、宏观性的特

---

[1] 李龙主编：《法理学》，武汉大学出版社，2012年版，第512页。
[2] 参见蔡定剑、刘丹：《从政策社会到法治社会——兼论政策对法制建设的消极影响》，载《中外法学》，1999年第2期。
[3] 关于程序限制恣意，保证理性选择的论述参见季卫东：《法治秩序的建构》，中国政法大学出版社，1999年版，第15页以下。

征，其中所涉及的专业性问题也会相应地少于法律等具体的规范性文件，因而受众对于政策的理解也会变得较为简单，很多情况下政策仅仅表现为一种口号式的宣传，这使得其传播变得十分容易；另一方面，在我国，政策的传达渠道多是通过媒体宣传和各级组织的传达，这两种传播方式分别考虑到了受众的广泛性和重点性的因素，二者结合，能够很好地达到执行效果。

第四，适应党的领导方法，尤其与计划经济体制下的管理机制相适应。我们党长期以来坚持民主集中制的领导方式，这种领导方式与党长期领导我国革命事业有着重要关联。在这种具有严格上下级关系的组织体系之下，党能够以最高效的方式实现发动群众，组织革命的目的。民主集中制的领导方式与政策的决策和执行的过程十分吻合，在民主集中制之下，政策能够得到高效的执行。新中国成立以来，我国长期实行高度集中的计划经济，这种经济管理方式也能与政策达到较好的配合效果。然而，随着我国实现由计划经济到社会主义市场经济的转型，政策这种缺乏广泛民意支持的决策方式的适应性也随之下降。

政策，特别是执政党的政策与法律有着相当大的相关性。任何执政党，都要通过国家政权机关，包括利用法律手段贯彻自己的政策，任何一项法律的创制都具有一定的政策背景，都要受到执政党的政策影响。[1] 然而，这并不意味着政策与法律之间没有区别。在治国理政的过程中，政策与法律所发挥作用的差别主要体现在以下几个方面：一是政策一般体现执政党的意志，其实施范围一般也限于执政党范围之内；法律则体现全民意志（至少在形式上如此），其实施范围涉及整个国家和社会。二是政策一般不具有严格的逻辑结构，没有明确、具体的规范形式，表现为决议、意见、通知等形式；法律则表现为国家认可的规范性法律文件，它具有严格

---

[1] 孙国华、王立峰：《依法治国与改革和完善党的领导方式和执政方式——以政策与法律关系为中心的考察》，载《政治学研究》，2002年第4期。

第五章 法治型两岸关系发展模式与两岸交往制度依赖的形成

的逻辑结构,通过具体、明确的规范形式调整特定的权利义务关系。三是政策的稳定性远不及法律,由于不受制于严格的程序,它可以随时因应形势的变化而做出较为迅速地调整,甚至是在短期内做出截然相反的调整;受制于较为严格的法律程序,法律的变化和调整受到较大限制,因而表现出较为稳定的特点。由于政策的制定权往往在于少数领导人,它建立在集中统一的指挥,严格的上下级关系的基础上,因而缺乏足够的民主正当性。在我国,这种以政策为主要表现形式的决策往往会被异化为个别党内高级领导人或行政首长的个人决策,这种情况在建国初期的很长一段时间内表现得尤为突出。与政策的决策机制相比较,法律的制定机制以广泛的民主性为基础,以严格的法律程序作为保障,是高度理性化的制度表现。尽管政策的制定也会在较大程度上尊重民意对其主要内容的人治,但由于政策的制定缺乏完整的程序保障机制,其决策失误的可能性却远远高于法律。在历史上,我们党也曾有过一系列连续的错误政策决策。因此,政策统治本质上是一种人治,它与法治不相适应。当政策在国家的地位高于法律时,当政策在治国理政中拥有最高权威时,建设法治国家的目标便无从实现。

"依赖"一词,本是一个心理学的概念,意指"依靠别人或事物而不能自立或自给"。在经济学中,这一概念用于解释人类社会中出现的类似于物理学中惯性的现象,有许多经济学学者提出了所谓"路径依赖"理论。这一理论是指具有正反馈机制(positive feedback)的随机非线性动态系统,一旦为某种偶然事件所影响,就会沿着一条固定的轨迹或路径一直演化下去;即使有更佳的替代方案,既定的路径也很难改变,即形成一种"不可逆转的自我强化趋向"。[1] 若将这一经济学理论运用于对两岸关系的解读之中,我们会发现,在两岸关系的发展过程中,一旦在某一阶段形成

---

[1] Witt, U., 1993. *Evolutionary Economics*. Edward ElgarPublishing Limited. 转引自刘和旺:《诺思制度变迁的路径依赖理论新发展》,载《经济评论》,2006年第2期。

了政策调整和影响两岸关系的状况，那么整个两岸关系发展的轨迹便会随之形成一种惯性路径，即整个两岸关系的发展都会受到政策的极大影响。考察两岸关系的历史与现状，两岸关系是否和平发展对于两岸执政党的主要政策具有较大的依赖，亦即对人的因素具有较大的依赖。两岸关系的发展状况与两岸政治人物、主要党派乃至于两岸所处的国际背景都有着密切的联系。当政治人物和主要党派提出对两岸关系的和平发展有利的政策时，两岸关系便会相应转暖，进而取得一些有益于两岸关系发展的成绩；当政治人物和主要党派的两岸政策发生转变，提出一些不利于两岸关系和平发展的政策时，两岸关系亦会随之转冷，甚至濒临战争的边缘。

二、两岸关系和平发展政策依赖的成因分析

从上述分析可以看出，近 30 年来，对两岸关系影响最大的乃是两岸各自涉对方事务政策，其表现形式多为两岸领导人的讲话，而并非一套完整意义上的，具有连贯性、稳定性和可预测性的制度。可以说，政策主导下的两岸关系存在着各种不可预测的变数，这使得双方处理两岸关系问题时不得不认真谨慎地解读对方领导人言论中任何可能的"弦外之音"。造成这一现象的原因有三：

第一，受长期以来人治思维的影响，两岸各自内部的政治环境更倾向于以动态的政策来管控两岸关系。自 1949 年海峡两岸陷入政治对立状态以来，两岸各自建立的政治体制在很长一段时间内是缺乏法治与民主因素的。就大陆方面而言，新中国成立以后的很长一段时间里，政策是党领导国家的主要工具。政策具有决策果断、执行迅速、灵活的特征，这与共产党长期坚持的民主集中制、严格的上下级领导关系、宣传发动群众等领导方法相适应，使党能够运用政策灵活有效地实行领导。[1] 因此毛泽东同志

---

[1] 参见蔡定剑、刘丹：《从政策社会到法治社会——兼论政策对法制建设的消极影响》，载《中外法学》，1999 年第 2 期。

第五章　法治型两岸关系发展模式与两岸交往制度依赖的形成

曾指出,"政策和策略是党的生命……政策是革命政党一切实际行动的出发点,并且表现于行动的过程和归宿"①。这样,政策在中国便具有了极高的权威性,甚至形成了政策高于法律,政策才是真正的"法律"的局面。在我国,不论是党政机关还是基层群众都非常适应以政策为导向的社会管理体制。因此,在这种政策治国的大背景之下,以政策为主导处理对台事务便成为一种自然而然的选择。就台湾方面而言,自1949年开始直至1991年正式解除所谓"戒严"的40年余间,其基本上处于蒋氏父子的威权统治之下。法律虽然被当作维系其统治、增强其合法性的工具,但在实际政治生活中却并没有发挥其应有作用。正如台湾学者颜厥安所指出的那样,"在没有任何民主正当性之下,长期以动员戡乱体制来压制台湾人民的参政权……这是标准的'宪法破弃'"。② 在两蒋时代,国民党在台湾实行的"一党专政"和"动员戡乱"体制都意味着法治不可能成为其统治的主要方式,而国民党的政党政策亦在威权时代的台湾发挥着重要作用。对于两岸关系这样的重要议题,台湾方面则更不会以法律来调整,而是以领袖的政治决断作为其大陆政策的最高指针。尽管在20世纪90年代以前,两岸也会以法律的形式表达出一些涉对方事务态度,但这种表达多存在于两岸的各自规定之中,如1978年宪法序言中规定,"台湾是中国的神圣领土。我们一定要解放台湾,完成统一祖国的大业"。1982年宪法序言中规定,"台湾是中华人民共和国的神圣领土的一部分……完成统一祖国的大业是包括台湾同胞在内的全中国人民的神圣职责"等内容。但是这些规定与其说是一种法律规范,毋宁说是一种政策宣示。

第二,两岸政治人物更趋向于以更具灵活性的政策来调控两岸关系。所谓政治,是指上层建筑领域中各种权力主体维护自身利益的特定行为以及由此结成的特定关系。政治作为各种权力主体维护自身利益的特定方

---

① 《毛泽东选集》(第四卷),人民出版社,1991年版,第1241页、第1229页。
② 颜厥安:《宪邦异式——宪政法理学论文集》,元照出版公司,2005年版,第155页。

式,主要表现为以国家权力为依托的各种支配行为和以对国家的制约性权力为依托的各种反支配行为。① 台湾问题是一个存在于两岸间的政治问题,它是国共两党内战的产物,也是两岸政治对立的延续。台湾问题涉及两岸对国家、主权、政权等重大政治问题的认识分歧,无论是从其形成原因,还是演变过程或是自身特征来看,它都是一个政治问题。两岸在过去的 60 余年时间里,运用各种手段为解决台湾问题,实现己方政治目标而付出努力,而这些手段多表现出非程序性和非理性的特征,其中尤其以两岸的长期武装对峙,甚至是零星的武装冲突最为突出。在这样的背景之下,两岸均坚持运用政策作为解决这一政治问题的主要表达方式,并因此形成了两岸交往机制中的政策依赖现象。

第三,两岸关系在受路径依赖规律的影响下表现出强烈的政策导向性特点。如上文所述,两岸关系发展过程中受到路径依赖现象的影响,逐步形成了当前的政策依赖现象。众所周知,路径依赖现象的出现是基于四个条件:一是规模效应的影响,二是学习效应的影响,三是协作效应的影响,四是适应性预期的影响。② 在这些条件的综合影响之下,路径依赖现象得以形成。在实践中,由于台湾问题的灵活性与特殊性,两岸在早期难以使用法律这种具有较强稳定性的工具调整两岸关系,因而只能以政策作为表达各自决定的主要工具。在此之后,受到路径依赖规律的影响,政策长期成为决定两岸关系发展走向的主要工具。直到两岸关系走向和平发展的今天,政策这一工具愈发难以适应两岸关系发展对于稳定性的需要。但这种路径依赖规律影响下的政策依赖现象不仅没有被取代,反而逐渐强化,愈发显示出其对两岸关系的导向作用。

---

① 《中国大百科全书·政治学卷》,中国大百科全书出版社,1992 年版,第 482 页。
② 参见吕爱权:《中国制度变迁的"路径依赖"探析》,载《山东大学学报》(哲学社会科学版),2003 年第 1 期。

三、两岸关系和平发展的政策依赖的弊端之体现

在多种因素共同作用之下形成的两岸交往机制与两岸关系和平发展的制度依赖现象在两岸关系发展的过程中已经暴露出众多弊端,这些弊端不仅不利于为两岸关系提供稳定的发展环境,反而可能对两岸既有的互信基础造成负面影响。具体而言,两岸交往机制与两岸关系和平发展的制度依赖机制的弊端主要体现在三个方面:

第一,灵活性有余而稳定性不足的政策很难对两岸关系长期稳定发展提供有力的制度保障。社会秩序是人类社会存在与发展的必然需要,任何秩序的存续都必然内含着其治道,人类历史上曾经出现过神治、人治、德治、法治四种主要的治道,其中法治与人治是现代社会最为主要的两种治道。[①] 在这些不同的治道主导之下的社会秩序体现出不同的特点,其中法治基于其所依赖的法律的稳定性特征,而体现出更多的稳定性、连贯性和可预测性,而人治则基于其所依赖的人的灵活性特征,而体现出更多的变动性、随意性和偶然性。建构两岸交往秩序是海峡两岸和平发展框架的应有之义,也是保障两岸人民共同福祉的必然需求。无序、失范的两岸交往状态不仅有害于两岸同胞的切身利益,而且也不利于实现国家统一,因此,国家统一前两岸交往秩序的建构就成为两岸有关方面共同努力的一个方向。[②] 以政策为主导调节机制的两岸秩序所蕴含的实质是一种人治治道,在这种人治治道主导下的两岸秩序也必然是一种富于变动性,而缺乏稳定性的秩序。两岸关系的发展状况因两岸领导人,尤其是台湾地区领导人的变动而发生重大变动的状况并不罕见,在 2000 年到 2008 年间的两岸关系低潮期与 2008 年后的高速发展期就是明证。在海峡两岸走向和平发

[①] 参见高鸿钧:《现代法治的出路》,清华大学出版社,2003 年版,第一章。
[②] 王建源:《在事实与规范之间——论国家统一前的两岸交往秩序》,载《台湾研究集刊》,2001 年第 2 期。

展的今天，两岸关系需要稳定的发展环境，因此人治治道主导下的两岸秩序不能为两岸关系和平发展框架提供有力的制度保障。

第二，以政策为指向的两岸关系发展方式是"人治型"的发展模式。这种模式已经无法满足两岸关系和平发展得以长期、持续进行的远期目标。在"人治型"的发展模式下，两岸关系和平发展的前途、步骤甚至于阶段性成果的取得都是仰赖于人的意志。两岸领导人，尤其是台湾地区领导人的统"独"观点、个人政治品性在两岸关系中逐渐成为具有决定性的因素。这种"人治型"的发展模式已经不止一次被证明不利于两岸关系和平发展的大势：20世纪90年代，两岸关系一度迎来一个较好的发展阶段，两会商谈机制起步，两会负责人进行了首次会晤，签订四项事务性协议。但在1999年，台湾地区领导人李登辉公然抛出"特殊的两国论"的"台独"分裂言论，这一论调直接导致两岸关系跌至谷底，甚至到了刀兵相见的边缘，两岸刚刚建立的两会商谈机制随之中断达九年之久。因此，这种与领导人个人偏好具有高度关联性的政策依赖机制可能引发的一些偶发性事件，对两岸关系和平发展可能造成严重的不利影响。在这种"人治型"发展模式之下，个别政治人物的行为、一些重要党派的政策调整可以从根本上改变两岸关系的总体局面，尽管这种改变极有可能对两岸关系的发展产生不利影响，亦有可能带来有利的转变。但是，这种具有不确定性的个人行为变动与党派政策变化为两岸关系和平发展带来的并不是具有可持续性的动力，而是可能不断出现反复的波折。随着2008年台湾实现其第二次政党轮替，岛内政党轮替已呈现出常态化之样貌，在这种现实条件之下，依旧将两岸关系和平发展的希望寄托在台湾地区的某一个党派甚至某一个人已不现实，两岸关系和平发展的远景期望已经不能够在既有政策依赖的现状之下得以实现。

第三，一些具有原则性和高度抽象性的政策，为两岸带来对对方态度的不确定揣测，甚至是误判，并因这些误解而引发互信的严重缺失。政策不仅富于变动性,且存在着原则性和高度抽象性的特点,政策制定主体通过政策宣示出的政治态度可能因这一特点而显得模糊和不确定。在两岸关系的发展历程中,由于双方均以政策作为表述各自政治态度的主要方式,双方不得不认真揣测对方政策表达方式的变动,并做出带有一定猜测意味的判断。然而,这种判断可能因对方政策的抽象性而产生误判。从某种意义上讲,缺乏有效的制度化的沟通机制不仅对两岸政治互信的增加毫无益处可言,还可能对两岸既有的薄弱的政治互信产生动摇,甚至是破坏作用。

第三节 两岸交往机制与两岸关系和平发展的制度依赖及其形成

构建两岸关系和平发展的制度框架,形成法治型两岸关系发展新模式,是建立两岸交往机制与两岸关系和平发展的制度依赖的重要方法。目前,两岸均已初步建立了本法域内的涉对方事务法律体系,但两岸的域内立法依然存在一些不足,有待进一步完善。这种不足体现在大陆,即《反分裂国家法》立法原则性较强,需要一些配套的特别立法予以完善;体现在台湾地区,即其"两岸人民关系条例"中的众多过时条款亟待修正与完善。

一、两岸交往机制与两岸关系和平发展的制度依赖的理论意涵

制度的产生往往与人们的需求存在关联性,制度产生于人们对稳定社会秩序的需要。在制度产生以后,它便具有了稳定性、规范性和普适性等基本特点,以各种方式影响着作为其适用客体的人与人之间的社会关系的变动。制度依赖,是指在制度产生之后,适用制度的组织内部的各种社会关系对于制度本身产生依赖的现象。两岸交往机制与两岸关系和平发展的

制度依赖是两岸关系这种社会关系对某些特定的社会制度产生依赖的现象，在这一现象出现后，两岸交往和两岸关系和平发展均会依照这些既定的社会制度运行。两岸交往机制与两岸关系和平发展的制度依赖一旦形成，它将表现在两岸在各个层面的交往过程之中，也会表现在两岸关系的政治、经济、文化、社会等各个方面。

(一) 制度与制度依赖现象的理论解读

关于"制度"这一概念在理论界存在着多种界定与描述，它既可以指代"一定历史条件下形成的法令、礼俗等规范"，[1] 也可以指代"像法律等用来指导人们行为的规则体系"[2]，又或是指"嵌入政体或政治经济组织结构中的正式或非正式的程序、规则、规范和惯例"[3]。

制度理论是西方政治科学中的一个重要论题，在制度理论的形成和发展过程中，先后出现了旧制度主义、行为主义和新制度主义学派等多种流派[4]，他们分别从各个层面出发，对制度理论进行理论完善和拓展。按照当下西方最为流行的新制度主义的观点，"制度"一词被分别从规范性、结构性和组织性三个层面加以解读。尽管新制度主义中存在的各个分支学派对"制度"一词的定义有所差别，但总的来说，制度可以被定义为"正式的规则、服从的程序、连接不同政治体和经济中人的关系的标准操作程序"[5] 的系统集合。然而，不论学者们对制度概念的界定出现了怎样的纷争，但"制度"一词的本质却没有因此而发生扭曲。正如弗朗西斯·福山所言，"制度是规则，或是重复的行为模式，比任何掌握机构的

---

[1] 《汉语大词典》（第二卷），汉语大词典出版社，1998年版，第664页。
[2] *Webster's Third New International Dictionary*, G. C. Merriam Co, 1976, P. 1171.
[3] 彼得·豪尔、罗斯玛丽·泰勒：《政治科学与三个新制度主义》，何俊智译，载《经济社会体制比较》，2003年第5期。
[4] 魏姝：《政治学中的新制度主义》，载《南京大学学报（哲学·人文科学·社会科学）》，2002年第1期。
[5] 参见祝灵君：《政治学的新制度主义：背景、观点及评论》，载《浙江学刊》，2003年第4期。

第五章　法治型两岸关系发展模式与两岸交往制度依赖的形成

个人,都要获得长久"①。从制度一词的各种定义出发,几乎都可以得出这样的结论,即制度在形式上往往表现为一种规范,它可能是正式的、由国家制定的规范,即法律,也可能是非正式的规范,存在于民间的规范;制度在本质上与秩序一词相联系,它表征着一种带有稳定性的社会关系及其内在的社会秩序。正如新制度主义中的历史制度主义学派的观点所认识的那样,"当一个观念被接受并赋予结构形态时,制度就产生了"②。所谓制度依赖,就是在制度产生之后,适用制度的组织内部的各种社会关系对于制度本身产生依赖的现象。在这种依赖关系之下,制度调整下的社会关系按照制度预设的规则运行,表现出稳定性、连贯性和可预测性的外在特征。

(二) 两岸交往机制与两岸关系和平发展制度依赖的产生与形成条件

两岸交往机制与两岸关系和平发展制度依赖的产生与形成需要一定的条件,具体而言,这些条件至少应当包含三个方面的条件:

第一,两岸关系取得阶段性进展为两岸关系走向制度化提供时代背景。两岸交往机制与两岸关系和平发展制度依赖的产生和发展与两岸关系的变迁密切相关。总的来说,两岸交往机制与两岸关系和平发展的制度依赖只可能是两岸关系发展到一定阶段的产物。自20世纪50年代起,两岸在将近30年的时间内处于政治对立和军事对峙之中,两岸的官方和民间交往几乎完全中断,两岸关系处于绝对的紧张时期。在这种历史背景之下,两岸几乎谈不上交往,两岸关系亦无法期待"和平发展"的到来。自1979年全国人大常委会发表《告台湾同胞书》起,两岸结束了军事对

---

① [美] 弗朗西斯·福山:《政治秩序的起源:从人类时代到法国大革命》,毛俊杰译,广西师范大学出版社,2012年版,第442页。
② [美] B. 盖伊·彼得斯:《政治科学中的制度理论:"新制度主义"》,王向民、段红伟译,上海世纪出版社,2011年版,第74页。

峙的严重对立局面，军事冲突的可能性大大降低。但这并不意味着两岸交往的全面展开。由于台湾当局坚持所谓"三不"政策，两岸在1979年到1987年之间的近十年时间里，实际上处于交往隔绝的状态。因此，在这一阶段，两岸之间不可能存在制度依赖的生存空间。在大陆方面的努力推动下，台湾当局在1987年开放台湾民众赴大陆探亲，两岸长达30多年的隔绝状态才开始逐步被打破。但是，由于岛内各种政治势力的阻碍，两岸"三通"在较长一段时间内始终没能实现，两岸间的交往依然受到种种限制。在这一阶段内，两岸在公权力交往层面被严格限制在两会以民间组织形式的接触，在民众交往层面亦受到交通往来等各方面不便的限制，在国际社会上的交往也是寥寥可数。受到"台独"分裂势力的影响，两岸关系的和平发展一度受阻，甚至到了刀兵相见的边缘。可以说，自1987年直至2008年5月，两岸民间关系有了迅速发展，但政治对立持续，尤其是在民进党执政时期，两岸关系处于最紧张的时期。[①] 在这样的现实背景之下，两岸交往虽然已经展开，但是这种交往远远没有达到"机制化"的程序，两岸通过两会或其他渠道所达成的一些协议也仅仅是自发性的，缺乏系统性。两岸关系的和平发展虽然已经成为两岸的共识，但和平发展却依然困难重重。因此，在这一阶段，两岸之间产生制度依赖的空间亦是狭小的。2008年，台湾岛内政治形势发生重大转折，两岸关系迎来了难得的机遇期，两岸交往的渠道不断扩展和增加。在两岸签署相关协议后，"三通"问题得以解决，两岸民众交往愈发密切；两会商谈机制重新启动，两岸事务性协商频繁，双方公权力机关的交往亦初现端倪；在坚持一个中国原则的前提下，两岸开始以协商方式解决台湾有序参与国际社会活动的问题，2009年，台湾地区以观察员名义出席世界卫生大会，并在之

[①] 参见林冈：《台湾政治转型与两岸关系的演变》，九州出版社，2010年版，第4页。

第五章　法治型两岸关系发展模式与两岸交往制度依赖的形成

后成为惯例,已经为这种机制的建构提供了范本。① 在短短数年间,两岸交往机制迅速形成,两岸关系和平发展亦迈上了新台阶。在这种极其有利的时代背景之下,两岸之间方才存在了形成制度依赖的环境。

第二,两岸各自利益得到满足为两岸关系走向制度化提供现实条件。利益是人们所追求的事物,人们基于自身需要总是不断追求能够满足其需要的事物。对于海峡两岸而言,利益是促使两岸对事物做出选择的重要原因。按照新制度主义中功能主义学者的说法,"制度是理性的行动者之间解决集体困境的结果,它是一种理性设计的产物……制度构建过程具有高度的目的性和工具性特征"②。制度的这种目的性和工具性特征所服务的终极目标正是利益。因此,两岸交往机制与两岸关系和平发展的制度依赖得以产生和形成,必须建立在其能够为海峡两岸带来各自需求的直接利益的基础之上。否则,任何宏大的承诺与口号都只能成为现实利益的殉葬品。对于大陆而言,其所追求的利益在于反对"台独"势力分裂国家,实现海峡两岸和平统一,维护中华民族的福祉;对于台湾而言,其所追求的亦是台湾人民的福祉,以维护台湾人民利益为先。正如台湾岛内多位政治人物强调的那样,台湾利益永远是台湾在两岸交往中最优先考虑的问题。在两岸的利益追求之中,两岸人民的福祉,尤其是台湾人民的利益是双方利益诉求的重合点,这一重合点又可以表现为双方对海峡两岸和平、稳定现状和繁荣交往的共同追求。在这种共同利益和共同追求的支撑之下,规制两岸交往和两岸关系和平发展的制度方才得以形成。两岸制度化协商机制的建立和运行,与两岸共同利益的存在息息相关。典型的,在两岸协商的过程中,"在双方对于相关问题的解决均有迫切需求的情况下,相关议题的商谈和协议的达成就比较顺利,相反,在一方对商谈的议题需

---

① 参见祝捷:《论台湾地区参加国际组织的策略——以台湾地区申请参与 WHO/WHA 活动为例》,载《一国两制研究》(澳门),2012 年第 10 期。
② 参见朱德米:《新制度主义政治学的兴起》,载《复旦学报(社会科学版)》,2001 年第 3 期。

求不明显的情况下，即使议题已经纳入商谈的议程，缺乏需求的一方也往往会以解决相关问题为筹码，要求另一方接受不合理的条件，而导致问题的久拖不决"[1]。因此，在考量制度依赖的形成条件时，制度能否给两岸带来现实利益是一个不容忽视的现实因素。

第三，两岸存在制度化解决两岸争议空间为两岸关系走向制度化提供了外在条件。目前，两岸间并不存在一个类似于欧盟的"超两岸"框架，因而也就不存在可以为两岸制定共同规范的"超级立法者"。立基于此认识，要对两岸关系和平发展进行制度供给，就必须依赖大陆和台湾之间的协商，而两岸透过协商所形成的制度，亦因此成为两岸制度供给的主要来源。[2]在大陆，公权力机关与民众对国家统一事业的追求与认同可以为两岸关系的制度化提供足够的效力源泉；同时，自1999年"建设社会主义法治国家"写入《宪法》之后，法治逐步成为执政党治国理政的基本方式，也从规范意义上为两岸关系的制度化提供了存在的空间。因此，在大陆处理两岸关系实现由政策主导向制度主导并不存在较大的障碍。然而在台湾，问题却变得复杂了许多。台湾的大陆政策之形成并不像大陆的对台政策一样简单明了，而是受到多个层面因素的影响，既包括影响两岸关系的国际局势，也包括台湾岛内的政治经济发展，还包括当局决策者之间的互动关系。随着台湾政治局势的变迁，尤其是政党轮替走向常态化，岛内的国家认同问题和统"独"选择都成为摆在民众面前的问题，而非简单的事实，台湾民意变得趋于复杂。因此，在台湾并不存在像大陆一样的、全民一致的处理两岸关系的表达，这就为两岸关系走向制度化埋下了隐患。2000年到2008年间民进党的执政正是这种隐患的一种表现。然而，这种隐患的存在并不意味着两岸关系走向制度化就没有出路。台湾学者吴玉山提出的"选票极大化策略模式"理论可以对这一问题做出理论解释，

---

[1] 王建源：《两岸授权民间团体的协议行为研究》，载《台湾研究集刊》，2005年第2期。
[2] 周叶中、祝捷：《两岸治理：一个形成中的结构》，载《法学评论》，2010年第6期。

第五章　法治型两岸关系发展模式与两岸交往制度依赖的形成

并为解除这一隐患提出可行性方案。吴玉山认为，台湾当局的两岸政策包括两个面向：其一是统"独"争议，即"认同面向"；其二是经济与安全的冲突，即"利益面向"。这两个面向构成了台湾地区两岸政策的"议题空间"。[①] 根据台湾地区近年来民意调查的结果，台湾民众在"认同面向"和"利益面向"构成的议题空间内，出现选择"趋中"的现象，即台湾民众在统与"独"之间选择"维持现状"的基本态度，在"经济利益"与"安全利益"之间选择"和平发展"的均衡路径。[②] 在这一主流民意的影响之下，以获取选票以取得执政权为目标的台湾各主要政党均调整了其大陆政策，并亦随民意变化而显示出"趋中"的现象。2008年主张"不统、不独、不武"，维持两岸关系现状的国民党籍候选人马英九的胜选，似乎正是对"选票极大化策略模式"理论的某种验证。两岸关系的制度化体现了两岸关系和平发展的价值取向，也透过两会框架的制定程序，充分体现了两岸共识，因而正好落在台湾民众可以接受的议题空间范围内。因此，在"选票极大化"的驱动下，台湾地区政党和政治人物必须根据自身选票最大化决定政策的倾向，将两岸关系的制度化作为其重要选项。政治力在形成两岸关系制度化框架的同时，也自觉地进入了制度所设定的规范框架，并且产生了对这一制度的依赖，反而为这一制度所限，必须服从于这一制度，而不能与之相违背。随着此种依赖的加深，两岸关系和平发展框架的"不可瓦解性"也随之增强，因而形成了两岸关系制度化的良性循环。

[①] 参见吴玉山：《台湾的大陆政策：结构与理性》，载包宗和、吴玉山主编：《争辩中的两岸关系理论》，五南图书出版股份有限公司，1999年版，第180页。
[②] 根据台湾政治大学选举研究中心做出的1994—2013年6月的"台湾民众统独立场趋势分布"调查显示，台湾民众支持"维持现状再决定"和"永远维持现状"的比例之和历年来一般维持在50%以上。资料来源：台湾政治大学选举研究中心网站，http://esc.nccu.edu.tw/modules/tinyd2/content/tonduID.htm，最后访问日期：2017年3月17日。

二、两岸交往机制与两岸关系和平发展制度依赖的现实需求

两岸交往机制与两岸关系和平发展制度依赖的形成源于两岸交往过程中巨大的现实需求。在两岸关系经历了多年的坎坷和波折之后，两岸人民对于两岸交往的制度化有着强烈的渴望。在两岸民众的交往过程中，阻碍两岸交往的各类事务性问题和政治性问题不断出现，仅仅以简单的个案沟通和宏观的政策话语已经很难解决这些现实问题。两岸关系发展的制度化已经成为大势所趋。具体来说，两岸交往机制与两岸关系和平发展制度依赖的形成源于三个层次的基本需求：

第一，制度依赖的形成是实现海峡两岸交往秩序稳定化的现实需要。人类社会秩序的存在是人类社会与自然界得以区分的标准之一。正如马斯洛所言，"一切时代的人们，往往都倾向于生活在一个安全有序、可预见且合法和有组织的世界——这个世界是他所能够依靠的，而且在他所倾向的这个世界之中，不会发生诸如那些出乎意料、难以控制、混乱的事情"[1]。在海峡两岸各层次交往不断深入的过程中，无序、失范的两岸交往状态不仅在短时间内有害于两岸同胞的切身利益，在长时期内也不利于国家统一。因此，构建稳定的两岸交往秩序成为两岸同胞共同的现实需要。诚如上文所言，目前对两岸关系和平发展和两岸交往秩序的建构起到关键作用的，并非基于法治思维而存在的制度化机制，而是基于人治思维而存在的两岸各自政策取向。从长远意义上看，两岸各自涉对方事务的政策缺乏稳定性，这种特性直接决定着政策依赖的状态与以稳定为主要特征的两岸交往秩序的格格不入。在两岸关系和平发展对政策有着较大依赖的阶段，两岸交往中的秩序是一种自发秩序，它可能来源于两岸民间的理性

---

[1] AmrahamHo Mashlow, *Mativation and Personality*, 2d ed., 1970, New York, p. 40.

第五章　法治型两岸关系发展模式与两岸交往制度依赖的形成

趋避，公权力机构的个案裁量，或是纠纷解决方式的多元化。① 在两岸官方缺乏互信、交往不足的状态下，两岸间交往极为有限，因而不可能，也不需要太多的制度性因素介入这种交往之中；然而，随着两岸交往迈入新的阶段，双方直接、频繁的交往已经使得简单的自发秩序难以满足现实需要。因此，在两岸交往秩序稳定化的需求之下，以规范秩序建构为目标的制度依赖的形成便成为一种必然。

第二，制度依赖的形成是构建两岸关系和平发展框架，实现两岸有效整合的现实需要。整合理论是西方学者研究欧洲一体化的重要研究工具，台湾学者亦常将其用于分析两岸关系。在欧洲，整合理论存在诸多流派，其中功能主义、新功能主义、联邦主义是影响最大的三个流派。台湾学者高朗将传统意义上的"整合"分拆为"整合"和"统一"两个概念，并用"整合"表示"心理、政策和制度的一致"，用"统一"表示"政府的合并"。② 中共十七大提出了两岸关系和平发展框架的重要理论构想，这一构想遵循的正是整合理论中类似于新功能主义的路径，亦即先在经济、文化和社会等方面推动功能性整合，再通过两岸领导人和政治精英的协商，使经济、文化和社会等领域的整合向国家、安全和主权等政治领域"外溢"，从而促进两岸在政治层面的交流与对话，累积两岸的共识与信任，为两岸最终统一奠定基础。③ 构建两岸关系和平发展框架，使两岸实现有效整合，就必须以一定的方式克服两岸关系发展中存在的诸多不利因素。在这些因素之中，政策依赖现象中隐含的不稳定因素正是其中影响最大的一项。在两岸关系发展不够稳定的时期内，我们很难想象一种包含远

---

① 参见王建源：《在事实与规范之间——论国家统一前的两岸交往秩序》，载《台湾研究集刊》，2001年第2期。
② 高朗：《从整合理论探索两岸整合的条件与困境》，载包宗和、吴玉山：《争辩中的两岸关系理论》，台湾五南图书出版股份有限公司，1999年版。
③ 周叶中、祝捷：《论两岸关系和平发展框架的内涵——基于整合理论的思考》，载《时代法学》，2009年第1期。

景规划的两岸关系发展路径能够得以实践。因此，以制度取代政策，使两岸关系的发展在较长的时间段内保持持续、稳定、可预测是实现两岸关系和平发展框架设定的整合路径的必然需求，也是使这一路径得以有效实践的必然需求。

第三，制度依赖的形成是系统规制两岸各层次交往的现实需要。两岸大交往机制的目的是通过制度建设和规范建构，为两岸交往提供足够的规范依据，通过规范两岸交往主体的行为，使两岸在推动两岸交往上形成制度依赖，从而最大限度地减少政治因素对于两岸有序交往的影响。两岸大交往机制的形成过程，就是将两岸现有的零散的单方面立法、政策宣示等予以规范化的过程。这个过程的本质也就在于将两岸交往机制予以规范化，将两岸关系和平发展的主要路径予以制度化的过程。两岸交往机制与两岸关系和平发展制度依赖的形成，从根本上有利于海峡两岸关系的和平发展，有利于两岸同胞的共同福祉，也有利于降低两岸突发事件失控的可能性，保障整个东亚的和平与安全。因此，制度依赖的形成符合包括台湾同胞在内的全体中国人民的切身利益，具有其存在与发展的现实基础。

三、两岸关系和平发展制度依赖的理论凝结："法治型"两岸关系的提出

从制度的表现形式来看，制度往往表现为一种规范，而法律规范则是制度最高层次的表现形式。因此，要促进两岸关系的长期稳定发展，就必须运用法治思维，强化制度建设，实现两岸关系从对个别政治人物和个别政党的依赖，向对制度依赖的阶段性转变。运用法治思维和法治方式构建维护两岸关系和平发展的制度框架，其本质在于，将两岸关系和平发展的事实与成果转化为立法、执法、司法和守法的过程，通过贯彻相应的法律制度，形成一套具有一致性、明确性、稳定性的两岸关系和平发展的法律秩序，使法律成为保障和维护两岸关系和平发展既有成果的有力手段。基

第五章 法治型两岸关系发展模式与两岸交往制度依赖的形成

于这一认识,我们提出构建"法治型"两岸关系的主张,以"法治型"两岸关系的概念,凝结两岸关系和平发展制度依赖的理论形态,形成一套基于法治思维、法律规范、法治方式、法学理论的两岸关系发展新模式。

(一)"法治型"两岸关系的提出

自20世纪90年代以来,台湾地区历经三次政党轮替,多党政治、选举政治已逐渐成为台湾政治的主要形态,可以说,没有政党能够在台湾地区永久执政,政党轮替已呈现出常态化趋势。在2014年下半年举行的台湾地区地方公职人员选举("九合一"选举)中,坚持"九二共识"和主张两岸关系和平发展的国民党遭遇重大失败,岛内政治格局发生翻转,这为2016年台湾地区领导人和立法机构的选举制造了更多变数。如果主张或偏向"台独"的政党重新在台执政,在这种时代背景下,"两岸关系和平发展将如何变化"已引发政界和学界的广泛关注和讨论。有学者甚至认为,如果民进党在台执政,两岸关系和平发展的步伐将停止甚至倒退。[1] 我们认为,学者们之所以出现这些质疑和担忧,原因就在于两岸关系中仍然存在着"人治"的因素。

长期以来,两岸关系的发展方向往往寄托于台湾地区领导人一身,台湾地区领导人个人政治倾向和政治态度的改变,会对两岸关系造成重大影响。台湾地区领导人常常以"一人之力"破坏两岸关系大局,李登辉、陈水扁等人都曾对两岸关系造成过极其严重的负面影响。也就是说,两岸关系的发展方向往往决定于特定政治人物的言论和行为,而非一套客观的、不以个别人意志为转移的制度安排。以人治与法治的划分方式来看,当前两岸关系和平发展依然体现出较强的人治色彩。要祛除两岸关系和平发展中的"人治"因素,消除因特定政治人物政治立场变化而产生的不

---

[1] 参见中评网:《林文程:两岸关系或开始进入停滞期》,资料来源:http://bj.crntt.com/doc/1035/4/8/9/103548936.html?coluid=0&kindid=0&docid=103548936,最后访问日期:2017年3月19日。

稳定因素，就必须引入"法治"因素，运用法治思维、法学理论和法律制度，构建一套合乎法治要求的两岸关系发展新模式。因此，我们提出必须构建"法治型"的两岸关系，基于法治的理念、精神、基本要求，构建两岸关系的制度化框架，从而达到遏制特定政治人物等个人因素对两岸关系和平发展产生负面影响的效果。

当前，两岸都已经选择法治作为社会治理所遵循的主要方式和核心价值，两岸都认同通过法律的社会治理是最佳的政治模式。因此，法治已成为两岸共同认同的价值形态和共同话语。如果我们在一个中国框架内认识和理解法治中国，那么这种认识和理解就自然包括依法处理两岸关系、依法规范两岸交往行为。邓小平同志曾以"使制度和法律不因领导人的改变而改变，不因领导人的看法和注意力的改变而改变"[1]来界定法治的内涵，我们亦可以借用这一经典定义来界定"法治型"两岸关系的内涵：所谓"法治型"两岸关系，即是一种不因台湾地区政治局势的改变而改变，不因台湾地区领导人政治立场的改变而改变的规范化、制度化两岸关系和平发展模式。

（二）构建"法治型"两岸关系的重要意义

构建"法治型"两岸关系和平发展新模式，对于推进国家治理体系和治理能力现代化，弱化和消除两岸关系和平发展中的不确定因素，规范两岸各层次交往行为，维护和保障两岸人民基本权利有着重要意义。

第一，构建"法治型"两岸关系，是推进国家统一治理现代化的需要，对推进整个中国的国家治理现代化具有重要意义。党的十八届三中全会决定指出，全面深化改革的总目标之一是推进国家治理体系和治理能力现代化。维护和促进国家统一是中华民族的根本利益所在，只有在实现这一目标的基础上，方能真正保障国家治理体系和治理能力现代化这一目标

---

[1] 《邓小平文选》（第二卷），人民出版社，2002年版，第146页。

第五章　法治型两岸关系发展模式与两岸交往制度依赖的形成

的实现。因此，从整个中国的视角来看，国家治理体系和治理能力的现代化，自然包括国家统一治理的现代化。在现代国家，法治是国家治理的基本方式，是国家治理现代化的重要标志，国家治理法治化是国家治理现代化的必由之路。① 因此，要实现国家统一治理的现代化，就必须积极运用法治思维和法治方式深化和巩固两岸关系和平发展，依托相关法学理论成果，促进建立健全规制两岸关系的法律制度，构建"法治型"两岸关系发展新模式。

第二，构建"法治型"两岸关系，是应对两岸关系发展和台湾地区政治局势变化的需要，对于弱化和消除两岸关系和平发展中的不确定因素具有重要意义。2008年3月以来，两岸关系实现了历史性转折，两岸关系和平发展取得重大进展。在两岸关系不断向前发展的同时，一些两岸关系中长期被掩盖的矛盾和问题日益凸显，两岸关系开始迈入"深水区"，台湾地区部分民众开始对两岸关系和平发展的方式产生疑虑，2014年上半年爆发的"反服贸协议运动"即是这种疑虑的体现。与此同时，台湾地区政治局势也发生重大变化，认同"九二共识"的国民党在2016年台湾地区领导人选举中遭遇重大失败，台湾地区地方政治版图发生重大变化。这些问题都是潜藏于两岸关系和平发展过程中的不稳定因素。与过分依赖于个别政治人物和政党的"人治型"两岸关系发展模式不同，"法治型"两岸关系发展模式的最大特点，即在于其内在稳定性与权威性。也就是说，可借由法治的稳定性来弱化和消除两岸关系发展过程中的不确定性，借由法治的权威性来强化和提升两岸关系和平发展在两岸同胞心中的认同感。因此，要消除两岸关系和平发展过程中潜在的不稳定因素，就必须将法治引入两岸关系发展的过程中，构建"法治型"两岸关系和平发展新模式。

---

① 张文显：《法治与国家治理现代化》，载《中国法学》，2014年第4期。

第三，构建"法治型"两岸关系，是规范两岸各层次交往活动，保障两岸人民基本权利的需要，对两岸关系和平发展成果真正惠及两岸人民具有重要意义。两岸关系和平发展集中体现为两岸各层次交往的双向化、多元化和便利化。2008年以来，在两岸共同努力下，两岸人员、贸易往来层次持续升级。在众多两岸事务性协议的保障下，双方在知识产权、核电安全、金融监管、投资保护等多个领域迈出了重要的行政性合作步伐，两岸民间交往的范围与领域不断得到拓展。作为大陆和台湾以协商方式创制的两岸共同政策，两岸协议是两岸关系和平发展的法治化形式，并构成两岸关系和平发展框架法律机制的重要组成部分。[1] 因此，要在两岸关系持续发展的时代背景下，规范两岸各层次交往活动，保障两岸人民基本权利，就必须继续运用法治思维和法治方式，通过签署两岸协议等方式，将两岸关系和平发展的成果予以规范化、制度化，构建"法治型"两岸关系发展新模式。

目前，两岸关系和平发展依然体现出较为强烈的"人治"色彩，我们认为，理想中的"法治型"两岸关系，要求我们运用法治思维促进两岸关系和平发展，运用法学理论解释和阐述两岸关系和平发展的现状，为两岸关系的持续发展提供理论支持，以法律规范作为解决两岸关系发展中的问题的具体依据和两岸关系和平发展的确认方式。因此，在构建"法治型"两岸关系的过程中，法治思维构成其理念渊源与思维指引，法学理论构成其理论依托与智识支撑，（法律）规范则构成其法理依据和制度形态。

（三）构建"法治型"两岸关系的法理依据与制度形态

自"两岸关系和平发展框架"的战略构想提出以来，经过多年的研

---

[1] 参见杜力夫：《两岸和平发展的法治化形式》，载《福建师范大学学报（哲学社会科学版）》，2011年第5期。

第五章　法治型两岸关系发展模式与两岸交往制度依赖的形成

究和探讨，学界已经在运用法治思维建构和维护"两岸关系和平发展框架"方面形成一定程度的共识。但是，这种宏观层面的共识尚不足以解决两岸关系和平发展过程中的许多细节性问题。我们认为，"两岸关系和平发展框架"不仅仅是一个存在于政治话语之中的概念，也是一个存在于两岸各自或共同制定的规范性文件之中的概念。因此，（法律）规范和（法律）制度构成依法保障两岸关系和平发展最重要的法理依据，也构成"法治型"两岸关系的制度形态。目前，两岸关系和平发展的法治化形式，包括两岸涉对方事务立法和两岸协议两种表现形态，其中前者由两岸各自制定，在两岸各自领域内生效和实施，后者由两岸以协商方式共同制定，在两岸范围内生效和实施，二者共同构成完整的"两岸法制"。[①]

两岸涉对方事务立法是指海峡两岸的大陆和台湾在各自领域内制定的，调整涉及对方事务问题的规范性文件的总称，亦即是大陆涉台立法和台湾涉陆立法的总称。目前，大陆方面对两岸事务的规定，主要体现在我国现行《宪法》（以下简称"1982年宪法"）、《反分裂国家法》、其他部门法（含地方性法规、行政规章等）以及最高人民法院制定的司法解释[②]等法律规范之中。台湾当局对两岸事务的规定，主要体现在台湾地区现行"宪法"、"台湾地区人民和大陆地区人民关系条例"（以下简称"两岸人民关系条例"）、部门法以及多件"大法官解释"等规范性文件中。总体而言，尽管两岸涉对方事务的立法重点和立法模式存在一定程度的差别，但两岸目前均已初步形成各自涉对方事务的立法体系。尽管两岸涉对方事务立法，本质上仍然是两岸各自域内的法律，其体现的也并非两岸共识，但这些法律规范却构成两岸关系法治化的基础，对两岸交往和两岸关系和平发展框架法律机制的构建，起着不可替代的基础性作用。当然，由于两

[①] "两岸法制"系对调整和规范大陆和台湾在两岸关系和平发展中各类行为的规范和制度的总称。参见祝捷：《论两岸法制的构建》，载《学习与探索》，2013年第7期。

[②] 在我国，尽管最高人民法院制定的司法解释并不属于正式的法律渊源，但基于司法解释在涉台工作实践中发挥的重要作用，笔者仍将其列入大陆涉台工作法律体系之中。

岸涉对方事务立法属两岸各自域内立法，双方在各自立法过程中缺乏沟通与协调，因而两岸涉对方事务立法虽均以两岸事务为调整对象，却彼此之间存在着不协调现象。同时，尽管近年来两岸关系和平发展取得重大进展，但两岸涉对方事务立法体系却很少随之调整和修改，因而表现出较为严重的滞后性。

两岸协议是指两岸间经大陆的海峡两岸关系协会（简称"海协会"）和台湾地区的财团法人海峡两岸交流基金会（简称"海基会"）平等协商、签署的对两岸均有一定约束力的协议。[①] 自 2008 年 6 月两岸两会实现复谈以来，大陆和台湾共签署多项事务性协议，这些协议的调整范围涉及两岸交通运输、经济合作、社会合作等多个领域，对构建两岸关系和平发展起到了重要推动作用。与两岸涉对方事务立法不同，两岸协议是一种具有软法特征的两岸共同政策，它需要两岸按照各自规定予以实施，或通过双方一致的政策取向予以实施，或通过对各自域内法律进行废、改、立予以实施。[②] 在实践中，两岸协议构成两岸关系和平发展框架法律机制的重要组成部分。在形成和表达两岸共识，引导和规范两岸在具体事务性问题的合作上起到了重要作用。当然，从现有两岸协议来看，各项协议之间主题较为分散，协议之间缺少相应的联系，虽然部分协议之间呈现出一定的关联性，但总体而言其体系化程度不高。同时，两岸两会事务性商谈依然体现出较为浓厚的秘密政治和精英政治色彩，两岸普通民众无从知晓两岸协议商谈的过程，更无从参与协议的制定并表达自己的意见，这使得两岸协议的民意正当性基础面临着一定考验。

构建"法治型"两岸关系需要以两岸关系和平发展的法治化形式——两岸法制为其制度工具。可以说，构建和完善两岸法制的过程，同时也是构建"法治型"两岸关系的过程。通过上文对两岸涉对方事务立法

[①] 周叶中、段磊：《论两岸协议的法理定位》，载《江汉论坛》，2014 年第 8 期。
[②] 参见周叶中、段磊：《论两岸协议的法理定位》，载《江汉论坛》，2014 年第 8 期。

第五章 法治型两岸关系发展模式与两岸交往制度依赖的形成

和两岸协议现状及纰漏的分析,我们认为,应当从以下几方面入手,尽快完善作为"法治型"两岸关系制度形态的两岸法制:

第一,结合两岸关系和平发展的新形势,制定和修改相应的涉对方事务立法。大陆方面应当尽快制定一部符合两岸关系和平发展实际的《两岸关系和平发展促进法》,同时结合两岸关系发展实际和两岸协议的相关规定,适时修改部分与两岸关系发展阶段性特征相冲突的法律规范,形成内部协调一致的对台工作法律体系。台湾方面应当尽快完成其"两岸协议监督条例"等法律规范的制定,完成对"两岸人民关系条例"等法律规范的修正,消除两岸协议在台湾地区生效和实施的法律障碍,切实保障两岸共识在台湾地区的贯彻实施。同时,两岸还应共同促进对方居民在己方领域内权利保障机制的发展,贯彻"同等对待"的基本原则,使两岸居民在对方领域内能够享受到其应有的基本权利。

第二,尽快签署基础性两岸协议,强化两岸协议的造法功能,明确两岸协议与两岸各自法律体系之间的关系,促进两岸协议的体系化建设,为构建"两岸法"体系奠定基础。当前两岸协议的体系化程度距离一个法域内的完整法律体系仍有较大差距。这种差距集中体现在两岸协议缺乏一个在协议体系中起基础性作用的协议。[①] 因此,要使两岸协议成为一个完善的体系,在完善两岸关系和平发展框架的法律机制中发挥更大的造法功能,就应及时制定合乎两岸共同需求的基础性协议,为整个两岸协议提供效力来源,并对两岸协议的程序性问题加以规范。如此一来,基础性协议统率下的体系化的两岸协议,将为两岸关系和平发展提供坚实的规范依据,也为构建"两岸法"体系奠定基础。

第三,积极构建两岸法制框架下的两岸民意整合机制,将"公民参与"理念引入两岸事务,强化两岸法制的民意正当性基础,从而使两岸

[①] 周叶中、段磊:《论两岸协议的接受》,载《法学评论》,2014年第4期。

关系和平发展真正惠及两岸民众。目前，两岸法制的构建方式体现出较为强烈的"精英政治"和"秘密政治"色彩，由于缺乏直接参与，两岸民众正逐渐沦为两岸关系和平发展的"旁观者"。长此以往，两岸法制的民意正当性基础将面临严峻考验。2014年上半年台湾地区发生的"反对服贸协议运动"，即是两岸协议民意正当性危机的一次集中体现。因此，要使两岸法制（尤其是两岸协议）真实体现两岸民众的意愿，使两岸关系和平发展真正惠及两岸普通民众，就必须引入公民参与机制，构建两岸事务性协商机制中的民意征询机制，允许和鼓励两岸民众和利益相关群体直接了解和参与两岸谈判，并对谈判结果发表意见，从而达到强化两岸法制民意正当性基础的作用。

第四节 两岸交往机制与两岸关系和平发展的阶段性转变

两岸关系和平发展的政策依赖与制度依赖之间的分殊，从本质上讲，乃是法学意义上人治与法治之间的分殊，也是政治学意义上的个人权威与制度权威之间的分殊。在实现从前者到后者转变的过程中，两岸交往机制的形成在其中扮演着重要的角色。

一、两岸交往机制在两岸关系和平发展制度依赖形成中的地位与作用

两岸关系和平发展并非仅仅停留在口号上，这一概念有着丰富的内涵。从目前两岸关系发展的实践来看，大陆与台湾当局对于"和平发展"存在共识，但对"和平统一"并无共识，这就体现出两岸对和平发展的定位差异——大陆将"和平发展"作为"和平统一"的一种手段，而台

第五章 法治型两岸关系发展模式与两岸交往制度依赖的形成

湾当局却将"和平发展"作为目标,以达到"维持现状"的最终目标。①因此,两岸至少在共谋维护台海和平,两岸关系和平发展上具有相当大的对话空间。两岸关系和平发展的丰富内涵正存在于两岸的这种对话空间之内,主要表现在共同坚持"九二共识",维护"一个中国"基本框架,逐步增强政治互信,凝聚政治定位共识,共同关切两岸民众切身利益和需求,共同维护中华文化传统等各个层面。

与两岸曾经出现过的高度政治对立、军事对峙不同,在两岸关系和平发展的过程中,经常性、和平性的经济文化往来、人员交流成为两岸关系的主要表现形式,两岸事务的核心也将从军事、政治转向经济、文化、社会等领域。随着两岸关系和平发展的不断深入,海峡两岸将出现物资、资金、人才和信息频繁流动的局面。② 因此,我们说两岸在各个层面形成的"大交往"的状况将成为两岸关系和平发展的重要表现形式,因此,在两岸关系和平发展的过程中,要实现从政策依赖到制度依赖的阶段性转变,两岸交往机制的形成无疑会扮演重要角色。具体而言,两岸交往机制的重要地位主要表现在三个方面:一是两岸交往机制的形成可能成为两岸关系和平发展制度化的起点之一;二是两岸交往机制的确立能够有效强化两岸关系和平发展制度化;三是两岸交往机制的发展能够实现"外溢"效应,将制度依赖拓展到两岸关系和平发展的各个层面。

整合理论是西方学者研究欧洲一体化的重要研究工具,台湾学者亦常将其用于分析两岸关系。尽管整合理论在欧洲主要用于分析主权国家走向一体化的过程,两岸关系并非主权国家之间的关系,但将整合理论作为一种理论工具,用于分析两岸关系发展中出现的一些现象有着一定的意义。所谓的"外溢"效应(spillover effect)是新功能主义整合理论中的一个

---

① 中评网:《张五岳:五千年内战不断 要把握和平机遇》,资料来源:http://www.zhgpl.com/crn-webapp/search/allDetail.jsp?id=102792620&sw=%E5%BC%A0%E4%BA%94%E5%B2%B3,最后访问日期:2017年3月17日。
② 参见周叶中:《论构建两岸关系和平发展框架的法律机制》,载《法学评论》,2008年第3期。

概念。新功能主义的代表人物霍夫曼（Stanley Hoffmann）提出了"低级政治"和"高级政治"的概念区分，前者是指经济政策、福利政策等敏感性较低的范畴，而后者则是指主权、安全等敏感度较高的范畴。新功能主义的主要观点之一便是通过对低级政治的整合，实现所谓"外溢"效应，最终将整合扩展至高级政治领域。

在两岸关系和平发展框架中，亦存在着这种类似于霍夫曼提出的"高级政治"和"低级政治"的区分。在这种划分之下，两岸关于和平统一、政治定位等重大政治问题应当属于两岸关系和平发展中的"高级政治"范畴，而除此之外的两岸各层次的交往则属于"低级政治"的范畴。因此，一旦两岸交往机制得以形成，并得到有效运行和发展，其制度化的内涵将逐渐影响到两岸关系的其他领域，实现"外溢"效应。

二、两岸交往机制形成过程中的机遇与挑战

随着两岸关系的发展，尤其是2008年以来两岸关系出现的重大转折，在两岸间实现两岸交往机制与两岸关系和平发展阶段性转变出现重大机遇。这种机遇并非历史的偶然，而是产生于两岸交往与两岸关系和平发展的过程中，产生于各种现实条件的出现之时。但是，对两岸而言，机遇与挑战往往并存。目前，两岸关系的和平发展尚处于初级阶段，良好的制度体系并未完全形成，既有的制度在适用性上依然不够普遍。面对机遇和挑战，我们应当积极考量各方面因素，在坚持一个中国原则的前提下，对两岸交往机制形成的路径加以考量。

（一）机遇：来源于各项条件的支持

具体来说，至少三项重要条件为两岸关系实现从政策依赖到制度依赖的重大转变的机遇产生做出了重大贡献。

第一，形成两岸交往机制是两岸关系和平发展的现实需要。任何一种机制的形成都与现实的需要密切相关，它为现实需要而存在，为现实需要

第五章　法治型两岸关系发展模式与两岸交往制度依赖的形成

而服务。对于两岸关系和平发展而言，是通过制度进行调节还是通过政策进行调节与两岸关系发展的现状直接相关。当两岸关系发展的现状富于变动性，对调节机制的灵活性要求较高时，政策依赖型机制自然会成为双方的首选；当两岸关系发展的现状趋于稳定，对调节机制的持续性要求较高时，制度便会成为双方的选择。可以说，两岸关系发展的现实需要，是影响两岸关系调节机制选择的外在动因。两岸关系当前正处于历史上最好的时期，两岸关系表现出和平、稳定的基本特征。尽管两岸关系在20世纪90年代经历了一些波折，但是自2008年以来，两岸关系面临着难得的机遇期，获得了长足的发展。总体而言，两岸关系当前正处于历史上最好的时期。相对于20世纪20年代到70年代末双方的军事对峙和80年代到90年代双方的隔绝与对抗而言，当前两岸关系正表现出和平、稳定的基本特征。

第二，形成两岸交往机制是两岸民众对两岸关系发展的广泛诉求。两岸关系的发展说到底影响的是千千万万的两岸普通民众的切身利益。海峡两岸同宗同源，合则两利，斗则两败。双方各自对于两岸关系调节机制的选择必然与两岸民众的切身利益和广泛诉求相关联。可以说，两岸民众对于两岸关系发展的最广泛诉求是影响两岸关系调节机制选择的内在动因。当然，在现阶段，两岸人民对两岸关系和平发展的诉求缘由可能存在一定的差异，大陆民众可能更加偏重于对民族情感的追求，台湾民众则可能偏重于对现实利益的追求，但这并不影响两岸民众形成对两岸关系发展的共识。尽管两岸关系总是在波折中前行，但两岸主流民意对两岸关系和平发展和共同福祉的期盼始终没有改变。对于两岸民众而言，尽管经历了长达近50年的隔绝，两岸同宗同源，血浓于水，两岸的主流民意都对两岸关系和平发展有着共同的期盼。正如时任国台办主任王毅所说，"改善和发展两岸关系是两岸民众的共同期盼，认同和支持两岸关系和平发展已成为海峡两岸的民意主流"①。

第三,形成两岸交往机制是两岸法治环境的实际要求。制度与法治密切相关,正如上文所说,以政策为主导调节机制的两岸秩序所蕴含的实质是一种人治治道,而相对的,以制度为主导调节机制的两岸秩序所蕴含的则是一种法治治道。因此,要构建两岸关系和平发展的制度依赖机制,就要求两岸必须有着能够使制度依赖得以生成和存在的法治环境。目前,两岸均已经实现了从人治到法治的转变,并均以法律为各自实现域内治理的主要工具。自1990年以来,台湾地区逐步实现了其"民主转型",其民主法治进程取得重要成果,法律在台湾社会中扮演的角色越来越重要。自1999年"建设社会主义法治国家"被写入宪法以来,大陆的法治化建设进入一个新阶段。2010年中国特色社会主义法律体系的基本建成标志着法治的进一步完善。在两岸的域内法治环境均得到有效改善的条件下,两岸关系层面的制度化需求和可能性亦随之增加。

在上述三个基本条件的作用和要求之下,两岸关系和平发展实现阶段性转变的机遇已经到来,两岸应当抓住机遇,尽快实现两岸关系调节机制的转变。

(二)挑战:来自三个方面因素的制约

尽管在两岸交往机制形成过程中存在各项有利条件,不论是从外部条件还是内在机制上,两岸交往机制的形成都存在着需要克服的许多问题。具体来说,这些问题主要存在以下几个方面:

第一,两岸交往机制的制度体系存在内在缺陷。具体来说,这种缺陷主要表现为两点:其一,作为两岸法制主干内容的两岸涉对方事务规定体系尚不完善。两岸涉对方事务法制,既是构成两岸法制的主干内容,也是

---

① 《王毅:支持两岸关系和平发展已成为两岸民意主流》,新华网台湾频道,2009年9月21日。资料来源:http://news.xinhuanet.com/tw/2009-09/21/content_12089162.htm,最后访问日期:2017年3月17日。

第五章 法治型两岸关系发展模式与两岸交往制度依赖的形成

两岸法制形成的初级阶段,同时它也构成了其他两岸法制表现形态的支柱,对两岸交往机制的形成与强化有着重要意义。然而,目前两岸涉对方事务规定体系尚不完善,这表现在两个方面:一是大陆方面缺少一部能够上承《宪法》和《反分裂国家法》,下接各种零散的涉台法律、法规、规章的,系统性规范两岸关系运行和发展的基本法律。二是台湾方面的"两岸人民关系条例"之中存在很多与当前两岸关系和平发展不相适应的规定,对两岸交往机制的形成有着一定的阻滞作用。其二,在于作为两岸法制连接点的两岸协议体系尚不完善。两岸协议是实现两岸治理的治理工具,也是两岸法制的进阶阶段,其效力及于海峡两岸,对许多两岸事务性问题的解决有着重要作用。然而,目前两岸协议尚未完全体系化、制度化。另外,两会商谈中双方商谈内容的范围上过于狭窄也是两岸协议体系不完善的一个体现。目前两岸签署的两岸协议中,经济事务类两岸协议占到其中的一半之多,而双方在文化合作、科技合作、社会事务合作等方面的进展尚不够。

第二,政策依赖的自我强化作用会影响到新的制度依赖形成。根据路径依赖理论,"强化机制会使得一些无效率的制度长期存在"[1],这种自我强化机制会对新的路径依赖的形成造成严重的阻滞作用。对于两岸交往机制和两岸关系和平发展而言,尽管既有的政策依赖已经不能适应当前的现实状况,但是它却并未失去其在两岸关系中的主导地位,反而不断自我强化。因此,这也就解释了两岸关系和平发展的过程中,两岸政策对两岸关系的巨大影响,也解释了两岸关系制度化中存在的种种困难。

第三,内外政治因素影响两岸交往机制的形成。这些因素主要是台湾岛内的内部政治因素和国际上的美日等外部因素。一方面,尽管国民党以两岸关系和平发展为其执政目标,但这一目标却是置于其"不统、不独、

---

[1] 赵祥:《新制度主义路径依赖理论的发展》,载《人文杂志》,2004年第6期。

不武"的政策之下，始终坚持"以台湾为主"的政策。因此，国民党的大陆政策更多地体现出其功利性与两面性。同时，岛内仍存在以民进党为首的"台独"分裂势力，他们对两岸关系和平发展和两岸交往机制的形成起到较大的牵制作用，如民进党多次以"维护台湾利益"为借口，坚持"逐条审议"ECFA、《海峡两岸服务贸易协议》等两岸协议，在岛内"狙击"两岸协议的实施。另一方面，两岸关系中的国际因素也不容忽视，尤其是美、日等国家的影响更不容忽视。从美国智库及部分官方人士的观点看，美国对两会恢复制度化协商予以肯定，对两岸经济合作乐观其成，但对两岸政治高度警觉，不希望两岸关系发展超出其所能接受的范围。日本亦对马英九大幅度改变民进党奉行的亲日政策有所忧虑，尤其是其对两岸在钓鱼岛、南海等问题上可能展开的合作表示出极大的关注。因此，美日因素对于两岸关系和平发展和两岸交往机制的形成构成了外部制约。[1]

三、两岸交往机制形成的路径

要界定两岸交往机制形成与否，评价这一机制的构成要素，就必须首先建构由若干目标构成的两岸交往机制的形成目标体系。以上文所述的两岸交往机制制度化的内外挑战因素为标准，我们认为，这一目标体系应当至少涵盖下列三个具体目标：一是两岸现有涉对方事务制度的规范化和完善化，做到两岸交往"有法可依"。交往机制中的法制完善过程将为整个调整两岸关系的法制完善带来示范效应。二是两岸在处理涉对方事务问题时，能够全面遵守形成于两岸域内和两岸间的制度规范，做到两岸交往"有法必依"。这需要进一步强化两岸法制的民主正当性。以交往机制形成中的公民参与带动整个两岸关系法制化过程中的民主强化。三是两岸签

---

[1] 辛旗：《把握机遇 促进两岸关系和平发展》，载周志怀主编：《两岸关系和平发展与机遇管理：全国台湾研究会 2009 年学术研讨会论文选编》，九州出版社，2010 年版。

第五章　法治型两岸关系发展模式与两岸交往制度依赖的形成

署《海峡两岸交往综合性框架协议》，以专项协议的形式全面规范两岸交往机制，实现两岸交往机制的制度化与规范化。

在实现转变的基本条件已经具备的前提下，应当积极考量各方面因素，在坚持一个中国原则的前提下，对实现阶段性转变的制度路径加以考量。如上文所述，两岸涉对方事务法律体系构成了在两岸交往机制与两岸关系和平发展的制度依赖的主干，因此，要实现两岸交往机制与两岸关系和平发展阶段性转变，就需要首先完善两岸各自域内涉对方事务法律体系，以强化这一主干在制度依赖中的重要作用。

(一) 大陆方面应完善涉台工作法律体系

大陆方面应对涉台活动的各个方面进行规制性立法，完善涉台工作法律体系。这一工作的重点体现为两个方面：一是应运用法治思维厘清两岸关系政治基础的核心意涵，明确当前条件下一个中国框架应最终落脚于"法理上的一个中国"，以"法理一中"巩固和维护"九二共识"及其核心意涵的权威性与稳定性。二是是在条件成熟的情况下将中央对台的政策以法律形式予以确认，让台湾一些顾虑大陆政策发生变化而影响其切身利益的民众安心。同时，有必要对公权力机关在涉台活动中的各类程序与准则以法律形式予以明确，以维护公权力行使的严肃性。具体来说，当前阶段大陆应当加强以下几个方面的涉台立法：

一是将党和政府的重大对台政策法律化。目前，中央对台政策的主要表现形式多为中央领导人和有关部门领导人的讲话和文件，多数并未上升为法律规范。党的十八大以来，以习近平同志为核心的党中央针对两岸关系发展中出现的新问题新挑战，形成一系列新思想新论述，为我们在当前一段时间内处理两岸关系提供了重要的政策指引。尽管《反分裂国家法》已经部分确认了一些中央重大的对台政策，但其中的规定却仅仅是最具有原则性的宏观政策，并未对对台工作中许多重要的微观方面进行详尽的规定。典型的如台胞就业、台湾水果登陆等重要惠台政策都未以法律形式予以规定。因此，有必要在未来一段时期内，在条件成熟的情况下，以法律的形式，尤其是特别立法的形式将党的十八大以来，以习近平同志为核心的党中央形成对各项对台新政策上升到法律层面，予以确认。

二是应澄清"九二共识"的法理属性，将"九二共识"界定为一种国家尚未统一的特殊条件下，处于政治对立状态下的两岸间达成的宪制性共识，并在一定的法律规定中予以体现。自"九二共识"诞生之日起，台湾方面便不断传出否认和曲解"九二共识"的声音，若不能及时对这些声音做出有力回应，将直接影响"九二共识"及其核心意涵在台湾地区的实际效力和认同程度。从"九二共识"的达成主体和核心内容来看，这一共识应属两岸宪制性共识，应对两岸产生实际约束力，且不因台湾地区执政党的变化而失去其约束力。一方面，从"九二共识"达成的主体来看，两岸两会属两岸受权协商机构，因而其所提出的相关主张，代表的应是两岸各自的意志，而非国共两党意志，故这一共识的约束力不应因执政党的变化而变化。另一方面，从"九二共识"的核心内容来看，这一共识所涉及的是两岸关系性质和国家统一基本方向问题，且为两岸各自规定所确认，因而其在当前两岸关系场域内具备宪制性共识地位，因此这一共识应属两岸共同认可的最高共识。进一步而言，"九二共识"应被界定为一种对两岸具有实质约束力的宪制性软法。[①] 这种软法共识的效力，不应因执政当局的改变而改变，而单方面破坏"九二共识"者，理应承担应有的政治与法律责任。同时，在条件达到时，我们应尽快将这种"宪制性软法"通过一定程序，转化为硬法，在我对台法律规范中予以体现。

三是明确海协会的法律地位，为两岸事务性商谈机制的常态化提供法律保障。目前，两会平台是两岸进行交流的最重要窗口，也是目前两岸公

---

① 关于软法理论在两岸关系中的应用，参见周叶中、祝捷：《两岸治理：一种形成中的结构》，载《法学评论》，2010年第6期；周叶中、段磊：《论两岸协议的法理定位》，载《江汉论坛》，2014年第8期。

第五章 法治型两岸关系发展模式与两岸交往制度依赖的形成

权力机关交往机制的核心所在。然而,在我国大陆,海峡两岸关系协会的法律地位却并不明确。目前,关于海协会的地位问题之规定,仅见于海协会自行制定的《海峡两岸关系协会章程》之中。根据该《章程》的规定,海协会接受有关方面委托,与台湾有关部门和受权团体、人士商谈海峡两岸交往中的有关问题,并可签订协议性文件。[①] 在实践中,海协会的业务指导和管理机关为国务院台湾事务办公室。国台办属于国务院办事机构之列,"其职责在与协助总理办理具体事务,不享有对外实施管理的权能"[②],且国务院台湾事务办公室与中共中央台湾工作办公室,属于"一个机构两块牌子",列入中共中央直属机构序列。因此,从行政法法理上讲,国台办并不具有行政主体资格,因此它也就不符合一般行政法上所讲的"行政委托"之基本条件。唯一能够对国台办与海协会之间的委托关系做出合理解释的便是,两岸交往的特殊性,这种不符合法理的"行政委托"仍然具有功能意义上的合法性。然而,这种所谓"功能意义上的合法性"却不能掩盖我国对海协会处理两岸协商问题的法律规定不足的问题。要保证两岸事务性商谈机制的常态化,必须就海协会的法律地位问题做出明确的法律规定。

四是完善两岸协议在大陆的实施机制,以保证两岸协议能够以合乎法律程序性规定和实体性规定的方式得到有效实施。在大陆,两岸协议具有直接适用性。这种直接适用性表现为两种适用方式:一是直接适用,从对象上讲,两岸协议对大陆的机关、公民、法人和社会组织等具有普遍约束力,从方式上讲,两岸协议不仅可以直接作为有关部门处理案件的规范依据,而且可以成为制定规范性文件[③]的依据。二是纳入适用,即大陆有关部门在两岸协议签订前后,以印发、通知等形式将两岸协议纳入到法律体

---

① 《海峡两岸关系协会章程》第四条。
② 江国华编著:《中国行政法(总论)》,武汉大学出版社,2012年版,第142页。
③ 就目前的立法和司法实践来看,在大陆,两岸协议主要作为部门规章的立法依据和司法解释的解释依据。截至2013年9月,以两岸协议为立法依据和解释依据的部门规章和司法解释共有17项。

系中。① 这种实施方式与国际法上的并入方式具有一定的相似性。需要说明的是，这两种具体的适用方式并非制度化的规定，而是根据实践进行的理论总结。我们认为，这种实践中的做法有必要以法律形式予以明确规定，以保障两岸协议能够得到有效实施。

五是梳理整合各地方的涉台地方性立法，完善整个涉台工作法律体系。自1987年台湾当局开放台胞探亲，两岸结束绝对对立"老死不相往来"的局面以来，许多省、市、自治区结合本地实际，相继颁布了一批涉台地方性立法。目前，在大陆现行有效的涉台地方性法规共有22部，地方政府规章17部，其中福建省的涉台立法最为发达。然而，这些涉台地方性立法依然存在诸如"以规范经贸关系为主，内容相对单一""稳定性有余，适应性不足""以实施性立法为主，创制性立法偏少""偏重于对成熟经验的总结，前瞻性稍逊""立法技术方面有待继续完善"② 等方面的不足。因此，在现阶段，有必要梳理整合我国的各涉台地方性立法。通过梳理整合，提高这些地方性立法的立法技术，对其立法内容进行进一步完善，对其中与两岸关系发展新形势不相适应的内容加以修正，对其中过时的、与上位法相冲突的内容加以废除，以达到完善整个涉台工作法律体系的目标。

（二）台湾方面应适时修改涉陆立法

台湾方面应当尽快将现有的涉陆立法以合乎两岸关系发展现状的标准进行修改。相对于大陆版本的"两岸法制"而言，台湾地区版本的"两岸法制"起步早，内容详细，然而，台湾地区的这些涉陆"法律"都是建立在所谓"一国两区"的"宪法"思想之上，以保守、谨慎的态度对待两岸关系中的立法问题。毫无疑问，这种过于保守、谨慎的态度已经远

---

① 周叶中、祝捷主编：《构建两岸关系和平发展框架的法律机制研究》，九州出版社，2013年版，第113页。

② 参见郑清贤：《我国大陆地区涉台地方立法研究》，载《福州党校学报》，2010年第5期。

第五章　法治型两岸关系发展模式与两岸交往制度依赖的形成

远跟不上两岸关系和平发展快速发展的现状。因此，就台湾地区而言，应当尽快对包括"两岸人民关系条例"在内的各项涉陆立法进行适当修正，以保证两岸关系的制度化进程得以快速实现。由于"两岸人民关系条例"是一部"诸法合体"的重要"法律"，其涉及内容十分广泛，既包括准国际私法内容，又包括两岸探亲、就业与经济交往带来的民事、刑事与行政问题[①]。因此，对于该条例的修改问题，本书限于篇幅无法一一详尽分析，此处仅提供若干原则性思路。具体来说，这些原则应当涵盖以下内容：

一是应适度放宽对两会商谈的相关限制。"两岸人民关系条例"对委托民间团体与大陆地区进行协商限制极其严格，这与当时该条例受到"冷战思维"影响的立法思维有关。这种思维已经明显与两岸关系和平发展的现实相脱节，两会的协商应当得到大陆与台湾地区有关规定的共同认可与支持，而非限制。因此，未来"两岸人民关系条例"的修正，应当在原有条文的基础上适度放宽对于两会商谈的相关限制。

二是应在既有两岸协议的基础上，前瞻性地放宽对两岸人民民间交往的法律限制。目前，"两岸人民关系条例"对于两岸人民的民间交往问题做了较为严格的限制，这种限制体现在出入境问题[②]、劳动者雇用问题[③]、开办企业问题[④]等各个方面。尽管这些问题可以通过两会达成相关协议得以解决，但是这种以协议促修"法"的做法毕竟有损于法的权威。因此，"两岸人民关系条例"应当在既有两岸协议的基础上，适当地做出前瞻性立法。

[①] 田飞龙：《两岸人民关系条例的历史考察与修改展望》，载《台湾民情》，2012年第6期。

[②] 如"两岸人民关系条例"第10条规定，"大陆地区人民非经主管机关许可，不得进入台湾地区。经许可进入台湾地区之大陆地区人民，不得从事与许可目的不符之活动"。

[③] 如"两岸人民关系条例"第11条规定，"雇用大陆地区人民在台湾地区工作，应向主管机关申请许可"。

[④] 如"两岸人民关系条例"第40-1条规定，"大陆地区之营利事业，非经主管机关许可，并在台湾地区设立分公司或办事处，不得在台从事业务活动"。

三是应当放弃一些明显不合时宜的法律条文。由于"两岸人民关系条例"的立法思维受到当时两岸关系和国际形势的影响,其立法明显趋于保守,其中许多规定已经明显不合时宜。因此,应当就这些规定尽快做出修改,以便适应当前两岸关系的快速发展。

当然,由于台湾地区岛内政治形势的复杂性,要求台湾地区在短时间内大幅度地修改"两岸人民关系条例"是不切实际的。尽管台湾地区前领导人马英九声称"要配合现在时空环境全盘翻修'两岸人民关系条例'"①,但实际上国民党并不具备推进这一全面翻修进程的政治能量。即使是孤立条款的逐一检修也会遭遇岛内族群政治与政党政治的强大阻力。② 因此本书所提出的三项修改原则仅仅是一种远期的展望,并不能成为短期内的立法计划。可以预见的是,台湾地区"两岸人民关系条例"的修改,必然将继续依照其孤立条款逐步推进的模式进行。

(三) 两岸应完善两会商谈机制和发展两岸公权力交往机制

两岸应当进一步完善两会商谈机制,检视和修改《两会联系与会谈制度协议》,使之更加符合两岸关系发展的现实需要。如上文所述,两岸协议作为一种效力及于两岸的软法,其在制度依赖机制发挥着重要的连接作用。因此,进一步完善两会商谈机制,使其实现制度化,达到不以两岸领导人态度的变化而变化,不以两岸领导人注意力的转移而转移就显得尤为重要。

《两会联系与会谈制度协议》是1993年"汪辜会谈"时,两会达成的第一批四项协议之一。这一协议达成的主要目的在于"建立联系与会谈制度",③ 其主要内容涉及两会举行会谈、举行事务协商、成立专业小

---

① 网易新闻:《马英九:通盘检讨修正"两岸人民关系条例"》,资料来源:http://news.163.com/12/1010/22/8DG5B87300014JB6.html,最后访问日期:2017年3月17日。
② 田飞龙:《两岸人民关系条例的历史考察与修改展望》,载《台湾民情》,2012年第6期。
③ 《两会联系与会谈制度协议》序言。

第五章　法治型两岸关系发展模式与两岸交往制度依赖的形成

组、进行紧急联系、彼此提供入出境便利等两会协商平台构建的基本制度问题。可以说，这一协议是整个两会平台运行程序的基本规则。然而，这一协议已经签署 20 年之久，其中规定的许多内容都已经不符合两岸关系发展的现状。因此，有必要重新检视《两会联系与会谈制度协议》，根据当前两岸关系的发展现状对这一协议做出变更和补充。具体来说，这一协议的变更与补充可以从以下五个方面展开：

第一，进一步规范两会负责人会谈机制。根据《两会联系与会谈制度协议》之规定，两会负责人"视实际需要，经双方同意后，就两会会务进行会谈，地点及相关问题另行商定"。这条规定对于两会负责人会谈的条件进行了一定限定，即"实际需要"+"双方同意"，而对会谈的方式则以"商定"规定之，实际并未进行限定。时隔 20 年之后，两岸关系的发展已远远超过当时的形势，因此《两会联系与会谈制度协议》对于两会负责人会谈机制的规定有待进一步规范，应当明确两会负责人举行会谈的条件、方式等问题。从表面上看两会负责人进行会谈的过程应当是两会谈判的主体部分，但有学者指出，两会协商并非真正两岸协商的开始，而是就某些议题进行阶段性协商的最后步骤，即在两岸共识达成之后，用两会协商的形式以制度性和约束性的文件把这些共识固定下来，而在两会协商签署之前，两岸为凝聚共识已经做了大量工作。[1] 从这个意义上讲，两会负责人的会谈并非完成两岸协议的实质商谈部分，而是"完成签字认定的手续而已"[2]，其政治意义远大于规范意义。因此，有必要对两会负责人会晤的程序加以宽松化规定，以利于两会负责人能够实现制度化会晤。

第二，改革两会其他人员的定期协商机制，推动互设办事机构。根据《两会联系与会谈制度协议》之规定，海协会常务副会长和海基会副董事

---

[1] 参见陈星：《新思维下的两岸关系新模式》，载《中国评论》，2008 年 7 月号。
[2] 祝捷：《海峡两岸和平协议研究》，香港社会科学出版社有限公司，2009 年版，第 339 页。

长或两会秘书长应当定期举行会晤,"原则上每半年一次,在两岸轮流和商定之第三地,就两会会务进行会谈",而两会副秘书长以及其他人员亦应"就主管之业务,每季度在两岸择地会商"。这一规定实际上规定了除两会负责人以外的其他两会工作人员就两会会务的定期商谈机制,而由于其他工作人员进行会谈的政治色彩较两会负责人而言要淡很多,故其会谈的条件规定的较为宽松,会谈地点等问题便规定的较为明确。对于其他人员的定期协商机制而言,亦应当随着当前两岸关系的发展形势和两会负责人会谈机制的变革而进行适当的改革。两会其他人员的协商机制应当在坚持原有定期协商制度的基础上,给予其一定灵活性,以保证两会职能之实现。

第三,应当积极推动两会互设办事机构,以更为有力地促进两会"便利两岸民众往来,维护两岸民众权益"功能之实现。早在20世纪90年代初两会成立之后,两岸在交往的过程中就已经存在互设办事机构的必要,但是由于当时两岸交流还处于起步阶段,互设办事机构的条件并不成熟。[1] 2008年台湾学者张亚中版的"两岸和平协议"——《两岸和平发展基础协定》就曾提出过"两岸互设代表处"的设想,他指出两岸"常设代表处"并非大使馆,而是"整个中国"的"内部关系"。[2] 目前,双方已经"同意将互设办事机构正式列入两会协商议程"[3],我们有理由相信在不久的将来,两会互设的办事机构就将正式开始运行。因此,互设办事机构的相关规则问题,就理应成为《两会联系与会谈制度协议》补充的必然内容之一。

第四,明确两会举行商谈的主要内容。在《两会联系与会谈制度协

---

[1] 中国日报:《互设办事处 两岸还有很多路要走》,资料来源:http://www.chinadaily.com.cn/hqgj/jryw/2013-05-11/content_9001505.html,最后访问日期:2017年3月17日。
[2] 参见张亚中:《〈两岸和平发展基础协定〉刍议》,载《中国评论》,2008年第10期。
[3] 新华网:《两岸两会将互设办事机构正式列入协商议程》,资料来源:http://news.xinhuanet.com/politics/2013-03/21/c_115112742.htm,最后访问日期:2017年3月17日。

议》中，就两会进行会谈与协商的主要内容，只做了原则性的规定，即"两会会务"（海协会会长与台湾海基会董事长、海协会常务副会长与台湾海基会副董事长或两会秘书长的会谈内容），"主管业务"（两会副秘书长、处长、主任级人员定期会商内容），以及"两岸交流中衍生且有必要协商之事宜"[1]（专案协商内容）。这种原则性的规定是有待进一步明确与完善的。

第五，提高制度性协议的效力位阶。目前已经签署的两岸协议并未建立效力位阶机制，即所有两岸协议的效力均被推定处于同一位阶，后续签订的协议可以与先前签订的协议产生抵触，且应当以后续协议为准。《两会联系与会谈制度协议》是规范两会联系、商谈、签署协议和变迁协议等重大问题的基础性协议，其效力位阶理应与其他具体事务协议有所差别。我们认为，在《两会联系与会谈制度协议》的修改中，应当提高该协议的效力位阶，即如无特殊说明，任何具体事务性协议不得对《两会联系与会谈制度协议》进行修改。同时，亦可在该协议中专条规定该协议特有的修改制度，以保证协议的稳定性。

---

[1] "两会会务"和"主管之业务"规定于《两会联系与会谈制度协议》第一条"会谈"之中。"两岸交流中衍生且有必要协商之事宜"则规定于第二条"事务协商"之中。

第六章　两岸交往综合性框架协议与两岸交往机制的规范化

两岸交往是指大陆和台湾以各种方式进行沟通、接触和交流的过程，它包含两岸民众之间的交往和两岸公权力机关之间的交往两个层次。2008年以来，随着两岸关系和平发展的逐渐深入，两岸之间的交往日趋多元、复杂。因此，运用法治思维，积极构建两岸交往机制，促进两岸在各层次交往的常态化和制度化，对于增进两岸民众情感，强化两岸交往联系，积累两岸政治互信等均有着重要现实意义。两岸协议作为两岸法制[1]的重要构成部分，能够在一定程度上将两岸既有的共识予以固化，并对大陆和台湾产生现实约束。在这种情况下，两岸有必要凝聚共识，以平等协商的方式共同构建体系化的两岸交往机制，促进和保障两岸各层次的交往，形成"两岸交往综合性框架协议"，为两岸交往机制的规范化提供法理基础。为此，我们在长期进行两岸关系和两岸交往机制研究的基础上，依托两岸"大交往机制"[2]的理论框架，草拟了《海峡两岸交往综合性框架协议》

---

[1] 两岸法制是调整和规范大陆和台湾在两岸关系和平发展过程中各类行为的规范和制度的总称，其规范构成包括两岸各自域内涉对方事务法律规范和两岸协议。参见祝捷：《论两岸法制的构建》，载《学习与探索》，2014年第7期。

[2] 两岸"大交往机制"是统摄和描述两岸各种交往机制的总括性概念，它涵盖两岸各方面、各层次的交往机制，具体来说，"大交往机制"包括调整两岸民众交往的"两岸内"交往机制、调整两岸公权力机关交往的"两岸间"交往机制和调整两岸在国际社会交往的"两岸外"交往机制。参见祝捷、周叶中：《论海峡两岸大交往机制的构建》，载黄卫平等主编：《当代中国政治研究报告》第十辑，社会科学文献出版社，2013年版。由于调整两岸在国际社会交往的"两岸外"交往机制的政治色彩较为浓厚，暂不适宜在当前两岸两会事务性商谈机制下进行规制，因而本建议稿仅涉及对两岸民众交往机制和两岸公权力机关交往机制的规制。

第六章　两岸交往综合性框架协议与两岸交往机制的规范化

（建议稿），以期助益于大陆和台湾早日就两岸交往问题形成制度性协议，促进和规制两岸交往行为，使大陆和台湾逐步形成"不因领导人的改变而改变，不因领导人注意力的改变而改变"的法治化的两岸关系。

第一节　两岸交往综合性框架协议的总体思路

两岸交往机制与两岸关系和平发展的制度依赖机制形成的重要体现便在于，在"两岸内"和"两岸间"均形成了与两岸关系发展实际相适应的，两岸共同遵守的规范化制度体系。在这一体系之下，两岸在各个层面的交往均遵从这一制度体系的要求进行，并以这一制度体系为各自制定涉对方事务政策与法律的基本底线。我们认为，要在"两岸内"形成这一制度体系，需要两岸积极完善各自的涉对方事务法律体系，以完备的法律规范保证两岸在自律范畴之中的决策制度化；要在"两岸间"形成这一制度体系，需要两岸凝聚共识，以平等协商的形式，梳理总结和升华现有的两岸事务性协议，最终达成"两岸交往综合性框架协议"，以这一规范化的协议保证两岸在他律范畴之中的决策制度化。因此，两岸交往综合性框架协议应当成为规范两岸和平交往的重要法律文件。这一文件的达成将为两岸交往机制的规范化提供根本的基础。

一、两岸交往综合性框架协议的性质

两岸交往综合性框架协议是两岸法理共识的一种表现形式，其前提与基础在于"两岸同属一个中国"的宏观共识和若干对两岸交往事务性问题的微观共识。

第一，法理共识是两岸交往综合性框架协议的共识定位。"法理共识"这一概念是与临时协议和重叠共识相对应的一个概念，它是指两岸在某种共同认同基础上形成的制度安排，它为两岸提供的是一种实质性、

非偶然性、制度化的长期稳定状态。① 与两岸以往签署的用于解决某一单独领域事务的事务性协议不同，两岸交往综合性框架协议所要解决的是有关两岸交往问题的一揽子问题，其目的在于为两岸各层次的交往设置规则，为构建两岸关系和平发展框架奠定基础，以便两岸进一步凝聚新的共识，开创两岸关系和平发展的新局面。

第二，"两岸同属一个中国"的宏观共识是支持两岸交往综合性框架协议形成的基本前提。不论是在两岸各自规定，还是在两岸领导人的政策言说之中，"两岸同属一个中国"已经成为两岸在现阶段能够形成的一种关于两岸关系的核心共识。两岸各层次的交往得以实现与"两岸同属一个中国"的基本共识息息相关。对于两岸交往综合性框架协议而言，这一核心共识既是该协议形成的基本前提，又成为该协议得以有效发挥其作用的政治基础。

第三，两岸各层次交往的事务性问题上达成的微观共识是两岸交往综合性框架协议形成的直接前提。由于两岸政治对立造成的影响，两岸在宏观层面达成的共识只能以原则化、模糊化的技术性手段进行处理，然而，政治对立对于两岸具体事务性问题的解决的影响却较为有限，两岸仍然可以在政治层面没有绝对意义上的明确共识的基础上就两岸间事务性问题进行务实协商。这种务实的事务性协商的最终结果便是两岸在具体事务性问题上达成的微观共识。两岸交往综合性框架协议是一个宏观与微观共识的结合体，就微观层面而言，两岸在各个层面的交往中各都存在大量需要两岸通过协商形成共识的内容。因此，两岸交往综合性框架协议得以形成的直接前提便在于两岸就这些事务性问题达成的广泛意义上的微观共识。

二、两岸交往综合性框架协议的功能

在国际条约法理论中，依照条约的法律性质进行分类，可将条约分为

---

① 关于"两岸共识定位的三阶段"理论，参见祝捷：《海峡两岸和平协议研究》，香港社会科学出版社有限公司，2010年版，第29—31页。

第六章 两岸交往综合性框架协议与两岸交往机制的规范化

造法性条约和契约性条约两类,其中前者是指缔约国为创立新的行为规则或确认、改变现有行为规则而签订的条约,后者是指缔约国之间就一般关系或特定事项上的相互权利和义务而签订的条约。[1] 尽管两岸关系并非国际关系,两岸之间签署的协议也并非国际条约,但由于两岸之间政治上互不隶属,且并不具有一个权威及于双方的权力主体的现实状况,国际法中的某些理论也可以移植到两岸关系的研究中来。按照这种分类,现有的两岸协议也可被划分为解决两岸具体事务性问题的契约性协议和创设两岸共同行为规范的造法性协议。当然,这种划分很难做到完全精确,一般而言解决具体性事务的协议中也会存在造法性内容,而造法性协议中亦可能出现一些解决具体事务的安排。然而,以协议所涉及的主要内容来看,这种划分方式依然适用。

两岸交往综合性框架协议是基于两岸对于交往机制方面共识而产生的一种具有造法功能的协议,亦即在该协议实施后,两岸将按照协议本身的要求,对各自立法进行相应的完善并以协议为依据继续签订其他协议。因此,两岸交往综合性框架协议的核心功能就在于其造法性。这种造法性主要体现在以下几个层面:

第一,协议将确立两岸在各层次的交往规则、程序等,为两岸交往机制的规范化提供基础条件。作为首个全面规范两岸交往的协议,本协议的首要功能在于以规定基本原则、基本程序的方式,为两岸各层次的交往提供原则性规范。这些原则将全面应用于两岸各个层次的交往之中,起到宏观指导的重要作用。

第二,作为框架性造法协议,为两岸交往中进一步达成相关协议提供效力来源。两岸协议在发展的过程中,呈现了一定的体系化特征,但体系化程度并不高。体系化的两岸协议,对于提高两岸关系和平发展的法治化

---

[1] 梁西主编:《国际法》,武汉大学出版社,2003年版,第287页。

程度，进而推动两岸关系和平发展框架的构建，有着重要的意义。就两岸交往问题而言，两岸交往综合性框架协议将成为这一协议体系中处于统帅地位的基础协议，在此之后，两岸进一步达成的与两岸各层次交往相关联的协议都必须以本协议为依据，以产生法律效力。

第三，在提供两岸稳定交往秩序规则的前提下，为两岸进一步凝聚共识，增进互信提供机遇，为海峡两岸最终实现和平统一的目标做出贡献。两岸共识的凝聚需要经历一个较长的历史阶段，在这个历史进程之中，只有不断鼓励、支持两岸开展更为密切的交往，增进双方了解，才能为进一步凝聚共识，增进互信提供机会。海峡两岸最终实现和平统一亦必须依赖于两岸就更多更广泛的事务凝聚共识，并在更大程度上增进互信。两岸交往综合性框架协议将为两岸交往提供规范支持，为保障两岸交往的进一步发展提供有效的制度保障。因此，在这一协议的有力支持之下，两岸交往必将走向更加密切，更加深入的新阶段。

三、两岸交往综合性框架协议的内容

两岸交往综合性框架协议将全面规制两岸交往过程中的各类事务性问题，并就两岸交往过程中的两岸民众交往机制、两岸公权力机关交往机制和两岸在国际社会的交往机制做出规范，明确其中的若干程序性问题和实质性问题，为两岸进一步凝聚共识提供条件。

第一，两岸民众交往机制的相关安排。两岸的民间交往是两岸交往最为密切和深入的面向，保障两岸民众在交往中的利益是双方共同的目标。因此，本协议中的首要内容就在于对鼓励和支持两岸民间交往的开展提供法律保障，亦即以原则性的话语为两岸进一步就如何实现两岸民间交往更加深入提供依据。

第二，两岸公权力机关交往机制的相关安排。两岸公权力机关交往机制是两岸大交往机制的核心内容，公权力机关间的交往程度和内容将会影

响民间交往的幅度,而两岸在国际社会的交往的本质乃在于公权力机关交往的延伸。因此,本协议将明确两岸公权力机关交往的基本原则,并为两岸各层次、各部门公权力机关的交往提供宏观指导,为两岸就具有不同特点的各类公权力机关交往问题达成更加细致的协议提供依据。

第三,两岸在国际社会的交往机制的相关安排。两岸在国际社会的交往机制包括三项内容,即台湾地区有序参与"国际空间"的机制、两岸共处一个国际组织的交往规范和两岸共同维护中华民族整体利益的机制。因此,本协议将确定两岸在上述三种场合进行交往的基本原则,对台湾地区参与国际事务的名义、原则等问题加以规定,并为两岸在国际社会中进行交往达成具体协议提供规范依据。

第二节 《海峡两岸交往综合性框架协议》（建议稿）逐条释义

海峡两岸交往综合性框架协议

序 言

为促进海峡两岸关系和平发展,保障两岸交往有序进行,基于互信互谅、平等互利、循序渐进的原则,海峡两岸关系协会与财团法人海峡交流基金会就双方交往事宜,经平等协商,达成协议如下:

【释义】序言部分是两岸协议的传统内容,主要对本协议的目的、谈判与签署协议的原则、主体和名称等基本问题进行说明。具体而言,本协议的序言主要规定下列内容：一是协议目的。作为构建两岸关系和平发展框架的重要文件,两岸交往综合性框架协议的根本目的在于,保障两岸交往的有序进行,进而达到凝聚共识,拓展两岸互信的目的。因此,此处将协议目的表述为"保障两岸交往有序进行"。二是协议谈判和签署的原则。按照两岸协议的惯例，两会在协议谈判和签署的过程中处于平等地位，因而此处确立"互信互谅、平等互利"为达成协议的原则。三是协议主体。自1993年以来，各项两岸协议的谈判和签署主体均为两岸两会，这种两会事务性协商机制已成惯例。因此，此处的协议主体仍规定为"海峡两岸关系协会与财团法人海峡交流基金会"。四是协议名称。两岸在两会机制下形成了协议前冠之以"海峡两岸"的惯例。这一惯例在本协议中并无修改必要，宜继续沿用。因此，本协议的名称确定为"海峡两岸交往综合性框架协议"。

第一部分　总　则

第一条　两岸交往的目标

本协议的目标为：

一、增进双方之间的各层次交往，保障双方交往的有序进行。

二、扩大双方在交往过程中的合作领域，建立更加广泛的合作机制。

三、通过规范双方交往秩序，进一步维护和拓展两岸关系和平发展的良好局面。

【释义】本条规定本协议的目标。两岸协议的目标条款是整个协议的基本条款，它既为整个协议的具体规定指明方向，又为协议在适用过程中存在疑问时提供指导。在两岸协议中，自《海峡两岸农产品检疫检验合作协议》起，各项协议均以不同方式设置目标条款，且一般置于协议的第一条或第一章中。基于目标条款对协议的重要意义和近年来两岸协议形成的传统，本协议亦将目标条款置于全文第一条。本协议所规定的三项目标是对协议性质、内容、功能等基本思路、基本精神予以总结，并分层递进进行的规定。

首先，本协议作为规制两岸各层次交往机制的基础性协议，为两岸各层次交往提供基本准则、形成健康的交往秩序无疑是协议的首要目标。因此，本条确定"加强和增进双方之间的各层次交往，保障交往的有序进行"为协议的第一项目标。

其次，本协议以构建两岸大交往机制为指导思想，因而有效整合和扩大两岸现有的交往范围，扩大双方合作领域亦应当是本协议的当然目标之一。可以说这是两岸实现有序交往的必然结果。因此，本条将"扩大双方在交往过程中的合作领域，建立更加广泛的合作机制"确定为协议的第二项目标。

最后，除上述两项目标外，本协议在整个两岸关系和平发展框架中无疑也具有重要作用。一方面，作为两岸关系和平发展框架的重要组成部分，两岸交往机制的形成，将为整个发展框架的完善提供动力支持；另一方面，由于两岸交往对于两岸各领域互信的强化具有重要作用，因而两岸交往机制的形成和拓展亦将为两岸关系和平发展创造更好的内在条件。因此，本条在前两项目标基础上将"进一步维护和拓展两岸关系和平发展的良好局面"确定为协议的第三项目标。

第二条 两岸交往的合作范围

双方同意本着平等互惠原则，就两岸交往事宜，加强在包括但不限于下列领域的交流合作：

（一）双方民间交往的制度安排，包括双方民间往来的规定、待遇、标准等问题的交流与合作。

（二）双方公权力机关交往的制度安排，包括双方公权力机关往来的原则、规则、名义，双方公权力机关以议题为核心的合作机制等问题的交流与合作。

【释义】本条规定协议的合作范围。在两岸大交往机制的整体安排下，两岸就双方交往这一议题的合作范围，明确为主要涵盖双方民间交往的制度安排和双方公权力机关交往的制度安排两个构成部分。在两岸大交往机制中，两岸交往的主体是两岸民众，其主导者是两岸公权力机关。两岸民间交往机制包含两岸民众在经贸、投资、旅游、就业、就学、文化交流、探亲、婚姻等各个方面的交往，其政治色彩较为淡薄，受两岸政治关系变动的影响较小。对两岸民间交往机制而言，最重要的内容应当包含两岸就上述民间交往领域中的法律规范、给予对方居民的待遇、标准等问题的交流与合作等。因此，本协议规定两岸就民间交往制度安排的合作，应包括双方民间往来的规定、待遇标准等问题。两岸公权力机关交往机制是两岸在政治上存在分歧的情况下，为处理涉及公权力运作的两岸事务性问题而产生的一种交往机制。目前两岸公权力机关交往机制包含两会交往机制和刚刚建立的大陆和台湾两岸事务主管部门沟通机制等具体制度。对于两岸公权力机关交往机制而言，其正常运行受到两岸间政治分歧的影响较大，同时亦受到两岸公权力部门体制设置不一等制度困境的影响，因此在构建这一机制时，应充分考虑"非政治化"和体制对应等现实问题。因此，本协议规定两岸就公权力机关交往制度安排的合作，应当包括对双方交往过程中的"非政治化"问题加以消解的双方交往之原则、规则、名义等问题，以及对体制对应问题加以消解的以议题为核心的合作机制构建等问题。

第三条　两岸交往的基本原则

一、双方以适当方式鼓励和支持民间交往的开展，并遵循下列原则：

（一）双方承诺就两岸民间交往过程中的相关事项展开持续协商；

（二）双方对两岸民间交往的单方规制应以有利于民间交往的开展为原则。

二、双方公权力机关应以双方商定的、适当的名义和方式开展交往，并遵循下列原则：

（一）双方尊重彼此在各自领域内的管辖权；

（二）双方公权力机关在开展业务交往活动中，不涉及政治问题。

三、在双方交往中出现上述原则无法涵盖的现实问题时，由双方以协

第六章 两岸交往综合性框架协议与两岸交往机制的规范化

商方式解决。

【释义】法律原则是指可以作为规则的思想基础或政治基础的综合性、稳定性的原理和准则。[1] 对本协议而言，协议的基本原则构成协议各项具体条款的根基，其效力涵盖整个协议。结合两岸交往实践，本条拟设计三项内容作为本协议的基本原则，其中两项分别规制两岸民间交往和两岸公权力机关交往，一项对整个两岸交往机制进行兜底性规制，具体说来：

第一，本条规定了两岸民间交往的基本原则。两岸民间交往是两岸交往中数量最大也最活跃的交往形式。本条提出，两岸应持有共同"鼓励和支持"两岸民间交往的基本态度，并遵守两项基本原则：其一，由于两岸民间交往涉及两岸民众往来中的各种问题，其内容纷繁复杂，故本条首先规定了双方就民间交往中产生的相关事项进行继续协商的原则，即明确两岸将以协商方式解决两岸民间交往问题，以强化两岸在这一领域的共识决策方式，避免过去纯粹的单方决策所导致的各类问题，从而做出有利于两岸民众交往的制度安排。其二，在提倡两岸以共识决策解决两岸民间交往中各类问题的同时，协议并不完全否认大陆和台湾单方决策的重要意义，但协议对两岸单方决策进行了原则性限制，即两岸做出的单方面规制应以有利于两岸民间交往的开展为原则，以避免两岸中一方刻意限制两岸交往情况的出现。

第二，本条规定了两岸公权力机关交往的基本原则。本协议试图以"两岸间"这一概念作为指导构建两岸公权力机关交往机制的理论基础。[2] 以"两岸间"概念为指导的两岸公权力机关交往机制，就是以对两岸现有治理权力边界的尊重为基础，将政治问题与现实中的共同治理相分离以

---

[1] 李龙主编：《法理学》，武汉大学出版社，2012年版，第127页。
[2] 参见祝捷、周叶中：《论海峡两岸大交往机制的构建》，载黄卫平等主编：《当代中国政治研究报告》第十辑，社会科学文献出版社，2013年版。

适应两岸现实的一种方案。① 在这一方案指导下，两岸应"以双方商定的、适当的名义和方式"开展交往，并遵循以下两项基本原则：一是双方应尊重彼此在各自领域内的管辖权。尊重对方现有治理权力是两岸公权力机关展开交往与合作的基础，为尽量规避"主权""治权"等政治敏感性较高的用语的使用，本条以"管辖权"来描述双方在各自领域内的治理权力，并以"尊重"代替"承认"，用以描述（而非规定）大陆和台湾对待对方治理权力的基本态度。二是双方交往中的非政治化原则。在"两岸间"的理论架构之下，两岸公权力机关交往、合作的主要目的是解决两岸事务性问题，故应尽力去除两岸公权力机关在双方交往过程中的政治属性，达到"政治脱敏"的效果。因此，本条明确了双方公权力机关交往的主要目的，即"业务交往"，明文要求双方避免涉及政治问题。

第三，本条规定了双方协商解决未尽事宜的基本原则。在海峡两岸的交往活动中，可能出现各种各样的现实问题，这些现实问题可能超越两岸在签署协议时的预料。因此，除规定两岸民众和两岸公权力机关交往的基本原则外，本条还设置了兜底性条款，即当发生上述原则无法涵盖的现实问题时，由两岸以协商方式解决的规定。

第二部分　两岸民间交往的制度安排

第四条　两岸双方尊重对方民商事法律制度

两岸双方尊重对方民商事法律制度，并致力于共同建立区际法律冲突规范，以解决双方在民商事法律规则中存在的差异。

双方承诺，己方居民在对方领域内时，遵守对方之民商事法律规定。

【释义】在一定时期内，囿于两岸之间存在的"承认争议"，大陆和

---

① 周叶中、段磊：《海峡两岸公权力机关交往的回顾、检视与展望》，载《法制与社会发展》，2014年第3期。

第六章　两岸交往综合性框架协议与两岸交往机制的规范化

台湾均不承认对方制定的法律规范，亦不认为己方居民在对方领域内应当遵守对方制定的相关法律规定。在两岸交往隔绝的情况下，这种不承认态度对两岸民众基本权利的保护并无太多影响。然而，在两岸民众交往日盛的时期，这种不承认态度则不仅无法在实践中得到切实执行，亦不利于两岸民众的个人权利在对方领域内获得有效保障。

在两岸打破隔绝状态、双方民间交往日趋密切的情势下，台湾方面对两岸政治关系定位发生了改变，以"一国两区"为基础制定了作为其调整两岸事务基本法律的"两岸人民关系条例"。在"两岸人民关系条例"中，台湾方面开始允许适用"大陆地区之规定"，[①] 间接承认了大陆民事法律在台湾地区的可适用性。与此同时，大陆方面亦在考虑到两岸民众交往日盛的情况下，逐渐改变其对待台湾地区有关规定规定的态度，有条件地承认了台湾地区相关法律规定在大陆的可适用性。2010年最高人民法院《关于审理涉台民商事案件法律适用问题的规定》的出台，实现了大陆对台湾地区民事法律的适用效力从间接承认到直接承认的转变。[②] 这对于解决两岸交流中产生的各类纠纷，明确法律适用问题，具有重大实践意义。2009年，两岸签署《海峡两岸共同打击犯罪和司法互助协议》，为两岸在司法互助方面的合作提供了规范依据。这体现出两岸尝试以共识决策方式，解决双方在司法领域之中的合作的基本态度。总之，两岸已在实践中对对方民商事法律规范的适用性持承认态度，且已开始致力于强化双方在民商事司法活动中互助合作的实践，故本条对这一实践中的既有现象加以确认，规定双方尊重对方民商事法律制度。

在承认对方民商事法律规范适用性的基础上，构建两岸区际法律冲突规范成为两岸必须面对的现实问题。所谓区际法律冲突，就是在一个国家

[①] "两岸人民关系条例"第41条规定，大陆地区人民相互间及其与外国人间之民事事件，除本条例另有规定外，适用大陆地区之规定。

[②] 《关于审理涉台民商事案件法律适用问题的规定》第1条规定，根据法律和司法解释中选择适用法律的规则，确定适用台湾地区民事法律的，人民法院予以适用。

内部不同地区法律制度之间的冲突，或者说是一个国家内部不同法域之间的法律冲突。[①] 由于两岸分属两个不同法域，在两岸交往过程中，自然会产生区际法律冲突问题。从法理上讲，要解决区际法律冲突问题，可以采用制定全国统一的区际冲突法、各法域分别制定各自的冲突法、类推适用国际私法、适用与解决国际法律冲突基本相同的规则和制定统一实体法等方式。[②] 在两岸当前尚处于政治对立的形势下，双方很难以全国统一制定冲突法或实体法的方式，解决两岸间存在的区际法律冲突，而由两岸分别制定各自冲突法、类推适用国际私法或使用与解决国际法律冲突基本相同规则的方式解决区际法律冲突亦会出现一定程度的疏漏。因此，以协议方式推动两岸各自区际法律冲突规则的趋同化，既能够取得与全国统一制定区际冲突法相类似的法律效果，又无碍于双方在政治对立情况下各自维持自己的法制权限，从而能较好地解决两岸区际法律冲突。因此，本协议规定，双方致力于共同建立区际法律冲突规范，以解决双方在民商事法律规则中存在的差异。

在承认对方民事法律规范可适用性的前提下，要求己方人员在对方领域内尊重对方相关法律规定，成为两岸尊重对方民商事法律制度的应有之义。在大陆，商务部、国家发改委和国台办曾于2010年联合制定了《大陆企业赴台湾地区投资管理办法》，该办法第三条即规定，"大陆企业赴台湾地区投资，应……认真了解并遵守当地法律法规……"。按照这一规定，大陆已经在法律规范中明确了己方居民在台湾地区遵守当地法律规范的义务。这种义务的确立，是出于对台湾地区既有社会秩序的尊重，亦是出于对大陆赴台居民个人权利的保护。因此，本协议所规定的，"双方承诺，己方居民在对方领域内时，遵守对方之民商事法律规定"之条文，亦是对两岸既有规定的一种确认与拓展。

---

① 黄进：《区际冲突法研究》，学林出版社，1991年版，第48—49页。
② 参见黄进：《试论解决区际法律冲突的途径》，载《法学评论》，1988年第1期。

需要指出的是，在区际私法中，适用其他法域的民商事法律，只是为了保护私人的民商事利益，并非对该法域国际政治和法律地位的认同。[①]因此，大陆方面允许在发生区际法律冲突时适用台湾地区有关规定，要求己方居民在台湾地区遵守当地规定，并非是对台湾"主权"或"治权"的承认，而是将台湾地区有关规定重新视为"一个中国"法律体系的一部分，将台湾地区有关规定视为保障当地秩序的规则。然而，这种要求己方居民在对方领域内遵守对方法律法规的规定，目前仅限于个别领域，并未形成概括性规定。而这种零散的规定方式已无法满足现实需要。因此，本条确立了大陆和台湾应要求"己方民众在对方领域内遵守对方民商事法律规定"的概括性原则，以保障两岸民众在对方领域内的活动，不对对方领域内的既有社会秩序产生影响。

第五条 两岸双方居民在对方领域内的法律地位

双方承诺，双方居民在对方区域内享有不低于对方居民之法律地位。

【释义】随着两岸交往的日益深入，两岸居民前往对方领域内婚嫁、探亲、旅游、投资、就学、就业等活动日益频繁。在这一背景下，大陆居民在台湾地区的法律地位和台湾地区居民在大陆的法律地位，成为两岸关系和平发展中的一个新问题。在台湾，关于大陆居民在台湾地区的法律地位问题，其"两岸人民关系条例"做出了较为细致的规定。其内容涉及大陆人民在台湾地区有关规定地位的原则性规定、大陆居民入境台湾地区、大陆人民在台湾地区居留、定居、就业、从事商务或观光活动、担任公职或登记为公职候选人、担任涉密职务、组织政党、从事投资、就学等事项。[②]总之，在"两岸人民关系条例"中，台湾当局以"确保台湾地区安全与民众福祉"为由，通过各类限制性规定，确立了大陆人民在台湾地区有别于台湾人民的法律地位。近年来，尽管台湾地区"司法院"透

[①] 徐崇利：《两岸民商事法律冲突的性质及立法设计》，载《厦门大学法律评论》，第五辑。

[②] 参见"两岸人民关系条例"第二章。

过一系列"大法官解释",部分修正了这种区别对待的限制性规定,确立了适用于大陆人民人身自由、迁徙自由和收养领域的同等对待原则,但总体而言,大陆人民在台湾地区的各项基本权利之行使仍处于受限状态。[1]

确认两岸居民在对方领域内有不低于对方居民的法律地位,有利于促进两岸民众的日常交往,保障两岸民众在对方领域内的基本权利。目前,在部分两岸协议中,零散地规定了两岸居民在对方领域内的法律地位问题,如《海峡两岸投资保护和促进协议》中即规定,"一方应确保给予另一方投资者及其投资公正与公平待遇,并提供充分保护与安全",但此类规定仅散见于两岸签署的几项专项协议,其保护范围极其有限。因此,站在增进双方民众交往的角度,两岸应当尽快以专门协议(或协议条款)概括性地确认两岸居民在对方领域内的法律地位,全面推行同等对待原则。因此,本条以"双方居民在对方区域内享有不低于对方居民之法律地位"的表述方式确认这一原则,以满足两岸关系发展过程中双方民众的现实需要。

第六条　两岸共同促进民间交往

一、为实现共同促进两岸民间交往之目的,双方同意加强包括但不限于以下合作:

(一)两岸居民在对方区域内居留和定居时产生的各类问题;

(二)两岸居民之间在婚姻、抚养、赡养、收养、继承中产生的各类问题;

(三)两岸居民在对方区域内就学、就业中产生的各类问题;

(四)两岸居民在对方区域内进行经贸活动、投资活动中产生的各类问题;

(五)两岸居民在对方领域内进行文化交流活动和社会组织交流活动

---

[1] 参见祝捷:《论大陆人民在台湾地区的法律地位——以"释字第 710 号解释"为中心》,载《台湾研究集刊》,2014 年第 2 期。

中产生的各类问题。

二、双方应尽速针对本条合作事项的具体计划与内容展开协商。

【释义】两岸民间交往机制所涉及的，乃是两岸交往中数量最庞大、形式最活跃的交往形式，也是与两岸民众福祉关系最密切的交往形式。因此，在确定两岸民商事法律规定的合作原则和两岸给予对方居民在己方领域内享受同等待遇的原则后，本条以列举方式规定了双方在两岸民间交往领域中应重点强化合作的具体领域。依照民事活动的范围不同，本条分别规定了双方应强化合作的领域，具体包括两岸居民在对方区域内居留、定居、就学、就业、进行经贸活动、投资活动、文化交流活动、社会组织交流活动中产生的各类问题，两岸居民之间婚姻、抚养、赡养、收养、继承中产生的各类问题等。当然，本条亦明确指出，双方加强合作的领域"包括但不限于"上述领域。这一规定为双方在未来民间交往中出现其他不属于上述条款罗列之问题时，继续进行合作提供了依据。除此之外，本条还专项规定，双方应尽速针对上述问题展开具体协商，从而明确了双方在上述领域进行后续协商，签署本协议之后续协议的义务。

第三部分　两岸公权力机关交往的制度安排

第七条　两岸公权力机关交往平台的构建与维护

两岸双方致力于共同促进公权力机关之间的业务往来，以实现促进和保障双方民间往来、维护两岸关系和平发展之目的。

双方公权力机关得通过包括但不限于以下之平台进行交往：

（一）海峡两岸关系协会与财团法人海峡两岸交流基金会之商谈机制；

（二）双方两岸事务主管机构之沟通机制；

（三）双方共同认可的其他沟通机制。

双方致力于共同构建和维护上述交往平台，并视情况需要，进一步拓展双方交往渠道。

【释义】本条规定两岸公权力机关交往平台的构建与维护机制。所谓交往平台，即由两岸以共识形式构建的能够为双方提供常态化的理性沟通机会的制度安排。① 在历史上，两岸公权力机关之间曾通过两岸两会、个案授权民间组织、行业组织和两岸事务主管部门等渠道进行过交往。目前仍在运行的渠道包括两会事务性商谈机制和两岸事务主管部门沟通机制。这两种两岸公权力机关间的交往机制，既有分工上的区别，又可以相互弥补与配合，共同发挥着保障双方公权力机关沟通、交流的功能。

自1991年以来，两岸两会接受双方当局授权，通过平等协商，签署了21项事务性协议。两岸透过这一平台，就双方共同关心的事务性议题充分交换意见，形成两岸共识，并以协议形式将两岸共识予以固化。因此两会事务性协商机制的主要功能，在于解决两岸之间的众多事务性问题，保障双方在事务性议题上的沟通与合作。与历史悠久的两会机制不同，大陆和台湾两岸事务主管部门之间的沟通管道刚刚建立，国台办主任张志军与台湾地区陆委会主委王郁琦在2013年APEC会议期间短暂寒暄，并于2014年2月和6月完成互访，宣告双方建立常态互访机制。从双方两次正式会谈的实践来看，双方两岸事务主管部门进行沟通的内容，既涉及两岸政治性议题，如两岸领导人会晤等问题，也涉及两岸事务性议题，如两岸两会互设办事处、两岸共同推动ECFA后续协商等问题。但总体而言，双方在这一机制中并不涉及两岸交往中的具体问题，而是宏观地就双方的两岸政策交换意见。因此，两岸两会和两岸事务主管部门这两套交往机制之间，已形成较为清晰的分工，二者相互影响，相互促进，共同构成当前两岸公权力机关的交往平台。在这一现实背景下，本条对两岸现有的两种公权力机关交往平台进行制度确认，要求双方应共同构建和维护这两个交

---

① 周叶中、段磊：《海峡两岸公权力机关交往的回顾、检视与展望》，载《法制与社会发展》，2014年第3期。

往平台，并以"双方认可的其他交往平台"的兜底性规定，保障两岸创设其他交往平台和恢复运行原有交往平台的可能性。最后，本条还为两岸共同构建除上述几种交往平台之外的两岸公权力机关交往机制预留了制度空间，规定双方"情况需要，进一步拓展双方交往渠道"。如此一来，本条的设计既保障了两岸现有公权力机关交往机制的正常运行，也为双方在未来开拓新的交往机制，如拓宽两岸公权力机关直接接触范围等提供了可能。

第八条 两岸业务人员交往的非政治化

双方业务人员的接触应以"有关部门负责人""执法人员"等名义进行，双方在交往过程中应避免触及政治问题。

【释义】本条规定两岸公权力机关交往中双方业务人员交往的非政治化原则。目前，大陆和台湾尚不能就两岸政治定位问题提出双方均可接受的方案，因而两岸间存在的政治分歧无法得到消解，这种分歧的集中表现即是双方的"承认争议"。[1] 承认争议在政治上的具体表现之一，便是两岸互不承认对方公权力机关和政治职位的"合法性"，构成两岸政权核心的公权力机关和政治职位也为两岸所否认。[2] 然而，随着近年来两岸事务性往来逐渐密切，在合作执法、信息沟通等方面，两岸公职人员之间的直接接触已经无法避免。自《海峡两岸食品安全合作协议》以来，绝大部分两岸协议都将"双方业务主管部门指定的联络人"作为协议的议定事项联系主体，在实践中，两岸协议的具体实施和实施中的沟通，均由两岸各自的业务主管部门进行，因而在两岸协议的联系机制之下，两岸公职人员亦存在直接接触的现象。在这些场合，双方公职人员往往以民间身份，如顾问、专家等，或是以业务部门主管人员、执法人员等政治色彩较弱的

---

[1] 参见祝捷：《论两岸海域执法合作模式的构建》，载《台湾研究集刊》，2010年第3期。

[2] 祝捷：《两岸关系定位与国际空间——台湾地区参与国际活动问题研究》，九州出版社，2013年版，第25页。

身份进行接触。两岸共同坚持的这种以非政治化方式处理两岸事务性问题的默契，充分体现出双方的务实态度，为双方联系、接触的顺利进行，避免政治分歧带来的负面影响提供着重要支持。然而，两岸这种在业务往来中以"非政治化"方式处理相互间关系的方式，却仅仅是双方的一种政治默契，而并无正式制度加以明确。我们认为，应当以协议形式，将这一"政治默契"加以明确，以保证双方业务人员的正常往来。因此，本条明确规定，双方业务人员在交往过程中，应当避免触及政治问题，并明确双方交往过程中的身份为有关部门负责人、执法人员等。

第九条 两岸城市交往

双方支持两岸城市之间的友好交往，双方共同致力于建设两岸城际友好关系，鼓励双方签署城际事务性合作协议和备忘录。

【释义】本条规定两岸城市之间的交往机制。城市是两岸各自地方政权的组成部分，也是双方公权力机关交往的构成单元之一。在当前两岸存在的"承认争议"之中，双方争议的核心集中于中央层面，即一个中国问题。大陆对于台湾地区地方政权的合法性并不否认，在两岸城市交往的实践中，亦以"市长""县长"名义，称呼台湾地区地方行政机关负责人。因此，两岸城市间公权力机关的交往，成为两岸在存在较大政治分歧的情况下，双方实现直接接触和往来的一个突破口。在台湾方面政党轮替已成常态的今天，拒不承认"九二共识"的民进党重新在台执政并非没有可能，这将可能重新阻断大陆和台湾当局"中央"层面交往的渠道。然而，在台湾当局"地方"层面却极难出现一党垄断全部县市执政权的局面。因此，构建两岸城市间交往机制，能够在两岸出现特殊政治局势的情况下，为两岸提供另一条公权力机关之间的交往管道。

在实践中，两岸多个城市间建立了友好关系。如上海市与台北市、南京市与新北市、富阳市与基隆市、龙岩市与桃园市、漳州市与台南市等。其中尤以上海市与台北市之间的交往最为密切。自2000年起，两市就开始轮流举办城市论坛，两市市长亦曾进行过互访。2011年7月，台北市市长郝龙斌访问大陆，参加"上海—台北城市论坛"，与上海市市长韩正举行会晤，双方签署教育、卫生医疗、旅游合作交流合作备忘录。[1] 我们认为，作为两岸公权力机关交往机制的一项重要渠道，两岸城市间交往机制，包括双方以备忘录形式进行合作的方式，应当被固定下来，以成为两岸间一种制度化的交往方式。因此，本协议专条规定两岸城市间交往机制，鼓励和支持双方城市签署城际事务合作协议和备忘录。

第四部分 本协议的实施条款

第十条 本协议的实施主体

一、双方成立"两岸交往合作委员会"（以下简称委员会），作为协调本协议相关事务性问题的两岸跨区域共同机构，负责本协议及其后续协议的实施。

二、委员会由双方指定代表组成，委员会每半年召开一次例会，必要时经双方同意可召开临时会议。

委员会下设秘书处，作为委员会的常设机构，秘书处成员由双方指定人员组成，秘书长由双方各自指派一人共同担任。委员会秘书处可依照委员会指示，执行委员会所承担的事务。

三、委员会的权限包括：

（一）本协议后续协议的协商；

（二）监督并评估本协议的执行情况；

（三）通报有关本协议的相关信息；

（四）就本协议及其后续协议的解释、修改问题进行协商。

四、本协议相关后续协议的达成和协议解释、修改文本的签署，由海

---

[1] 参见中国广播网：《上海–台北城市论坛举行 共同签署合作备忘录》，资料来源：http://news.cnr.cn/gnxw/201107/t20110725_508281483.shtml，最后访问日期：2017年4月22日。

峡两岸关系协会与财团法人海峡交流基金会负责。

【释义】本条规定本协议的实施主体。从两岸协议的传统来看，协议议定事项①的实施，往往需要通过双方设定的联系主体进行沟通协调。这种联系主体既可以是由两岸各自设置的民间机构，也可以是两岸业务主管部门指定的联络人。然而，这种联系主体机制，却无法克服两岸业务主管部门设置中存在着体制不统一的问题。在现有的两岸协议中，经常出现大陆多个业务主管部门联系台湾一个部门，或大陆多个业务主管部门联系台湾多个部门的情况。这种多重联系的情况，对于两岸协议实施中的畅通联系较为不利。因此，ECFA在原有两岸协议联系主体制度的基础上，创设了"两岸经济合作委员会"这一机构。其代表由两岸各自指定，一般为两岸各自负责协议相关事宜的业务部门主管人员，其职能包括协议后续协商、监督、评估、解释、争端解决等。ECFA设置的这种综合性协议联系机制，很好地解决了两岸业务主管部门体制不统一带来的联系困境。然而由于种种原因，两岸经济合作委员会在实际运行过程中，逐渐演变为无实体机构的一个对话平台，且这一平台"不发出共同的结论文件及不发出共同的共识内容"。两岸经合会这一原本可以成为两岸协议实施主体的机构被"虚化"了，这就使其原本可以发挥出的职能，尤其是监督、评估协议执行情况等需由实体机构完成的职能受到很大限制。

因此，本协议在对协议实施机构进行安排时，采取了在两岸经合会模式基础上，对其进行适当修正的方法，设置"两岸交往合作委员会"，以适应本协议对其职能设定的需求。具体来说，"两岸交往合作委员会"对两岸经合会模式的修正包含以下几点：一是设置委员会秘书处，作为委员会常设机构，秘书处成员亦由双方指定，可由双方分别选出一位代表担任

---

① "议定事项"一词是两岸协议针对联系主体制度所使用的专门用语，其所指代的正是两岸协议中规定的具有较高专业性和技术性的具体业务。与"议定事项"相对的是协议的"其他事项"，按照两岸协议的传统，协议其他事项的联系事宜往往由两会负责。

第六章　两岸交往综合性框架协议与两岸交往机制的规范化

秘书处共同秘书长,或由双方代表定期交替担任秘书长。作为常设机构,委员会秘书处可以承担监督、评估协议实施、通报信息等需由常设机构完成的任务,并为委员会召开会议提供协助。二是明确委员会仅负责后续协议、协议解释、修改的"协商工作",亦即是说,明确委员会在这些重要职能行使过程中的"协商平台"属性,以保证两岸两会在上述问题上的主导地位,避免再次出现两岸经合会屡遭台湾地区部分人士质疑权力过大,超越监督的境况。[1] 与此相适应的是,本条明确规定,本协议相关后续协议的达成和协议解释、修改文本的签署,由两岸两会负责实施。三是出于同样理由,取消了两岸经合会规定中,其职权"包括但不限于"的表述,将两岸交往合作委员会的职能限定为协议明确规定的内容。

除上述修正外,本条对于两岸交往合作委员会的职权设置,基本维持了与两岸经合会类似的表述,即包括后续协议的协商工作、协议监督和评估、协议信息通报和协议及后续协议的解释、修改问题的协商工作。在经过上述调整和完善后,由两岸交往合作委员会和两岸两会共同构成的一套机制,其职能已远远超越传统两岸协议规定的"联系主体",而更加近似于包含各项协议实施权能的主体,因此本条定名为实施主体。

第十一条　本协议的遵守

双方应遵守协议。

【释义】本条规定本协议的效力和效力实现方式。两岸协议的效力,是指协议的拘束力。在两岸协议中,一般以"双方应遵守协议"来规定协议的效力。这一规定一方面以"双方"回避两岸定位问题,以此替代可能导致两岸争议的"大陆""台湾""中共""国家"等词汇,防止出现不必要的问题;另一方面,以"遵守"二字总括协议效力的实现方式

---

[1] 在两岸经合会设立后,台湾地区部分"立法委员"不断提出,两岸经合会"这种机制的设计未来可能架空行政、立法、司法三权,超越了整个国家的权利,而且看起来是一个违宪的设计,而架空的结果会变成一个超级怪兽"。参见台湾地区"'立法院'公报",第100卷第9期,第318页。基于此,本协议修正了两岸经合会相关规定中可能引起误解的表述。

问题,至于双方如何遵守和实施协议,则交由双方自行决定。这一表达方式能够较好地表述两岸协议的效力问题,因而,本条遵循两岸协议的惯例,保留这一规定。

第十二条 本协议的后续协商

双方应当尽速针对本协议所规定的各项事宜展开协商,并以达成相关后续协议的方式予以落实。

根据本协议签署的后续协议,构成本协议的一部分。

【释义】由于本协议涉及两岸民间交往、两岸公权力机关交往的各个层面,因而两岸很难在短期内就各层面的所有议题达成一致,因此,本协议采取了与《海峡两岸经济合作框架协议》(ECFA)类似的框架协议形式,即双方先就若干与两岸交往相关联的原则性、基础性议题和未来两岸交往中出现的各类议题之处理方式达成一致,签署框架协议,再就框架协议中涉及的各项问题展开具体协商,形成后续协议。因此,本条设定了两岸就本协议规定的相关事项展开后续协商和签署后续协议的义务,以促进两岸尽快将这一框架协议落到实处。

第十三条 本协议的监督评估

两岸交往合作委员会(含委员会秘书处)应定期对本协议及其后续协议的实施进行评估,以监督协议在两岸的实施情况。

完成相关监督、评估工作后,委员会应及时向两岸两会提交评估报告。

【释义】本条是对两岸交往合作委员会监督评估协议实施情况这一职能的细化规定。根据以往两岸协议运行实践中的惯例,对两岸协议实践效果的监督和评估,往往由两岸各自业务主管部门负责,再由两会在高层会谈时就相关情况交换意见。在第六次"陈江会谈"之前,历次两岸两会高层会谈,都有总结和检讨前次会议签署的两岸协议在近期的执行成效的内容。在第六次"陈江会谈"时,两会高层达成共识,"同意在适当时间由两会邀集两岸主管机关,举行'两岸协议成效与检讨会议',以落实双方关切议题的实际执行"。①自此以后,两岸两会先后在2011年和2014年分别在台北和长沙举行两次"两岸协议成效检讨会",对两岸协议实施情况进行回顾和检视。在两岸签署ECFA后,ECFA的监督评估工作则由两岸经合会负责实施。然而,正如上文所言,两岸经合会因其机构的"虚化"而导致其很难切实执行协议监督和评估工作。因此,本协议所设的协议实施主体——两岸交往合作委员会设置了作为其常设机构的秘书处。秘书处作为一个实体机构,可以行使委员会的协议监督和评估职能。除此之外,本条还细化规定了委员会的报告职责,即在其完成对协议的定期监督和评估后,应当向两岸两会提交评估报告,以便将本协议及其后续协议的实施评估机制与"两岸协议成效与检讨会议"机制相结合,共同构成系统化的两岸协议监督评估机制。

第十四条 本协议的修改

一、双方可通过协商方式,以另定协议或换函确认形式对本协议进行变更。

二、双方可通过协商方式,以另定协议或换函确认方式对本协议的未尽事宜加以补充。

【释义】本条规定本协议的修改机制。两岸协议的修改,是指有权修改主体,根据两岸关系发展的现实情况,对既有两岸协议的内容进行变更、补充的过程。在现有的两岸协议文本中,协议的修改机制往往以"协议的变更"和"未尽事宜"两种形式加以表述。前者系指狭义上对协议内容的修正,后者则指对协议的补充。为方便叙述,本条将这两类条款统一归入两岸协议的修改机制之中。关于本协议的变更,本条延续两岸协议的既有传统,仍规定变更应由"双方通过协商方式进行"。然而,与以

---

① 海基会:《第六次"江陈会谈"概述》,资料来源:http://www.sef.org.tw/ct.asp?xItem=186011&ctNode=3809&mp=19,最后访问日期:2017年4月22日。

往协议不同的是，本协议明确了协议变更的形式，即"可以另定协议或换函确认形式进行"。这既是对既有两岸协议变更实践的一种总结与确认，又是对两岸协议变更机制的一种规则完善。关于本协议的补充，本条延续了两岸协议的既有传统，仍规定对未尽事宜通过协商方式加以补充。而补充未尽事宜的具体形式，亦遵循两岸协议的惯例，即可以另订协议或换函形式进行。

第十五条 本协议的解释

本协议由双方通过协商方式解释。

（一）协议的解释应以书面形式做出；

（二）协议解释一旦做出，即与本协议具有同等效力；

（三）协议解释涉及本协议嗣后签订的后续协议之规定时，其效力适用于该后续协议。

【释义】本条规定本协议的解释机制。两岸协议的解释，是指有权解释主体，运用一定的解释方法与解释规则，通过对既有两岸协议文本正确含义的阐释，使两岸协议得以有效适用的过程。对两岸交往综合性框架协议进行解释，是适用本协议的重要环节。在目前签订的两岸协议中，所规定的协议解释机制实际上包含三种模式，即以"争议解决"条款规定解释问题、以"协商解释"条款规定解释问题和以"机构安排"条款规定解释问题。

关于本协议的解释机制，需要明确以下几个问题：一是关于解释机制的作成方式。根据两岸协议的解释惯例，两岸间对于本协议的解释只能通过两岸协商机制进行。在这一机制之下，本协议的解释亦应遵循两会商谈机制形成两岸协议的制度，以协商方式做出，而书面化的形式要求则使这种协商结果更为明确。二是关于解释的启动程序。在这种协商机制之下，双方均可就各自在适用本协议过程中出现的需要对协议进行解释的问题，提出解释申请，以便启动解释程序。三是关于解释的效力问题。就本协议

第六章 两岸交往综合性框架协议与两岸交往机制的规范化

而言,基于解释与被解释对象具有同等效力的基本原理,对本协议的解释理应与本协议具有同等效力。同时,由于本协议系针对两岸交往机制达成的框架性协议,在本协议之后将会达成若干后续协议,以贯彻实施本协议的要求,因此本协议的解释若涉及后续协议,则解释的效力应当及于该后续协议。

第十六条 本协议的接受与生效

本协议签署后,双方应各自完成相关程序并以书面形式通知另一方。本协议自双方均收到对方通知后次日起生效。

本协议于×月×日签署,一式四份,双方各执两份。四份文本中对应表述的不同用语所含意义相同,四份文本具有同等效力。

【释义】本条规定本协议的接受和生效办法。两岸协议的接受是指两岸依照各自规定,通过一定方式使本属于民间私协议的两岸协议,具有规范意义上的法律效力的过程。[1] 由于两岸协议在形式上仍属于两岸两会这两个民间机构签署的协议,因而要使其在两岸范围内具有相应的法律效力,就必须依照两岸各自域内法律所规定的接受程序,以实现协议在形式上的转变。在近年来的两岸协议中,协议的生效往往采用"完成准备后相互通知生效"的模式,即规定双方各自完成相关程序后以书面通知对方,协议自双方均收到通知起生效,实际上是后完成准备的一方通知之日为生效日。[2] 亦即是说,两岸协议的生效是以双方接受协议为前提的,当双方均完成协议接受程序后,协议方可在两岸范围内生效。实践证明,这种先接受、后生效的表述方式,符合两岸关系发展实践,故本协议遵循两岸协议的惯例,仍采用"完成准备后相互通知生效"的模式,表述协议的接受和生效条款。

---

[1] 周叶中、段磊:《论两岸协议在大陆地区的适用——以立法适用为主要研究对象》,载《学习与实践》,2014年第5期。

[2] 此种模式见诸《海峡两岸经济合作框架协议》之后的各项两岸协议。

两岸两会在两岸事务性谈判中是平等关系。这种平等关系不仅体现在谈判过程中，亦体现在协议文本中。因此，本协议在保持主体内容不变的情况下，允许在落款顺序、纪年表述上，分别设置两个不同版本。大陆所持版本落款海协会在前，海基会在后，使用公元纪年；台湾所持版本落款海基会在前，海协会在后，使用台湾地区通行纪年，双方持有己方版本和对方版本各一份。两份落款、纪年表述不同的协议，具有同等效力。

后　　记

　　2008年5月以来，台湾地区政治局势发生有利于两岸关系发展的重大变化，两岸双方在"九二共识"政治基础上共同致力于推动两岸各层次交往的不断深化。《中共中央关于全面推进依法治国若干重大问题的决定》提出，运用法治方式巩固和深化两岸关系和平发展，完善涉台法律法规，依法规范和保障两岸人民关系、推进两岸交流合作。这一决定既为新时期新阶段发展两岸关系提供了重要指引，也使得法治思维、法治方式在分析、处理和研究两岸关系上的地位与作用更为明确。2011年本人承担了国家社科基金年度项目"构建两岸交往机制的法律问题研究"（11BFX082）。立项后，本人及课题组成员围绕两岸交往问题展开研究，并结合两岸关系发展的许多新情况、新问题对课题申报时的许多预期观点做出适当调整，形成不少新的研究结论。此后课题组成员祝捷、叶正国、段磊等同志围绕相关问题，获批一批国家级、省部级科研项目，并形成一系列研究成果，为本课题研究的开展提供了重要支持。课题在研期间，课题组成员先后在《法学评论》《法制与社会发展》《台湾研究》《台湾研究集刊》《福建师范大学学报（哲学社会科学版）》《"一国两制"研究》《中国评论》《学习与探索》《太平洋学报》等学术刊物发表了一批学术论文，形成了本课题的阶段性成果群。2017年2月，"构建两岸交往机制的法律问题研究"课题获批结项，经鉴定获评为"优秀"。本书即是以课题结项报告为基础，结合近几年我们研究台湾问题和两岸关系的论文、报告整理而成。

根据分工和实际完成情况，各章节的写作分工是：

第一章：周叶中、祝捷、段磊

第二章：周叶中、段磊、高冠宇

第三章：周叶中、段磊、叶正国

第四章：祝捷、段磊

第五章：周叶中、段磊、游志强

第六章：周叶中、段磊

全书由周叶中提出写作大纲，并完成统稿。

我们的研究和本书的出版得到诸多朋友的关心和支持。感谢全国哲学社会科学规划办公室对本课题给予的大力支持。感谢九州出版社欣然将本书列入其出版计划，感谢责任编辑的辛勤工作。感谢长期以来与我们共同开展两岸关系研究的伍华军、刘文戈、黄振等同志。博士研究生游志强、宋静协助校订了全部书稿，在此一并表示感谢。

同时，我们真诚地期待各位读者的批评与指正，我们坚信：没有大家的批评，我们就很难正确认识自己，也就不可能真正战胜自己，更不可能超越自己。

周叶中

于武汉大学珞珈山

二〇一七年五月